五訂版

相続・贈与の法律、税金、手続きのポイント

Q&A

は し が き

　40年ぶりの民法改正により、相続法が改正されて相続の仕組みが2019年から段階的に変更・新設されています。五訂版では、相続法の改正を織り込んだほか、税制改正や計算事例を盛り込み、税負担が概算できるようになっています。

　相続は人生で何度も経験することではないため、なじみの少ない方が多いですが本書では相続・贈与に関して、図解や図表による説明や、実際の様式を用いて、法律、税金から手続きまで網羅的に解説する内容になっています。
　第１章では、相続の法律について、配偶者居住権の新設などの相続法の改正を織り込み、相続分、放棄、遺言、遺留分などポイントを記述しています。
　第２章では、相続の税金(相続税)について解説しています。相続税の仕組みを簡単にご理解いただけるように、図解や具体例を利用しております。
　第３章では、贈与の税金(贈与税)について解説しています。贈与税は相続税と関係の深い税金ですから、その仕組みを理解することは大切です。
　第４章では、財産評価の方法について解説しています。相続や贈与によって取得した財産をどう評価するかは、極めて技術的な事柄です。実際に評価額を計算するのは容易ではありませんが、概要をご理解いただけるよう工夫いたしました。
　第５章では、相続開始後の手続きについて解説しています。相続に際しては法律関係、相続税や所得税等の税金関係、厚生年金等の社会保険の給付関係、相続財産の名義変更等、実にさまざまな手続きを伴います。
　第６章では、令和2年12月に閣議決定された令和３年度税制改正の大綱のうち、本書に関わる資産課税（相続税、贈与税）中心にそのポイントを掲載しました。
　本書が皆様の身近な手引書としてお役に立つことができれば幸いです。

　なお、本改訂にあたっては、前回改訂までと同様、アライブ税理士法人の岸本税理士・社会保険労務士に執筆いただきました。

　　令和３年２月

三菱ＵＦＪリサーチ＆コンサルティング株式会社

【ご注意】
　本書は令和２年12月末時点の法令等に基づき作成しております。内容については万全を期しておりますが、一般論を述べたものですので、実際の適用に際しては個別事情も踏まえて税理士等の専門家にご相談下さるようお願いいたします。また、弊社ホームページの書籍コーナーに追加情報、修正等の追録情報を掲載することもございますので、適宜ご参照頂ければと存じます (www.murc.jp)。

目　　次

第3章　贈与の税金

第4章　財産評価

第5章　相続開始後の手続

第6章　令和3年度税制改正の大綱のポイント

主な図表・様式の目次

民法（相続法）の
改正のポイント
Q&A

Q 民法（相続法）が改正され、また遺言書の保管制度が新設された
そうですが、これらの改正や新設されたものの内容のポイント
を教えてください。

A

　2018年（平成30年）7月に民法（相続法）が改正され、また遺言書を保管する制度
の新設に係る法律が成立しました。主たる改正・新設項目としては、配偶者の生活
への配慮等のための制度の新設、遺言制度の見直し、遺留分制度の見直し、預貯金
の払戻し制度などの多岐に及んでいます。

１．配偶者の生活への配慮等のための制度の新設

（１）配偶者居住権

①改正前

　被相続人の遺産が、例えば自宅以外の預貯金の額が比較的少ない場合、被相続
人の配偶者は、自宅を相続すると相続できる預貯金の額が少なくなり、今後の生
活費が不足することになり、その生活に不安が生じる可能性がありました。

②改正のポイント

イ．配偶者は、相続開始時に被相続人の所有する建物に居住していた場合には、
その建物の所有権を取得しなくても、遺産分割、遺贈または家庭裁判所の審判
のいずれかによって配偶者居住権を取得することができ、これによって、配偶
者は、終身または一定期間、従前の自宅建物にそのまま居住を続けることがで
きるとともに、より多額の預貯金等の他の遺産を取得でき、生活の不安が解消
できるようになりました（次ページ【配偶者居住権の活用法】参照）。

ロ．配偶者居住権を取得した配偶者が、取得したこの権利を第三者に対抗するた
めには、登記が必要です。

ハ．配偶者居住権は、自宅建物のみに成立する権利ですが、それを取得した配偶
者は、自宅建物の敷地の利用権も無条件で取得します。これは登記できません。

　他方、自宅の建物とその敷地の所有権については、配偶者以外の相続人（被
相続人の子など）が取得することになります。

　その結果、配偶者は建物の配偶者居住権と敷地の利用権、また子などは建物
の所有権と敷地の所有権をそれぞれ取得することになります。

ニ．配偶者は、配偶者居住権を取得せずに、従来通りに建物と敷地の所有権（他

の相続人との共有も可）を取得しても、何ら問題はありません。

③施行時期・適用時期

　　この新制度は、2020年（令和2年）4月1日から施行され、同日以降に開始した相続であって、かつ同日以降にされた遺産分割、遺贈に係る遺言の作成、審判について適用されています（p.24，168参照）。

【配偶者居住権の活用法】　　　（相続人・妻と長男）

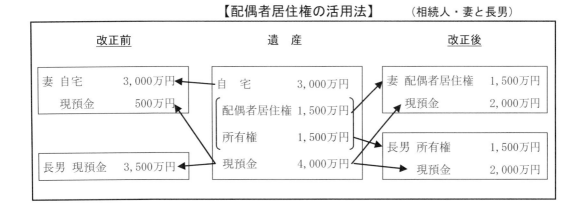

（2）配偶者短期居住権

①改正前

　　配偶者が相続開始前に被相続人の所有する建物に無償で居住していた場合は、配偶者は遺産分割が終了するまでの間、居住権は認められています。しかし、例えば被相続人がその建物を第三者に遺贈した場合には、配偶者は、遺贈によりその建物を取得した第三者からの退去請求があったときは退去せざるを得ません。

②改正のポイント

　　配偶者が被相続人の建物に無償で居住していた場合は、被相続人の相続発生に伴って、配偶者は、当然の権利として、その建物を無償で使用できる配偶者短期居住権を取得して、最低6か月間、そこに居住を続けることができます。

③施行時期・適用時期

　　この新制度は、2020年（令和2年）4月1日から施行され、同日以降に開始した相続について適用されています（p.27、168参照）。

（3）持戻し免除の推定

①改正前

　　被相続人が相続人に対して遺贈や贈与を行った場合には、その被相続人に係る遺産分割の際には、その遺贈等を受けた財産は、原則として遺産の先渡しとみなされて相続財産に含まれ（持戻しされ）、その相続人は、遺贈等を受けた財産の額

だけ取得する遺産が減額され、遺贈等を受けなかった場合と同じとなります。

②改正のポイント

　　婚姻期間が20年以上の夫婦の一方（例えば、夫）が他方（例えば、妻）に対して、居住用不動産（居住用建物またはその敷地）の遺贈または贈与があった場合、持戻しの免除の意思表示があったものと推定して、遺産の先渡しとはみなさず、その結果、配偶者は、より多額の遺産を取得できるようになりました。

③施行時期

　　この規定は、2019年（令和元年）７月10日から施行され、「相続開始日」と「贈与日又は遺贈に係る遺言書の作成日」がすべて同日以降である場合に適用されています（p.18参照）。

２．遺言制度の見直し

（1）自筆証書遺言の方式緩和

①改正前

　　自筆証書遺言は、遺言者が遺言書の全文、日付および氏名をすべて自書して、これに押印しなければならず、手間と負担を要しました。

②改正のポイント

　　自筆証書遺言書の作成方式が緩和され、遺言者の財産が多数あるような場合において、その遺言書に添付する財産目録は、自書によらなくてもよくなりました。

　　財産目録の形式についての定めはないため、遺言者本人がパソコン等で作成したものや、土地建物の登記事項全部証明書や預貯金通帳の写しなどを財産目録として添付することができます。ただし、自書によらない財産目録を添付するときは、遺言者はその財産目録の各ページに署名押印をしなければなりません。

③施行時期・適用時期

　　自筆証書遺言方式の緩和は、2019年（平成31年）１月13日から施行され、同日以降に作成した遺言書について適用されています（p.37参照）。

（2）自筆証書遺言書の保管制度の新設

①改正前

　　自筆証書遺言書については、これを公的な機関において保管する制度がなく、遺言者が自宅で保管していることが多く、遺言書の紛失や、相続人による遺言書の破棄、隠匿、改ざん等のおそれがあるなどの問題点がありました。

②改正のポイント

　　これらの問題点解消のために法務大臣指定の法務局（遺言書保管所）において自筆証書遺言書を保管する制度が新設されました。

イ．自筆証書遺言書に係る遺言者は、原則として住所地、本籍地又は所有不動産の所在地のいずれかを管轄する遺言書保管所に出向き遺言書の保管を申請します。

ロ．遺言書保管所では遺言書の外形的な確認を行った後、遺言書の原本およびデータを長期間、保管します。

ハ．遺言者の死亡後、相続人等は遺言書保管所において、遺言書が保管されているかどうかの調査や遺言書の写しの交付請求、遺言書の閲覧をすることができます。

ニ．これらの手続きにつき保管申請手数料（１件3,900円）などがかかります。

③施行時期・適用時期

遺言書の保管制度は、2020年（令和２年）７月１日から施行され、遺言書の作成日にかかわらず、同日以降に申請した遺言書が保管対象とされています（p.38参照）。

３．遺留分制度の見直し

（１）遺留分侵害額請求権の金銭債権化

①改正前

遺留分を侵害された遺留分権利者が、遺贈等の目的財産について遺留分の減殺請求権を行使した場合、減殺請求の効果は、物権的請求権が生じるとされ、遺留分権利者と遺留分侵害者との間で、財産の複雑な共有状態が生じることがありました。

②改正のポイント

遺留分権利者が遺留分侵害額請求により得られる権利は、金銭債権となりました。つまり、遺留分権利者は遺留分侵害者に対して遺留分侵害額だけの金銭の支払いのみを請求できることになった結果、共有状態が解決されました。

ただし、遺留分権利者から遺留分侵害額の支払いを請求されても、遺留分侵害者は、直ちに金銭の支払い準備ができないこともあるため、そのような場合には裁判所に対して金銭債務の全部または一部につき期限の許与を求めることができます。

このように、遺留分減殺請求(権)は、遺留分侵害額請求(権)に変わりました。

③施行時期・適用時期

遺留分侵害額請求権の金銭債権化は、2019年（令和元年）７月１日から施行され、同日以降に開始した相続について適用されています（p.44参照）。

（2）遺留分の算定方法の改正
①改正前

　　相続人に対する生前贈与で、特別受益(婚姻や養子縁組のためまたは生計の資本として受けた贈与)に該当するものについては、その贈与時期を問わず、その価額は、すべて遺留分の算定基礎となる財産の価額に算入されていました。

②改正のポイント

　　相続人に対する生前贈与で、特別受益に該当するものの価額は、原則として相続開始前10年以内のものに限り、遺留分算定の基礎となる財産の価額に含まれます。

　　これにより遺留分の算定の基礎となる財産の価額は、次式により計算します。

> 遺留分算定基礎財産の価額＝相続時における被相続人の積極財産の額＋相続人に対する生前贈与で、特別受益に該当するものの額(10年以内のもの)＋相続人以外の人に対する生前贈与の額(1年以内)＋贈与時期に関係なく遺留分権利者を害することを知って行った贈与財産－被相続人の債務の額

③施行時期・適用時期

　　遺留分算定方法の見直しは、2019年（令和元年）7月1日から施行され、同日以降に開始した相続について適用されています（p.44参照）。

4．その他の制度
（1）遺産分割前の相続預金の払戻し制度の新設
①改正前

　　被相続人の預貯金については、遺産分割の対象となり、相続人に、被相続人に係る葬儀費用の支払いや自己の生活費の支払い、被相続人の債務の弁済等の資金需要があっても、遺産分割が終了するまでの間は、相続人による単独での預貯金の払戻しができないという問題点がありました。

②改正のポイント

　　遺産分割の公平を図りながら、相続人の資金需要に応えられるように、預貯金の払戻し制度が新設され、問題点は解消されました。

　　イ．家庭裁判所の判断なしの払戻し

　　　被相続人の預貯金のうちの一定額については、家庭裁判所の判断を経ずに、単独での払戻しが認められるようになりました。

> 払戻しできる金額＝相続開始時の預貯金の額×1／3×（その共同相続人の法定相続分）
>
> ただし、1つの金融機関から払戻しを受けられる限度額は、150万円です。

　　なお、払戻しを受けた預貯金については、遺産の一部分割によりこれを取得したものとみなされます。

ロ．家庭裁判所の判断による払い戻し

　　預貯金の払戻しの必要があると認められる場合は、他の共同相続人の利益を害しない限り、家庭裁判所の判断で払戻しが認められるようになりました。

③施行時期・適用時期

　　預貯金の払戻し制度は、2019年（令和元年）7月1日から施行され、相続開始時期を問わず、同日以降はすべて預貯金の払戻しの申請ができます（p.182参照）。

（2）特別の寄与制度の新設

①改正前

　　相続人以外の人は、無償で、被相続人の介護や財産の維持・増加に貢献しても相続財産を取得することができませんでした。

②改正のポイント

　　相続人以外の親族で、上記のような貢献をした人（特別寄与者）は、相続人に対して金銭の支払い（特別寄与料）の請求をすることができます。特別寄与者が受取った特別寄与料の額は、被相続人から遺贈により取得したものとして相続税の課税対象となります。なお、特別受益者の相続分の規定は、相続人に限り認められ、この特別の寄与制度とは対象者が異なる制度です（p.19参照）。

③施行時期・適用時期

　　特別の寄与制度は、2019年（令和元年）7月1日から施行され、同日以降に開始した相続について適用されています。

（3）相続の効力に関する見直し

①改正前

　　遺贈、特定財産承継遺言（「相続させる」旨の遺言）や遺産分割などにより承継された財産については、登記、登録等の第三者対抗要件を備えていなくても、第三者に対抗できるとされていました。

②改正のポイント

　　遺贈、特定財産承継遺言（相続させる旨の遺言）、遺産分割などによる財産の承継において、法定相続分を超える部分については、登記、登録等の対抗要件を備えなければ、第三者に対抗することができないこととされました。これによって、

遺言の内容を知りえない相続債権者等の利益が守られることになりました。

③施行時期・適用時期

　この見直しは、2019年（令和元年）7月1日から施行され、同日以降に開始した相続について適用されています。

（4）遺言執行者の権限の明確化

①改正前

　遺言執行者の任務等についての民法の規定は、一般的、抽象的なものでした。

②改正のポイント

　イ．遺言執行者の権利義務について、「遺言の内容を実現するため…遺言の執行に必要な一切の行為をする権利義務を有する」（民法第1012条）、遺言の内容の実現が責務であって、必ずしも相続人の利益のために職務を遂行するのではないとしています。

　ロ．改正前は、遺言執行者は、その任務を開始したときは、遅滞なく、財産目録を作成して相続人に交付しなければなりませんでしたが、改正後は、遺言の内容も相続人に通知しなければなりません。

　ハ．特定財産承継遺言（相続させる旨の遺言）については、遺言執行者は、登記手続きができませんでしたが、単独で相続登記手続きができるようになりました。

③施行時期・適用時期

　2019年（令和元年）7月1日から施行され、イ及びロは同日以降に遺言執行者に就任した場合に適用され、ハは同日以降に作成された遺言書について適用されています（p.49参照）。

第1章

相続の法律

1　相続と相続人の範囲・順位

 相続とはどういうことですか。また、だれが相続人になるのですか。

 相続とは、死亡した人の財産が生存している他の人に当然に承継されることをいいます。その場合、死亡した人を被相続人、承継する人を相続人といいます。

《 解 説 》

（1）人の死亡と相続の開始

　　自然人が死亡した場合、その死亡した人（被相続人）の財産は、生存している相続人に当然に承継されますが、これを相続といいます。このように相続は、自然人の死亡によって開始されます。

①通常の死亡

　　自然的な死亡のことで、これによって相続が開始されます。

②失踪宣告

　　通常の死亡のほかに、失踪宣告によっても、相続が開始されます。具体的には、不在者の生死が一定期間（通常は7年、船舶の沈没など危難失踪は1年）不明である場合に、利害関係人の請求によって家庭裁判所が失踪宣告をすることができ、この失踪宣告を受けた人は、普通失踪の場合7年の期間満了時に、また危難失踪の場合危難が去った時に死亡したとみなされます。

（2）相続財産の範囲

　　相続人は、相続開始の時から、被相続人の財産に属した一切の権利義務（一身専属のものは除く）を承継します。

相続財産の範囲　　　　　　　　　　　　○印が相続財産

区　　分	左　の　例　示	判　定
① 通常の資産、負債	不動産、預貯金、株式、貸付金、家財、借入金、保証債務等	○
② 従たる権利	質権、抵当権等	○
③ 一身専属のもの	扶養の権利義務、身元保証	×
④ 保険金等	生命保険金、死亡退職金	×

　　また、生命保険金や死亡退職金は、一般に受取人の固有財産と解されており、相続財産とはなりません。しかし、相続税の課税上では、みなし相続財産として相続税の課税対象となる場合もあります。

（3）相続人の範囲と順位

相続人の範囲は、民法において被相続人の配偶者と血族相続人に限定しています。

①被相続人の配偶者‥‥被相続人の配偶者は常に相続人になります。配偶者とは、婚姻の届出をした妻または夫のことで、法律上の夫婦でない場合の内縁の妻や夫は相続権がありません。

②血族相続人‥‥血族相続人は次のように一定の順位にしたがって相続人となります。

第1順位‥‥子

第1順位は、被相続人の子です。子がいれば、被相続人に父母や兄弟姉妹がいても、これらの人は相続人になりません。

子であれば、実子と養子、嫡出子と非嫡出子の別なく、同順位で相続人となります。なお、養子の実親に対する相続権については、普通養子のときは実親の相続人となりますが、特別養子のときは実親の相続人とはなりません。また、胎児は、相続についてはすでに生まれたものとしてみなされ、相続権が認められます。もし、胎児が死産のときは、はじめから相続人でなかったことになります。

子が被相続人の相続前にすでに死亡していたり、または相続人の廃除や相続欠格で相続権を失ったときは、その子に直系卑属（被相続人の孫など）がいれば、その直系卑属が親等の近い順に相続人となります。これを代襲相続といいます。

第2順位‥‥直系尊属

被相続人に子がいなければ、被相続人の直系尊属（父母や祖父母など）が相続人となります。直系尊属がいれば、被相続人の兄弟姉妹がいても、兄弟姉妹は相続人になりません。

この場合、直系尊属のうち、親等の近い順に相続人となります。たとえば、父母と祖父母とがいる場合は、父母が相続人となり、祖父母は相続人になりません。また、父母のいずれか一方がいれば、たとえ祖父母がいてもその父母の一方だけが相続人となります。

第3順位‥‥兄弟姉妹

子も直系尊属もまったくいなければ、被相続人の兄弟姉妹が第3順位で相続人になります。兄弟姉妹がすでに死亡しているときなどは、代襲相続が認められますが、代襲相続人になれるのは、兄弟姉妹の子（被相続人の甥や姪）だけに限られています。

```
              配 偶 者 ‥‥‥‥常に相続人
相 続 人                第1順位‥‥子（その代襲相続人を含む）
              血族相続人   第2順位‥‥直系尊属
                        第3順位‥‥兄弟姉妹（その代襲相続人を含む）
```

2　相続の欠格・廃除、相続人の不存在、行方不明

 Q 相続人の相続権が失われる場合がありますか。また、相続人がいるか どうか分からない場合はどうしたらよいですか。

A 相続権を失わせるものとして、相続欠格と相続人の廃除という制度 が設けられています。また、相続人がいなければ特別縁故者に財産 が分与されることがあります。

《 解　説 》

（1）相続権の剥奪

①相続欠格

　　これは法律上、当然に相続人の資格が失われるもので、特別な手続きは不要です。 例えば、故意に被相続人または先順位や同順位の相続人を殺害し、または殺害し ようとして刑罰に処せられた場合、あるいは詐欺や強迫によって被相続人に遺言 書を書かせたり、変更させたりした場合などが欠格事由となります。

　　この相続欠格により相続権を失った場合は、代襲相続が認められますから、欠 格者に子がいれば、その子が代襲相続人として相続します。

②相続人の廃除

　　これは、遺留分を有する推定相続人について、一定の事由がある場合に、家庭裁 判所に対する被相続人の申立て、または被相続人の遺言に基づく遺言執行者の申立 てによって、その相続権を失わせるものです。この廃除の事由となるのは、相続欠 格とするほどの事由ではなくても、被相続人を虐待したり、被相続人に対して重大 な侮辱を加えたり、その他著しい非行があったことです。

　　ただし、兄弟姉妹やその子（代襲相続人）が相続人の場合は、遺留分がないた め、廃除は認められません。

　　この廃除が確定すると、排除された人は、申立てをした被相続人に対する関係 で相続権が失われます。この場合も、欠格と同様に代襲相続が認められます。

相続の欠格と廃除

区　分	認められる場合	効　　果
相続 欠格	・被相続人などを殺害したような場合 ・特別な手続きは不要	・相続開始時から欠格者となる ・その子は代襲相続できる
相続 人の 廃除	・遺留分を有する推定相続人が被相 続人を虐待したような場合 ・家庭裁判所へ申し立てる	・相続開始時から廃除者となる ・その子は代襲相続できる

（2）相続人の不存在と行方不明

　相続人がいるのかどうかが分からない場合には、まず利害関係人等が家庭裁判所に相続財産管理人の選任を請求し、家庭裁判所はこの請求に基づき相続財産管理人を選任し、これを公告します。その後2ヶ月を経過しても相続人が現れないときは、債権申し出の公告を行い、申し出た債権者や受遺者に配当弁済が行われます。その申出期間を経過しても、まだ相続人が現れないときは、家庭裁判所が相続人捜索の公告を行います。その公告期間（6ヶ月以上）満了時までに相続人が現れなければ、相続人の不存在が確定します。

　相続人の不存在が確定した時点で相続財産があるときは、その相続財産は、被相続人の特別縁故者の請求により分与され、その後に残った財産は国庫に帰属します。

　特別縁故者への財産分与とは、被相続人の相続人ではないが、被相続人と生計を同じくしていた者や被相続人の療養看護に努めた者、その他被相続人と特別の縁故関係があった者に対して、相続財産の一部を与えようというものです。その財産分与の申立ては、相続人捜索の公告の期間満了後3ヶ月以内に家庭裁判所に対して行います。

　なお、行方不明者がいる場合は、普通失踪では7年経過しないと失踪宣告の申立てができませんから、7年を経過していないときは、家庭裁判所に不在者財産管理人の選任を申立て、その選任された管理人が行方不明者に代わって遺産分割協議に参加します。

相続人がいるかどうか分からない場合の手続

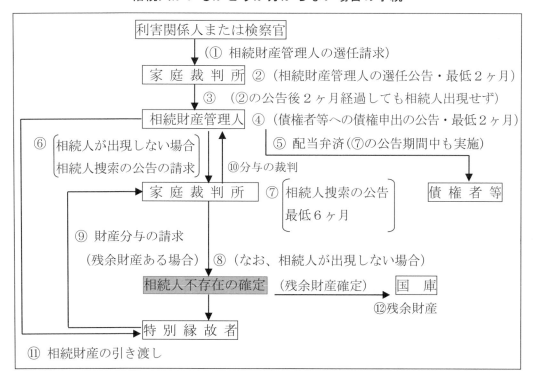

3　相続分

 相続人が２人いる場合、相続分はどうなりますか。また、生前に財産の贈与を受けていた人の相続分はどうなりますか。

 相続人が1人であれば被相続人の財産は、その相続人が全部を相続します。しかし、相続人が２人以上いる場合には、各相続人がどのような割合で相続できるのかが問題となります。その相続できる割合のことを相続分といいます。この相続分には、法定相続分と指定相続分とがあり、特殊なものとして代襲相続分、特別受益者の相続分、寄与者の相続分があります。

《 解 説 》

（１）法定相続分

　　民法の規定による相続分であり、次項で述べる遺言による相続分の指定がない場合に適用されます。この法定相続分は次のようになっています。

　①配偶者と子が相続人である場合

　　　　　配偶者・・・　２分の１

　　　　　子・・・・・・・　２分の１

　　　子が数人いるとき、子１人当たりの相続分は、子の相続分２分の１を子の数で割ったものとなります。実子と養子の相続分は同じです。また、子の中に嫡出子と非嫡出子とがいる場合も同じです。

　　　また、代襲相続人の受ける相続分を代襲相続分といいますが、この代襲相続分は、被代襲者の相続分を引き継ぎます。したがって、代襲相続人全員の相続分は、常に被代襲者の相続分と同じとなります。

嫡出子と非嫡出子とがいる場合の法定相続分

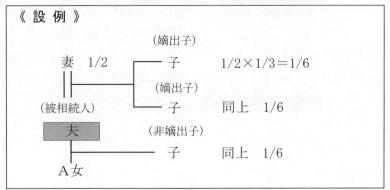

②配偶者と直系尊属が相続人の場合

配偶者 ‥‥ 3分の2

直系尊属‥‥ 3分の1

直系尊属が数人いるとき、直系尊属1人当たりの相続分は、直系尊属の相続分3分の1を直系尊属の数で割ったものとなります。

配偶者と直系尊属が相続人の場合の法定相続分

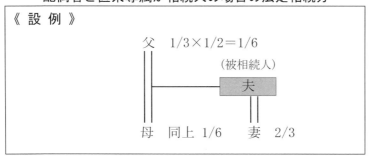

③配偶者と兄弟姉妹が相続人の場合

配偶者‥‥4分の3

兄弟姉妹‥‥4分の1

兄弟姉妹が数人いるとき、兄弟姉妹1人当たりの相続分は、兄弟姉妹の相続分4分の1を兄弟姉妹の数で割ったものとなります。

また、父母の一方を同じくする兄弟姉妹の相続分は、父母の双方を同じくする兄弟姉妹の2分の1となります。

配偶者と兄弟姉妹が相続人の場合の法定相続分

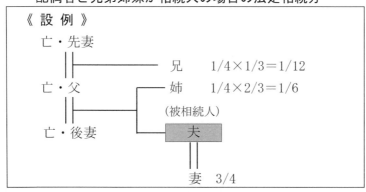

④配偶者がいない場合

配偶者がいない場合は、子、直系尊属、兄弟姉妹の順位で相続人となり、それぞれがすべての財産を相続します。

⑤配偶者だけが相続人の場合

　子、直系尊属、兄弟姉妹がおらず、配偶者だけがいれば、配偶者だけが相続人となり、すべての財産を相続します。

以上をまとめて示せば、次のようになります。

相続人と法定相続分

区　分	相　　　　　続　　　　　人		法 定 相 続 分
配偶者がいる場合	子、直系尊族兄弟姉妹がいる場合	① 配偶者と子	配偶者1/2、子1/2
		② 配偶者と直系尊属	配偶者2/3、直系尊属1/3
		③ 配偶者と兄弟姉妹	配偶者3/4　兄弟姉妹1/4
	子、直系尊属、兄弟姉妹がいない場合		配偶者　全部
配偶者がいない場合	① 子のみの場合		子　全部
	② 直系尊属のみの場合		直系尊属　全部
	③ 兄弟姉妹のみの場合		兄弟姉妹　全部

注：子、直系尊属、兄弟姉妹が２人以上いる場合、各相続人の相続分は均等です。ただし、父母の一方を同じくする兄弟姉妹の相続分は、父母の双方を同じくする兄弟姉妹の相続分の1/2です。
　　　子がすでに死亡している場合は、その子の直系卑属(被相続人の孫など)が代襲相続します。また兄弟姉妹がすでに死亡している場合は、その子(被相続人の甥、姪)のみが代襲相続します。

（２）指定相続分

　　被相続人は、遺言で自由に相続人の相続分を指定したり、または相続分を指定することを第三者に委託することができます。これを指定相続分といい、原則として法定相続分に優先します。

（３）代襲相続分

　　代襲相続とは、相続人となるべき人（子又は兄弟姉妹に限る。被代襲相続人又は被代襲者という）が、被相続人の相続開始前に既に死亡していたり、相続人の廃除や相続欠格によって相続権を失っているときには、その人の直系卑属（子・孫など。代襲相続人又は代襲者という）がかわって相続人になることをいいます。ただし、相続人となるべき人が兄弟姉妹の場合、その兄弟姉妹が既に死亡しているときは、その子（被相続人の甥、姪）に限り代襲相続します。

　　代襲相続人の相続分は、被代襲相続人の相続分をそのまま引き継ぎます。同一の被代襲相続人の代襲相続人が２人以上いる場合は、各代襲相続人の相続分は均等です。

代襲相続人がいる場合の法定相続分と代襲相続分（1）

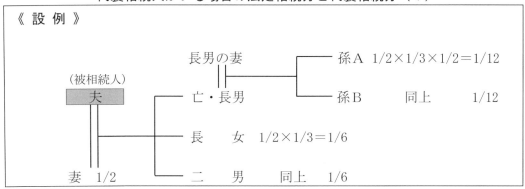

代襲相続人がいる場合の法定相続分と代襲相続分（2）

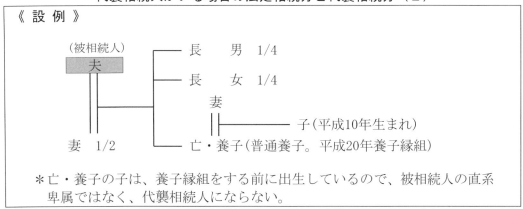

（4）特別受益者の相続分
①特別受益者の相続分

　共同相続人のなかに被相続人から特別の財産上の利益を受けた人（特別受益者）がいる場合には、これを無視して各相続人の相続分を算定すると不公平になります。

　そこで、特別受益者がいる場合、すなわち被相続人から遺贈を受けたり、過去に（期間制限なし）、婚姻や養子縁組のために、または生計の資本として財産の贈与を受けている人がいる場合には、他の共同相続人の請求によって、被相続人の遺産にこの特別受益額（相続開始時の時価）を加えた額（みなし相続財産）をもとにして各相続人の相続分を計算します。これを「持ち戻し」といいます。

　特別受益者以外の相続人の相続分は、この計算による相続分となり、特別受益者の相続分は、その計算結果から特別受益分を減算したものとなります。

特別受益がある場合の相続分の計算

《 設 例 》 ： ① 相続人　　　　　妻、長男、長女
　　　　　　　　② 相続財産　　　　9,000万円
　　　　　　　　③ 特別受益分　　　長男は10年前、事業開始時に800万円
　　　　　　　　　　　　　　　　　（相続時価額1,000万円）の贈与を受けた。
《 計 算 》 ： ① みなし相続財産
　　　　　　　　　　9,000万円＋1,000万円＝1億円
　　　　　　　　② 各相続人の相続分
　　　　　　　　　妻　　　　1億円×1/2＝5,000万円
　　　　　　　　　長男　　　1億円×1/2×1/2－1,000万円
　　　　　　　　　　　　　　　　　　＝1,500万円
　　　　　　　　　長女　　　1億円×1/2×1/2
　　　　　　　　　　　　　　　　　　＝2,500万円

②持戻し免除

　　上記の持ち戻しについては、被相続人が遺言等によって持ち戻し免除の意思表示をしていれば、持ち戻しをする必要はありません。

　　民法（相続法）の改正により、婚姻20年間以上の夫婦の一方である被相続人が、他の一方に対し、その居住用の建物又はその敷地について遺贈又は贈与をしたときは、その被相続人が持ち戻し免除の意思表示をしたものと推定し、持ち戻し計算は不要とされました。配偶者居住権を遺贈した場合も同様です。

　　これは、配偶者保護の観点から改正されたもので、この結果、配偶者は、従前の規定よりも多額の遺産を取得し、生活を安定させることができるようになりました。

改正前の妻の取得額の計算

《設 例》①相続人　妻、長男
　　　　　②相続財産　自宅2,000万円（持分1/2）、預貯金4,000万円
　　　　　③生前贈与　被相続人は妻に10年前に自宅2,000万円（持分1/2）を贈与
《計 算》①遺産総額　2,000万円＋4,000万円＋2,000万円（贈与）＝8,000万円
　　　　　②妻の相続による取得額　8,000万円×1/2－2,000万円＝2,000万円
　　　　　③妻の取得額　2,000万円（贈与）＋2,000万円（相続）＝4,000万円

改正後の妻の取得額の計算

《設　例》上記と同じ
《計　算》①遺産総額 2,000万円＋4,000万円＝6,000万円
　　　　　②妻の相続による取得額 6,000円×1/2＝3,000万円
　　　　　③妻の取得額＝2,000万円（贈与）＋3,000万円（相続）＝5,000万円

　　贈与税の配偶者控除の適用を受けて、夫婦間で居住用不動産の贈与を行った場合は、持ち戻しの不要の適用を受けられます。ただし、夫婦間で居住用不動産を取得するための金銭を贈与し、その金銭で居住用不動産を取得した場合は、適用外です（p.112参照）。

（5）寄与者の相続分

　　共同相続人の中に、被相続人の相続財産を維持増加する上で特別に寄与した人がいる場合は、他の相続人との公平を図るため、遺産の分割にあたり、その相続人は遺産の中から法定相続分とは別枠で、原則として共同相続人の協議により決定した寄与分を受けられます。

　　寄与者がいる場合の相続分の計算は、被相続人の遺産から寄与分を控除した残額を基にして各相続人の相続分を求めます。寄与者以外の相続人の相続分は、この計算による相続分ですが、寄与者の相続分は、この計算した相続分に寄与分を加算したものです。

（6）特別寄与者の特別寄与料
①特別寄与料とは

　　民法(相続法)の改正により、相続人以外の親族が、無償で被相続人の療養看護等を行ったことによって、被相続人の財産の維持または増加について特別の寄与をした場合には、相続の開始後、その人(特別寄与者)は相続人に対して金銭(特別寄与料)の支払の請求ができます。例えば、被相続人の長男の妻が被相続人の介護に尽くしていた場合、長男の妻は特別寄与料を請求できます。

　　特別寄与料の額は、特別寄与者と相続人との協議によって決めます。この協議がまとまらない場合には、特別寄与者が相続の開始と相続人を知った時から6カ月以内で、かつ相続開始時から1年以内に家庭裁判所へ請求する必要があります。

②特別寄与料に係る課税

　　特別寄与者が支払いを受ける特別寄与料については、相続税の課税対象となり、相続税の申告と納税義務が生じた場合には、金額が決定してから10カ月以内に相続税の申告と納税が必要です。また、相続人が2人以上いる場合は、各相続人は特別寄与料の額に各相続分を乗じた額を負担し、各人の相続税の課税価格から控除します。

4　相続の単純承認、限定承認、放棄

Q 資産より債務の方が多いときはどうすればよいですか。

A 被相続人の死亡により、その被相続人の財産は、すべて、原則として相続人に引き継がれます。しかし、借入金などの債務の方が預貯金などの資産よりも多いときなどは、相続人が相続したくないこともあります。そこで、相続するかどうかは、相続人が任意に決めることができ、相続することを相続の承認、また相続しないことを相続の放棄といいます。相続の承認には、単純承認と限定承認とがあります。

《 解 説 》

（1）単純承認

　　単純承認とは、相続人が被相続人の財産（借入金などの債務を含む）をすべて無制限に相続することをいいます。通常の相続の方法は、この単純承認です。

　　相続人は、自己のために相続の開始があったことを知った時から原則として3ヶ月以内に単純承認・限定承認・相続放棄のいずれかをしなければなりません。しかし、相続開始後3ヶ月以内に相続放棄または限定承認の手続きをしなかったり、この3ヶ月の期間内に相続財産の全部またはその一部を処分したような場合には、単純承認したものとみなされます。したがって、特に単純承認の手続きは必要ありません。

　　単純承認とは、すべての財産（借入金などの債務を含む）を無条件で相続することですから、例えば、債務の方が資産（預貯金や不動産など）よりも多額であると、その不足分は相続人がもともと持っていた財産（固有財産）による弁済義務を負うことになりますので、注意が必要です。

（2）限定承認

　　限定承認とは、資産と債務はともに相続するが、債務の弁済は資産の範囲内に留めるというものです。したがって、かなりの債務があって清算後に資産が残るかどうか不明である、といった場合にこの限定承認が活用できます。

　　限定承認をするためには、自己のために相続の開始があったことを知った時から3ヶ月以内（特別の事情あれば延長可能）に、家庭裁判所に申述しなければなりません。この場合、相続人が2人以上いるときは、相続放棄の場合と異なり、相続人全員で申述する必要があります。この申述が受理されると限定承認が成立します（p.222参照）。

　　限定承認がなされると、一定の手続きにより相続財産の管理と清算が行われます。

この管理・清算をした上で残余財産が生じた場合は、限定承認をした相続人がこれを受け取ります。しかし、完済されない債務が残った場合は、限定承認した相続人は自己の固有財産を持ち出してまで債務を弁済する必要はありません。

（3）相続放棄

相続放棄とは、自己の意思により被相続人の財産(債務を含む)をまったく引き継がないものです。

この相続放棄をするには、自己のために相続の開始があったことを知った時から3ヶ月以内(特別の事情があれば延長可能)に、家庭裁判所にその旨の申述をしなければなりません。相続放棄は、相続開始後に申述できるものであって、被相続人の生前に、家庭裁判所に申述することはできず、また放棄する旨を他の相続人に約束していたとしても相続放棄の効果は生じません。また、この相続放棄は、限定承認の場合と異なり、相続人が2人以上いても各相続人が単独で行うことができます(p.218参照)。

この相続放棄の申述が家庭裁判所になされると、家庭裁判所は、相続放棄の申述者を呼び出して本人の真意に基づくことを確認して、申述を受理します。これにより相続放棄が成立します。

相続放棄の効果として、相続放棄をした相続人は、はじめから相続人にならなかったものとして扱われます。したがって、被相続人の財産は債務を含め一切相続せず、相続放棄をした人はもともといなかったものと同じに考えて、相続人の範囲や順位、法定相続分が決まります。しかし、これは被相続人の相続財産の相続権がなくなることであって、生命保険金の受け取りなどには、影響はありません。

◎ 事実上の放棄との違いは？

上記の相続放棄の手続きをせず、遺産分割協議の段階において特定の相続人が相続財産を全く取得しないことにする例があり、これも一般に相続放棄と呼ぶこともあるようです。しかし、これは法的には相続放棄ではありませんから、遺産分割協議書上で財産を全く相続しないこととした人も法律上は相続人です。したがって、実際には何も取得しなかった相続人でも、もし債権者から被相続人の債務の弁済の請求を受けたら、債権者に対抗できず、その債務を支払わざるを得なくなる虞れがありますから、注意が必要です。

相続財産を相続するかどうかの方法と手続

方　法		内　　容	手　続　き
承認	単純承認	・すべての財産(債務を含む)を無条件で相続する	・特に必要なし。相続放棄や限定承認しないと単純承認したものとみなす
	限定承認	・資産の範囲内でのみ債務の責任を負う	・相続開始後、原則として3ヶ月以内に家庭裁判所に相続人全員で申述する
相続放棄		・財産(債務を含む)は一切相続しない ・初めから相続人とならない	・相続開始後、原則として3ヶ月以内に家庭裁判所に申述する

5　遺産分割の方法

 遺産はいつまでに分割する必要がありますか。また法定相続分と違う割合で分割しても差し支えありませんか。

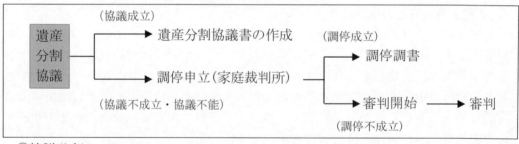

遺産分割については、その期限は特に定められていませんが、できれば早く済ませた方がよいでしょう。

　遺産分割は、遺言による分割方法の定めなどがあればこれに従います。これがなければ共同相続人による協議により決定しますが、必ずしも法定相続分に従う必要はありません。もし協議が成立しない場合には、家庭裁判所の調停または審判により分割します。

《 解 説 》

　相続人が数人いる場合には、遺産をだれがどれだけ相続するかを具体的に決める必要があり、この手続きが遺産分割です。

　被相続人が、遺言で遺産分割の方法を定めたり、これを定めることを第三者に委託したり、または相続開始時から5年を超えない期間内の分割を禁じていれば、これに従わねばなりません。これらの定めがなければ次のように遺産分割を進めます。

遺産分割協議の進め方

```
                （協議成立）
                ┌──────→ 遺産分割協議書の作成       （調停成立）
遺産                                          ┌──────→ 調停調書
分割 ──┤
協議
                └──────→ 調停申立（家庭裁判所）──┤
                                               └──────→ 審判開始 ──→ 審判
      （協議不成立・協議不能）
                                            （調停不成立）
```

①協議分割

　これは、共同相続人全員の合意により遺産を分割する方法です。この分割にあたっては、民法で定めるように「遺産に属する物または権利の種類および性質、各相続人の年齢、職業、心身の状態および生活の状況その他一切の事情を考慮して」行わなくてはなりません（p. 230参照）。

　遺産分割にあたり、共同相続人全員の自由な意思に基づき合意したのであれば、必ずしも法定相続分に従う必要はありません。そのことで贈与税の課税問題も発生しません。相続人の中に未成年者がいる場合は、その未成年者のために特別代理人の選任が必要とされることがあります（p. 232参照）。

　　共同相続人間で遺産分割協議がまとまれば、一般に後日に争いが生じないよう、また相続税の申告や、不動産の相続登記申請の際の添付書類とするために、下記のような遺産分割協議書を作成します。この分割協議書には、実印で押印し、相続人が各自1通ずつ保有することができるように複数枚作成したり、1通作成の上、相続人の内1人が原本を、他の相続人はコピーを保管する場合もあります。

②調停や審判による分割

　　共同相続人の間での分割協議が整わない場合や分割協議ができない場合は、相続人は、家庭裁判所に調停や審判の申立てができます。

　　通常、協議がまとまらない場合は、まず調停の申立てを行って、第三者により各相続人の意見の調整をしてもらいます。この調停が不成立となったら、通常は特に手続きをしなくても審判手続きが開始され、その審判により指定された方法で分割します(p.244参照)。

《遺産分割協議書の書式例》現物分割の場合

遺産分割協議書

　　被相続人田中一郎の遺産については、相続人全員で分割協議した結果、各相続人が、それぞれ次のとおり分割取得することに決定した。

1．次の遺産は、（1）土地及び（2）建物の所有権については相続人田中次郎が取得し、（2）建物についての配偶者居住権を相続人田中花子が取得する。
　　（1）土地　東京都杉並区○○町○○番地
　　　　　　　　　宅地　　350平方メートル
　　（2）建物　同所同番地　　家屋番号　○○番
　　　　　　　　　木造瓦葺平屋建　居宅　150平方メートル

2．次の遺産は、相続人田中花子が取得する。
　　○○銀行○○支店の定期預金 No.12　2,000万円

3．次の遺産は、相続人田中次郎が取得する、
　　○○株式会社の株式　100株

4．被相続人田中一郎に係る葬儀費用は、相続人田中花子が負担する。

　　以上の通り相続人全員による遺産分割協議が成立したので、これを証するための本書2通を作成し、各自署名押印のうえ、各1通を保有する。

　　　　　　　令和○○年3月1日
　　　　　　　東京都杉並区○○町○○番○号
　　　　　　　　　　相続人　　　田中花子　㊞
　　　　　　同所同番
　　　　　　　　　　相続人　　　田中次郎　㊞

注：遺産分割協議書には、印紙の貼付は必要ありません。

6　配偶者（短期）居住権

 配偶者（短期）居住権が新設された目的やその内容、利用方法等について教えてください。

 被相続人に相続が開始された後の配偶者の生活を保護するために、配偶者居住権と配偶者短期居住権という 2 つの制度が新設されました。

1．配偶者居住権

（1）配偶者居住権とは

　　配偶者居住権とは、被相続人の配偶者が、被相続人の建物に居住していた場合に、一定要件を満たせば、その後被相続人が亡くなった後においても、終身または一定期間、無償によりその建物を使用・収益することができる権利です。そしてこの配偶者居住権は、遺産分割、遺贈または審判によって取得することができます。

　　この制度を活用して、例えば、夫が亡くなり、遺産として自宅以外のものがそれほど多くないような場合、残された妻が今後の居住権を確保するために自宅を優先的に相続すると預貯金を少額しか取得できず、今後の生活資金に不安が生じることがあります。このときは、配偶者は自宅の所有権は取得せず、その所有権の計算基礎となる建物の相続税評価額よりも低評価される配偶者居住権を（これに合わせて土地の利用権も）取得すれば、配偶者は居住権が確保されるとともに、より多額の現預金等の他の財産を取得できるようになります（次ページの図、p.2参照）。

（2）配偶者居住権と建物・敷地（土地）の権利関係

　　配偶者居住権は建物の居住権ですが、配偶者は、その権利を取得した場合、権利の目的である建物の敷地である土地等を使用する権利（敷地利用権）も、当然に取得します。他方、建物と土地の所有権については、配偶者以外の相続人等が取得することになります。

　　これらを図解すれば、次のようになります。

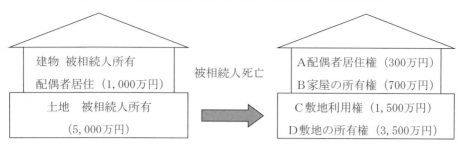

配偶者が配偶者居住権を取得した場合の権利関係

注：①A, Cは配偶者が、またB, Dは配偶者以外の相続人がそれぞれ取得。

　　②（・・万円）は、建物等のそれぞれの相続税評価額で、仮定の金額である。

（3）配偶者居住権の取得

　被相続人の配偶者は、被相続人所有の建物の全部または一部に相続開始時に居住していた場合には、次のいずれかにより配偶者居住権を取得できます。ただし、被相続人が相続開始時にその建物を配偶者以外の人と共有していないことが必要です。

①遺産分割

　遺産分割によって配偶者が取得する場合には、遺産分割協議書には、例えば次のように記載することが考えられます（p.22参照）。

> 後記の建物について、相続人××が所有権を取得し、被相続人の配偶者××は配偶者居住権を取得する。配偶者居住権の存続期間は、20年間とする。

②遺贈

　遺贈の場合には、遺言書に次のように記載することが考えられます（p.42参照）。

> 後記の建物についての配偶者居住権は遺言者の配偶者××に遺贈し、その（負担付）所有権は遺言者の長男××に相続させる。

③家庭裁判所の審判

　遺産分割協議が調わないとき、家庭裁判所へ遺産分割の審判の申立てをすることによって、配偶者が配偶者居住権を取得することができる場合があります。

（4）期間・消滅

　配偶者居住権の存続期間は、原則として終身です。

　ただし、次の例外があります。

イ．遺産分割協議や遺言によって期間を定めたとき

　この場合の存続期間は、その定めた期間であって、期間満了により配偶者居住権は終了、消滅します。

ロ．配偶者が死亡したとき

存続期間中で死亡したときは、その時点で配偶者居住権は終了、消滅します。

なお、配偶者は、配偶者居住権を家族のほか、第三者への売却ができません。

（5）消滅と課税関係

配偶者居住権が消滅した場合には、建物の所有者や建物の敷地の所有者は、無償で完全な所有権を得ることになっても、この消滅によって所有者が配偶者から取得する財産がないので、その時点で相続税や贈与税は課されません。これは配偶者居住権を設定することの大きなメリットといえます。

ただし、定められた期間の満了前の合意解除や配偶者居住権の放棄により配偶者居住権が消滅した場合、建物及び土地の所有者は、期間満了前に建物の使用収益ができるので、配偶者からその使用・収益する権利が移転したと考えられるため、その権利相当額の利益の額について贈与税が課せられます。もっとも、所有者が配偶者に適正な対価を支払った場合は、配偶者は総合課税の譲渡所得として課税され、贈与税は課されません。

（6）登記
①遺産分割による取得

配偶者居住権を取得した配偶者は、その権利を第三者に対抗するために登記をすることができます。登記は義務ではありませんが、登記をしたほうがよいでしょう。配偶者が遺産分割によって配偶者居住権を取得した場合の登記は、建物の所有者が登記義務者、配偶者居住権を取得した配偶者が登記権利者とする共同申請によって行います。したがって、この登記を申請するときには、その前提として建物の相続登記（建物の相続による所有者移転登記）を行うことが必要です。

| 建物の相続登記 | → | 配偶者居住権の登記 |

なお、敷地利用権は、登記できません。

②審判または遺贈による取得

遺産分割についての家庭裁判所における審判によって配偶者居住権を取得した場合は、配偶者が単独で登記申請をすることができます。また、遺贈によって配偶者居住権を取得した場合は、遺言執行者が登記申請できると解されています。

なお、①または②による配偶者居住権の設定登記に係る登録免許税の税率は、建物の価額（固定資産税評価額）に対して1,000分の2です。相続による所有権の移転登記に係る登録免許税の税率（1,000分の4）よりも軽減されています。

（7）建物の修繕費用や固定資産税の負担

　　配偶者が、配偶者居住権が設定された建物に居住している場合において、その建物の通常の必要費は配偶者が負担することになっています。したがって、通常の建物の修繕費は配偶者が負担することになります。また建物の固定資産税についても、納税義務者は建物の所有者ですが、実際には配偶者が負担します。

（8）財産評価

　　配偶者居住権等の相続税における評価方法については、p.168以下をご参照ください。

（9）施行時期・適用時期

　　配偶者居住権の制度は、令和2年4月1日から施行され、同日以降に開始した相続に係る、遺産分割、遺贈に係る遺言の作成または審判について適用されています。

2．配偶者短期居住権
（1）配偶者短期居住権とは

　　配偶者短期居住権とは、被相続人の相続開始時に被相続人の建物に無償で居住していた配偶者は、被相続人の相続開始時から当分の間、その建物に無償で居住することができる権利のことです。これは、被相続人の配偶者が、例えば被相続人とともに居住していた建物を相続により取得しなかった場合に、配偶者は直ちにその建物から退去せざるを得ず、配偶者の居住権が確保されないことから認められた制度です。

（2）配偶者短期居住権の取得と期間

　　配偶者が、相続開始時に被相続人の建物に無償で居住していた場合は、当然に配偶者短期居住権を取得します。その存続期間はつぎのとおりです。

イ．配偶者がその建物についての遺産分割協議をする場合・・遺産分割によりその
　　建物の帰属が確定する日まで（ただし、最低6カ月間）

ロ．その他の場合（遺贈により配偶者以外の第三者がその建物を取得した場合や配
　　偶者が相続放棄した場合）・・その建物を取得した者から立退き請求を受けてから
　　6カ月経過日

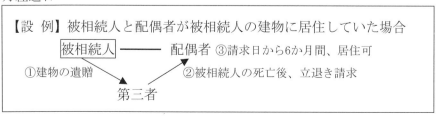

　なお、配偶者が遺贈により配偶者居住権を取得したような場合、即ち配偶者が相続開始時に配偶者居住権を取得したときや配偶者が、相続欠格や廃除によって相続権を失ったときは、配偶者短期居住権は成立しません。

（3）消滅

　　イ．上記（2）に掲げる存続期間の満了によって配偶者短期居住権は消滅します。

　　ロ．存続期間満了前でも、配偶者がその建物に係る配偶者居住権を取得したり、配偶者が死亡した場合も、配偶者短期居住権は消滅します。

（4）登記

　配偶者居住権と異なり、登記をすることはできません。

（5）財産評価

　配偶者短期居住権の経済的価値はゼロです。相続対象ともなりません（p.168参照）。

（6）施行時期・適用時期

　この規定は令和2年4月1日から施行され、同日以降に開始した相続について適用されています。

7　債務の承継と遺産分割

Q　亡父の銀行借入金については、共同相続人（3人）による遺産分割協議により長男の私だけが承継することにしたいのですが、問題ありませんか。

A　銀行借入金等の可分債務は、当然に各相続人が法定の相続分に従って承継するため、共同相続人間で特定の相続人が承継するという合意は有効ですが、債権者の承諾がない限り、債権者に対抗できないと解されています。

《 解 説 》

（1）債務の遺産分割

　相続人が2人以上ある場合には、被相続人の財産は、原則として共同相続人による遺産分割協議によって分割し、承継します。消極財産（マイナスの財産・債務）も共同相続人による協議による遺産分割ができますが、遺産分割にあたっては、積極財産（プラスの財産）の場合とは異なる留意点があります。

（2）可分債務と不可分債務

①可分債務

　銀行借入金などの可分債務（分割できる債務）については、原則として各相続人が法定相続分に応じて当然に承継するものと解されています（判例）。もし、共同相続人間でこれと異なる割合で承継することで合意した場合には、この合意自体は共同相続人間では有効ですが、そのことについて債権者（銀行借入金の場合は銀行）の同意を得ない限り、債権者に対抗できません（判例）。それは、例えば遺産分割協議によって全く資力のない相続人だけが銀行借入金を承継することにした場合、それを認めると債権者たる銀行はその有する債権（貸付金）の回収が不能となり、銀行の利益が害されることもあると解されるからです。したがって、特定の相続人が債務を承継したいときは、共同相続人の合意とともに債権者の承諾を得て債務者（借主など）の名義をその特定の相続人に変更することが必要となります。その承諾が得られないと、各相続人は、債権者から相続分に応じた債務の弁済を請求されても、その弁済を拒否できません。

②不可分債務

　土地を売却してその引渡前にその売却した人が死亡した場合には、相続人はそ

　の土地の引渡し債務を承継します。そのような不可分債務（分割できない債務）については、各相続人はその全部について履行の責めを負います。

（3）連帯債務

　連帯債務者のうちの1人が死亡した場合には、各相続人はその相続分に応じて債務を承継し、その承継した範囲内で本来の債務者とともに連帯債務を負います。

（4）保証債務

①通常の保証債務

　被相続人が銀行借入金の保証人となっていたような場合、その被相続人の保証債務については、原則として各相続人が法定相続分に応じて承継します。

②身元保証債務

　会社に就職した際に要求されるような身元保証については、個人的な信頼関係に基づくものであるため、その保証人が死亡したときは、その身元保証債務は承継されないと解されています。ただし、身元保証人が死亡した時点で既に具体的に発生していた債務（損害賠償）については、承継されます。

③根保証

　将来発生する不特定の債務を保証する根保証（例：銀行の当座貸越契約や手形割引取引等）についての保証限度額の定めの義務化は、貸金等債務の根保証に限定されていましたが、個人保証人保護の観点から、民法改正により令和2年4月1日からすべての根保証契約に適用されています。この新しい根保証契約に係る保証人が死亡した場合には、その時点で元本が確定し、相続人は、この元本だけは相続して責任を負うことになります。

（5）租税債務

　被相続人に係る未納の国税や地方税は、相続人が納付義務を承継します。その場合、相続人が2人以上あるときには、各相続人が民法の相続分により按分した額を承継すると定められています。通常、未納の国税は、共同相続人間で協議分割を行って誰が承継するかを決め、それに基づいて相続税の申告と納付をしますが、その通りにきちんと納税すれば、相続税の課税上での問題はないようです。

債務の相続

債務の種類		承継の有無
通常の債務	可分債務	法定相続分に応じて承継（原則）
	不可分債務	各相続人が全部を不可分に承継
保証債務	一般保証債務	法定相続分に応じて承継（原則）
	身元保証債務	承継せず

注：相続税における債務の取扱いについては、p.60を参照下さい

8　遺言と遺言できる事項

 最近、遺言を残す人が多いという話を聞きましたが、遺言は必要でしょうか。また、遺言の内容はすべて有効になるのでしょうか。

 最近、親族間で遺産分割をめぐる紛争が起こる事もあるようです。こうした紛争を未然に防止するために、遺言は有効な手段の一つといえます。遺言は厳格な方式が定められており、また遺言として法的効果を生ずる事項は法律で定められています。法律で定められた事項以外のことを遺言に記載しても、相続人がこれに任意に従うことができますが、法的な拘束力はありません。

《 解 説 》

（１）なぜ遺言は必要か。

　遺言は遺産をめぐる紛争防止のためだけではなく、親の面倒をよく見てくれた子に他の相続人より多くの遺産を与えたい、また相続人以外の人にも遺産を分けてあげたい、といった親の気持ちを残しておくためにも有効です。

　もちろん、親の遺志は、生前に子供達に口頭なり、テープに吹き込んでおくことでも伝わるでしょうが、実際に相続が発生したときに、親の遺志を尊重してその通りに遺産分割されるかどうかは分かりません。しかし、遺言書を作ることにより親の遺志に一定の法的拘束力を与えることができるようになります。

（２）遺言の作成にあたっての留意点

　遺言の作成に当たっての、留意点は次の通りです。

①満15歳に達した者は、単独で遺言することができます。

　原則として、未成年者の法律行為については、法定代理人の同意が必要ですが、遺言については満15歳以上であれば同意は不要です。

②遺言は、厳格な方式に従う必要があります。

　遺言は被相続人の最終的な意思を示したものですから、後に問題が発生しないように厳格な方式が定められており、この方式にしたがっていないものは、無効になります（p.33参照）。

③遺留分の制限があります。

　遺言者は、遺言により自由に自分の財産を処分できますが、遺留分という制限があります。遺留分を侵害するような遺言は、無効ではありませんが、相続人は遺留

分制度によって、一定割合の財産を相続する権利を認められています(p. 44参照)。

④遺言は、撤回できます。

　遺言者は、いつでも前に行った遺言を遺言の方式によってこれを撤回することができます。なお、遺言書が二通以上あった場合、遺言の内容に抵触する部分があるときは、その部分は日付の新しい(最新の)遺言で前の遺言を撤回したものとみなされます。

（3）遺言できる事項の定め

　遺言は、厳格な方式が定められ、遺言できる事項についても法律で定められています。法律で定められた事項以外のことは、遺言に記載しても差し支えありませんが、相続人がこれに任意に従うことはできますが、法的な拘束力はありません。

　遺言できる事項の主な内容は次の通りです。

主な遺言できる事項

①身分上に関する事項 ・認知 ・未成年後見人の指定 ・未成年後見監督人の指定 ・相続人の廃除および廃除の取り消し
②遺産相続に関する事項 ・相続分の指定またはその委託 　　各相続人の相続分を法定相続分どおりにするか、もし異なるのであればどのような割合にするかの定めです。 ・遺産分割方法の指定またはその委託 　　これは、遺産をどのように分割・配分するかの定めです。たとえば、妻に自宅、長男に預貯金と定めた場合は、相続分の指定と遺産分割方法の指定の両方を含むものと解されます。 ・遺産分割の禁止 　　遺言者は、5年以内の期間に限り遺産分割の禁止ができるので、もし禁止したければその旨を記載できます。
③財産の処分に関する事項 ・遺贈 　　遺言で財産を与えることです。 ・寄付行為
④遺言の執行に関する事項 ・遺言執行者の指定および指定の委託

9　遺言の方式とその作成方法

 遺言にはどのような方式がありますか。また、それぞれの遺言は、どのような特徴がありますか。

 民法は、遺言の方式として普通方式と特別方式とを定めています。これに従っていないものは、法律上、遺言としての効力がありません。

《 解 説 》

（1）遺言能力

　　遺言をするには、遺言の際に遺言能力を有していなければなりません。未成年者は、一般の取引行為については法定代理人の同意が必要ですが、未成年者でも満15歳に達していれば、遺言能力があると認められ、遺言することができます。

（2）遺言の種類

遺言の種類

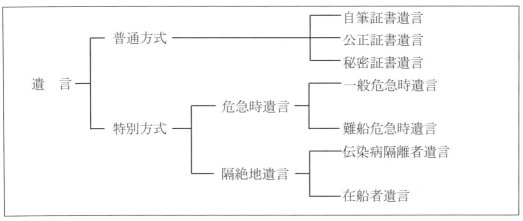

　　以下では、普通方式の遺言を中心に解説することにします。

①自筆証書遺言

　　これは、遺言者が遺言書の全文（遺言書に添付する財産目録を除く）、日付及び氏名を自書し、押印した遺言です。簡単に作成できるのがよいところですが、定められた方式にしたがっていなければ無効となったり、遺言書の滅失や他人による変造・偽造・破棄などの惧れがあります。民法(相続法)の改正により自筆証書遺言書

の方式が緩和されたほか、遺言書保管法による遺言書の保管制度が創設されました（p.37参照）。

②公正証書遺言

これは、公正証書によって作成する遺言です。二人以上の証人が立ち会って、遺言者が遺言の趣旨を公証人に口述し、公証人がこれを筆記した後に遺言者に読み聞かせて確認の上、遺言書を作成するものです。

③秘密証書遺言

これは、遺言書の内容を遺言者が死亡するまで秘密にしておく遺言です。遺言者が遺言書を作成して、これを封じて封印し、公証人が日付などを封紙に記載し、公証人と証人が署名、押印します。

普通方式遺言の方式と特徴

種　類	自筆証書遺言	公正証書遺言	秘密証書遺言
作　成方　法	遺言者が遺言の全文、日付、氏名を自書（遺言書に添付する財産目録は、自書は不要）、押印する。	遺言者が証人の立ち合いの下、公証人に遺言の趣旨を口述、公証人が筆記し、作成する。	遺言者が遺言書を作成後、署名、押印し、これを封じ封印、公証人が署名押印する。
作 成 者	遺言者本人	公証人	遺言者本人
証 　 人	不要	2人以上	2人以上
秘 密 保 持	保持できる	保持できない	保持できる
費 　 用	ほとんどかからず。保管制度を利用した場合はかかる	かかる（公証人手数料）	かかる（同左）
家庭裁判所の 検 認	原則必要。保管制度を利用した場合は、不要	不要	必要
留 意 点と 特 徴	・押印は認印で可 ・日付は特定できれば可 ・原則はすべて自書、ただし財産目録はワープロ等での作成が可 ・形式不備による無効に注意（保管制度利用の場合はその懸念なし） ・遺言書の滅失、偽造等のおそれ（同上）	・証人に制限あり 　未成年者、成年被後見人、推定相続人、受遺者やその配偶者及び直系血族は不可 ・手続きが面倒 ・遺言書の形式不備等の心配なく、確実	・手続きが面倒 ・形式不備に注意 ・遺言内容の秘密が保持できる

注：1.　検認手続きについては、p.188参照
　　2.　自筆証書遺言の書式例については、p.35参照
　　3.　公正書証遺言の作成に当たっての注意事項については、p.36参照

《自筆証書遺言の書式例》

遺　言　書

　遺言者山田太郎は、この遺言書によって次のとおり遺言する。

1．遺言者が所有する次の不動産（1）及び（2）の所有権を長男山田次郎に相続させ、（2）の建物の配偶者居住権を妻山田花子に遺贈する。
　　（1）土地　　東京都大田区大田○丁目○○番地
　　　　　　　　宅地200平方メートル
　　（2）建物　　同所同番地家屋番号　○○番
　　　　　　　　木造瓦葺平屋建　居宅
　　　　　　　　床面積　120平方メートル
2．遺言者は、次の銀行預金は、長男山田次郎に相続させる。
　　（1）○○銀行○○支店　定期預金 No. 12345
　　　　　　　　元本2,000万円
3．遺言者は、次の銀行預金は、甥山田四郎（昭和40年1月1日生）に遺贈する。
　　（1）○○銀行○○支店の普通預金　No.6789
4．遺言者は、上記以外のすべての財産は、長女山田春子に相続させる。
5．東京都新宿区新宿○丁目○○番　弁護士　田中一郎を遺言執行者に指定する。

　　　　　　　令和○○年○月○日

　　　　　　　東京都大田区大田○丁目○番○号

　　　　　　遺言者　山　田　太　郎㊞

注：1．通常、相続人に対しては「相続させる」または「遺贈する」、相続人以外の人に対しては「遺贈する」と記載します。なお、配偶者居住権を配偶者に与える場合は、相続人（配偶者）に対して与えるものですが、民法で、配偶者居住権は遺贈の目的とされたときに取得する、と規定されているため、「遺贈する」と記載してください。
　　2．「相続させる」旨の遺言は、通常、「××の土地は長男○○に相続させる」のように、特定の財産を特定の相続人に相続させる旨の遺言をいいます。相続人に対しても「遺贈」はできます。しかし、たとえば財産が不動産の場合、遺言者の死亡後の相続登記は、「相続させる」では相続人だけでの単独登記が可能ですが、「遺贈」では相続人全員による共同登記が必要である、など「相続させる」のほうがメリットがあります。なお、民法改正により、この「相続させる旨の遺言」は、「特定遺産承継遺言」と定義されました。

公正証書遺言の作成に当たっての注意事項

１．公証人に提出または提示するものは次の通りです。

　①遺言者の印鑑証明書(発行後３ヶ月以内のもの)１通

　②遺言者と相続人との続柄がわかる戸籍謄本

　③遺言で財産を相続人以外の人に遺贈する場合には、その人の住民票

　④遺贈しまたは相続させる財産についての次のもの

　　ア　不動産の場合は、土地・建物の登記事項証明書および固定資産税評価証明書

　　イ　不動産以外の財産の場合には、それらを記載したメモ等

　⑤証人２人の住所・氏名・生年月日・職業のわかるメモ

　⑥遺言執行者を決めておく場合は、その人の住所・氏名・生年月日・職業のわかるメモ

２．公正証書遺言の作成当日には、遺言者の実印と証人２人の認印(ただし、朱肉で押すもの)が必要です。

３．遺言の相談から作成日まで日数を要することがあるため、あらかじめ日時等を公証人とよく打ち合わせておくのがよいでしょう。

４．遺言者は、どこの公証人役場の公証人に作成してもらっても差し支えありません。最寄りの公証人役場は、法務局へ問い合わせるか、または電話帳等で調べれば分かります。

５．適当な証人がいない場合は、公証人が公平な第三者を紹介できることもあります。ただし、その証人への報酬が必要です（１人当たり6,000円程度）。

《　参　考　》　　　　　　　　　公証人の手数料

１．公正証書作成の基本手数料（各相続人、各受遺者ごと）

目的の価額	手数料
100万円まで	5,000円
200万円まで	7,000円
500万円まで	11,000円
1,000万円まで	17,000円
3,000万円まで	23,000円
5,000万円まで	29,000円
１億円まで	43,000円

以下、超過額5,000万円までごとに、３億円までは13,000円加算、10億円までは11,000円加算、10億円超は8,000円加算

遺言加算

　目的の合計価額が１億円までの場合には、遺言書１通につき11,000円加算。したがって、遺言書の作成手数料は、相続人ごとに計算した手数料の合計金額に11,000円を加算した額となります。

２．秘密証書遺言

11,000円（定額）

10　自筆証書遺言の方式緩和とその保管制度

 自筆証書遺言の方式が緩和され、法務局における自筆証書遺言の保管制度が新設されたそうですが、その具体的内容について教えて下さい。

 自筆証書遺言を利用しやすくするために、その方式については、自書によらない財産目録を添付することができるようになり、また自筆証書遺言は、紛失や改ざん等の問題点があることから、法務局による自筆証書遺言書の保管制度が新設されました。

1．自筆証書遺言の方式緩和

（1）自筆証書遺言の方式

　　自筆証書によって遺言をするには、遺言者が、遺言書の全文、日付及び氏名を自書しなければならないことになっています。そのため、例えば財産の数が多い遺言者にとっては、これらの財産すべてについて自書することはかなりの負担となっていました。そこで、遺言制度の推進策の一環として自筆証書遺言の方式を緩和することとなったものです。

（2）自筆証書遺言の方式緩和

　　改正によって、自筆証書遺言をする場合であっても、自筆証書に財産目録（相続財産の全部または一部の目録）を添付するときは、その目録については、自書は不要ということになりました。その具体的な方法は次のとおりです。

イ．財産目録を作成するケース

　　財産目録は、一般に遺言者が相続させる財産や遺贈する財産が多数であるような場合に作成することが多いでしょう。

ロ．遺言書と財産目録の作成形式

　　自筆証書遺言書と財産目録の形式と書き方（要点のみ）を例示すれば、次ページのとおりです。

　　財産目録の形式・書式は自由で、パソコンで財産目録を作成したり、土地建物については登記事項全部証明書を、また預貯金については預貯金通帳の写しをそれぞれ財産目録として添付しても差支えないとされています。

ハ．署名捺印

　　自書によらない財産目録の各ページ（記載が両面にある場合はその両面）に署名捺印が必要です。

二．遺言書と財産目録

　　遺言書に財産目録を添付する方法についての規定はありません。しかし、両者が一体のものであることを明確にする必要があることから、両者を綴じて契印したりするのが望ましいでしょう。

遺言書

```
　　　　遺　言　書

１．私は、別紙目録１の土地を、長男甲野
　　一郎に相続させる。

２．私は、別紙目録２の預金を、乙野二郎
　　に遺贈する。




令和○○年○○月○日

　　　東京都新宿区新宿1丁目1番1号

　　　　　　　　甲野　太郎　㊞
```

注：すべて自書する。

財産目録

```
別紙　　　　目　　　録

１．土地
　　所在　　　○○市○○町○丁目
　　地番　　　○番○
　　種類　　　宅地
　　地積　　　○○平方メートル
２．預金
　　　○○銀行○○支店　　普通預金
　　　口座番号　　○○○

　　　　　　　　甲野　太郎　㊞
```

注：署名部分以外は自書でなくてもよい。

出所：法務省ホームページ「自筆証書遺言の方式（全文自書）の緩和方策として考えられる例の参考資料です（参考資料(1)）」に基づき著者が加工

２．自筆証書遺言書の保管制度

（１）自筆証書遺言書の保管制度のメリット

　　自筆証書遺言書については、遺言書の紛失や隠匿、また形式不備による無効などの惧れがあるといった問題点が指摘されていたので、自筆証書遺言書を法務局で保管する制度の新設によって、こうした問題の発生防止のほか、遺言書自体の存在の把握が容易になるという効果が期待できます。また、遺言者の死亡後の家庭裁判所での遺言書の検認が不要となります。

　　これまでは自筆証書遺言書よりも公正証書遺言書のほうが安全、安心といった風潮がありましたが、今後はこの保管制度の新設によって自筆証書遺言書を作成して保管申請する人は、増加するものと思われます。

（２）遺言者の手続き

イ．保管申請の流れ

　　自筆証書遺言書の保管申請の大まかな流れは、次のようになります。

　　　遺言書の作成　⇒　遺言書保管所の決定　⇒　申請書作成　⇒　保管申請

・「遺言書の作成」・・・用紙はＡ４サイズ、財産目録以外はすべて自書すること、ボールペン等の容易に消えない筆記具を使用すること、押印は認印でよいこと（スタンプ印は避けること）等に注意してください。

　なお、推定相続人に対しては「相続させる」又は「遺贈する」、推定相続人以外の人に対しては「遺贈する」と記載してください。

・「遺言書の保管場所の決定」・・・遺言書の保管を申請する法務局は、遺言者の住所地、遺言者の本籍地又は遺言者の所有する不動産の所在地のいずれかを管轄する遺言書保管所です。ただし、既に他の遺言書を遺言書保管所に預けている場合は、その保管所となります。

　この遺言書保管所とは、法務大臣が指定する遺言書の保管に関する事務を行なう法務局をいい、すべての法務局ではありません。

　例えば、東京法務局管内の東京都内の遺言書保管所は次のとおりで、それぞれ管轄区域が定められています。

　　　本局、板橋出張所、八王子支局、府中支局、西多摩支局

・「申請書作成」・・・所定の申請書は、遺言書保管所の窓口で受け取るか、法務省のＨＰからダウンロードできます。

・「保管申請」・・・決定した遺言書保管場所に予め電話予約の上、予約日時に遺言者本人が、遺言書、申請書、本籍の記載のある住民票、本人確認書類を持参して申請します。

　遺言書保管所では、外形的な確認（全文、日付及び氏名の自書、押印の確認等）を行い、遺言の内容の審査は行いません。手続き終了後に保管証が渡されます。

　なお、申請の手数料は、1通につき3,900円で、毎年の保管料は不要です。

・遺言書の保管・・・遺言書保管所では、保管申請を受付後、遺言書の原本を保管するとともに、それを画像データ化します。その保管期間は、原本は遺言者の死亡日（死亡日が不明の場合は出生日から120年）から50年、画像データは遺言者の死亡日から150年（同上の場合は120年）です。

ロ．遺言書の閲覧

　遺言書を保管申請した遺言者は、保管されている遺言書の内容を全国どの遺言書保管所でもモニターによる閲覧ができ、原本を保管している遺言書保管所では原本の閲覧ができます。手数料は、モニターは1,400円、原本は1,700円です。

ハ．遺言書の保管の撤回・返還

　遺言者は、遺言書の原本が保管されている遺言書保管所に撤回書を提出することによって保管の申請の撤回をし、遺言書の返還を受けることができます。

　　この撤回は、遺言の撤回ではないので、遺言の効力には関係がありません。

ニ．遺言書の内容変更

　　保管を受けた遺言書の内容を変更したい場合には、上記ハの遺言書の保管の撤回をして遺言書の返還を受けて、その遺言書の内容を変更した後に、再度保管の申請をすることになります。この場合、撤回をせずに新たな遺言書を保管してもらうこともできます。いずれの場合も、改めて手数料がかかります。

ホ．変更の届出

　　遺言者は、保管の申請時以降に氏名や住所等に変更が生じたときには、その旨の届出が必要です。これは全国どこの遺言書保管所でも手続きができます。

　　なお、遺言者が死亡した場合の手続きについては、p.188以下をご参照ください。

遺言書の様式の注意事項

以下は，本制度で預かる遺言書の形式面での注意事項です。
遺言書保管所においては，遺言の内容についての審査はしません。

財産の特定のためには，遺言書に財産目録を添付いただいた方が確実です。

推定相続人（相続が開始した場合に相続人となるべき者）には「相続させる」又は「遺贈する」と記載します。
※推定相続人に対して，財産を「相続させる」旨の遺言をする場合は，遺言書の保管申請書の【受遺者等・遺言執行者等欄】に記載する必要はありません。
※推定相続人に対して，財産を「遺贈する」場合は，遺言書の保管申請書の【受遺者等・遺言執行者等欄】に受遺者として，その氏名等を記載してください。

推定相続人以外の者には「相続させる」ではなく「遺贈する」と記載します。
※推定相続人以外の者に対して，財産を「遺贈する」場合は，遺言書の保管申請書の【受遺者等・遺言執行者等欄】に受遺者として，その氏名等を記載してください。

※遺言執行者については，遺言書の保管申請書の【受遺者等・遺言執行者等欄】にその氏名等を記載してください。

署名＋押印が必要です。
押印は認印でも差し支えありませんが，スタンプ印は避けてください。

内容を変更する場合には，その場所が分かるようにして，変更した旨を付記して署名し，変更した場所に押印をする必要があります。
変更が煩雑になる場合や心配な場合には，書き直すことをお勧めします。

遺言書を作成した年月日を記載してください。「○年○月吉日」などの記載では保管することはできません。

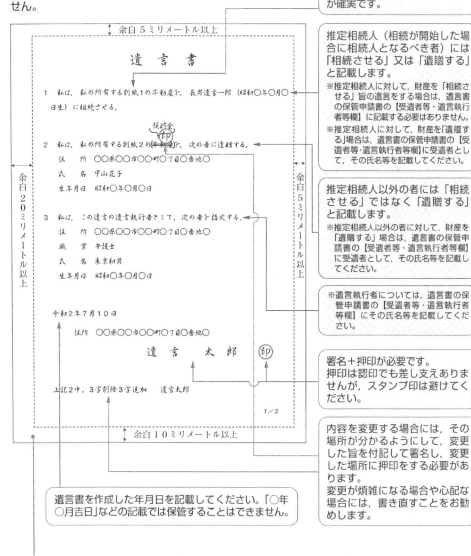

用紙は，Ａ４サイズで，文字の判読を妨げるような地紋，彩色等のないものを使ってください。
財産目録以外は全て自書する必要があります。
長期間保存しますので，ボールペン等の容易に消えない筆記具を使ってください。
ページ数の記載や変更の記載を含めて，余白部分には何も記載しないでください。
裏面には何も記載しないでください。

出所：法務省ホームページ「自筆証書遺言書の注意事項及び様式例について」より

11　遺贈

 相続人以外の人に遺産を与えたい場合は遺贈という制度があるということですが、それはどのようなものですか。

 遺言によって財産を他人に贈与することをいいます。ただし、相続人の遺留分の制約は受けます。

《 解 説 》

（1）遺贈と死因贈与

遺贈・・・遺言によって財産を他人に与えることをいいます。つまり、遺贈は遺言者の一方的な単独行為です。

死因贈与・・・死因贈与は贈与者の死亡によって効力が生ずる贈与契約をいいます。たとえば、「私が死んだらこの土地を贈与する」というようなものです(p. 102参照)。

遺贈と死因贈与とは、このように法律的性格は異なりますが、相続税法では、その実質的な面から死因贈与を遺贈に含めて規定し、いずれによって取得した財産についても、相続税が課税されることになっています。

ところで、相続により遺産を取得できるのは、相続人に限られますから、被相続人が相続人以外の第三者に遺産を与えたい場合には、この遺贈が利用できます。また、遺贈の相手(受遺者)は相続人でも差し支えありませんが、相続欠格により相続権を失った者は受遺者となれません。

また、相続人の遺留分の制約は受けますが、遺留分を侵害するような遺贈が無効となるわけではありません(p. 44参照)。

（2）遺贈の種類

イ．包括遺贈

これは、被相続人が遺産の全部またはその一定割合を与えるものです。例えば、「長男　甲に遺産の3分の1を相続させる。」、というような遺贈です。この遺贈を受ける人(受遺者)は、相続人と同一の権利義務を有します。

ロ．特定遺贈

これは、被相続人が特定の財産または一定額の金銭を指定して与えるものです。例えば、「乙に〇〇の不動産を遺贈する」というような遺贈です。したがって、包括遺贈の場合と異なり、受遺者は実質的に相続人と同一の権利義務を有するわけではありません。

ハ．負担付遺贈

これは、被相続人が遺言で遺産を与えるが、同時に受遺者に何かの義務を負担

させるものです。例えば、「丙に〇〇の不動産を遺贈するが、××銀行の借入金1,000万円を負担すること」というような遺贈です。この負担付遺贈は、包括遺贈の場合でも、また特定遺贈の場合でもすることができます。

　この負担付遺贈の受遺者は、遺贈の目的財産の価格を限度として負担した義務を履行すればよいことになっています。

（3）遺贈の承認と放棄

　受遺者は、遺贈者の死亡後、遺贈を放棄することができます。もし、放棄した場合には、その財産は相続人に帰属します。

イ．包括遺贈

　包括遺贈の場合、受遺者が相続人と同一に扱われるため、自己のために包括遺贈があったことを知った時から原則として3ヶ月以内に家庭裁判所に放棄をする旨の申述をすれば放棄できます。この申述をしなければ、遺贈を承認したものとみなされます。

ロ．特定遺贈

　特定遺贈の場合は、遺贈者の死亡後、受遺者は家庭裁判所への申述を要せずに、いつでも遺贈の放棄をすることができます。しかし、放棄の期間については定めがないため、相続人等の利害関係人に催告権が与えられており、その催告期間内に受遺者から特に意思表示がない場合は、遺贈を承認したものとみなされます。

（4）遺贈の無効と取り消し

　詐欺や脅迫による遺贈は、相続人が取消すことができます。また、遺贈が公序良俗に反する場合や、遺言者の死亡前に受遺者が死亡した場合は、その遺贈は無効です。

遺贈の種類

種　　類		遺贈の内容	受遺者の権利義務等
遺贈 {遺言による 財産の譲与}	包括遺贈	・遺産の全部またはその一定割合の贈与	・受遺者は相続人、相続人以外を問わない ・相続人と同一の権利義務あり ・遺言者の死亡後、3ヶ月以内に放棄の申述をしなければ、承認したものとみなされる
	特定遺贈	・特定の財産の贈与	・受遺者は相続人、相続人以外を問わない ・相続人と同一の権利義務はない ・遺言者の死亡後、いつでも放棄が可

12　遺留分

 遺言で特定の相続人にだけ遺産を与える内容を書いた場合、そのような遺言は有効ですか。

 有効です。ただし、兄弟姉妹以外の相続人が遺留分侵害額請求権を行使した場合にはその限度で失効します。

《 解 説 》

（1）遺留分とは

　　被相続人が自分の財産を他人に生前に贈与したり、遺言によって法定相続分と異なる相続分を指定したり、特定の相続人や第三者に財産を遺贈することは、被相続人の自由意思であれば差し支えなく、その贈与や遺贈自体は無効ではありません。

　　しかし、これをまったく自由のままにすると相続人間で不公平が生ずる懸念があります。そこで、相続人の最低限の遺産の確保や相続人間の不公平を是正するために兄弟姉妹以外の相続人のために被相続人の財産の一定割合を確保しておこうというのが、遺留分制度です。

　　民法（相続法）の改正前は、遺留分を侵害された相続人は、受遺者等から贈与や遺贈により取得した財産そのものの返還を求めることができましたが、その返還の結果、その財産（特に不動産）について持ち分を取得するため、受遺者等と遺留分を侵害された相続人の間で複雑な共有関係になるという問題がありました。しかし、民法（相続法）の改正により、遺留分を侵害された相続人の権利は金銭債権とされ、受遺者等に対して侵害額相当額の金銭の請求ができるようになりました。なお、遺留分権利者の権利は、遺留分減殺請求権から遺留分侵害額請求権に変わりました。

（2）遺留分を有する相続人

　　遺留分を主張できる権利を有する相続人（遺留分権利者）は、配偶者、子（その代襲相続人を含む）および直系尊属であり、兄弟姉妹は遺留分を有しません。相続廃除や相続放棄により相続権を失った者も遺留分を有しません。

　　遺留分権利者は、被相続人の相続開始後であれば、その旨の意思表示をすることにより遺留分を放棄することはできます。被相続人の相続開始前であれば、家庭裁判所の許可を得て放棄できます。

　　なお、遺留分を放棄しても、相続の放棄ではないので、これによって相続権がなくなるわけではありません。

（3）遺留分の割合

遺留分の割合は次の通りです。

相続人	遺留分割合（総体的遺留分割合）
直系尊属の場合	遺留分算定の基礎となる財産の価額×1／3
その他の場合	遺留分算定の基礎となる財産の価額×1／2

なお、相続人が2人以上いる場合は、上記の遺留分割合に、各相続人の法定相続分を乗じたものが、各相続人の遺留分（個別的遺留分）となります。

《個別的遺留分の計算例》

・相続人が配偶者と子3人の場合　　配偶者　1／2×1／2＝1／4

子　各1／2×1／2×1／3＝1／12

（4）遺留分算定の基礎となる財産

遺留分算定の基礎となる財産の価額は、次のように計算します。

> 遺留分算定基礎財産の価額＝相続時における被相続人の積極財産の額＋相続人に対する生前贈与で、特別受益に該当するものの額（相続開始前10年以内のもの）＋相続人以外の人に対する生前贈与の額（同1年以内のもの）＋贈与時期に関係なく遺留分権利者を害することを知って行った贈与財産の額－被相続人の債務の額

なお、この計算における財産の額は、原則として相続開始時の時価です。

（5）遺留分侵害額の計算

次に遺留分が侵害されているかどうかの計算です。各遺留分権利者の遺留分侵害額は、次のように計算し、プラスの場合に侵害となります。

> 遺留分侵害額＝その人の遺留分額－｛（その人が相続・遺贈（死因贈与を含む）により取得した財産の額－その人が負担すべき相続債務の額）＋その人が受けた特別受益の額｝

（6）遺留分侵害額の請求

遺留分権利者が遺留分侵害額請求権を行使するには、定まった方式がないため、贈与や遺贈を受けた者に対して、遺留分侵害額の範囲内で、金銭の支払請求する旨の意思表示をするだけで差支えありません。実務上は内容証明郵便で行うのが一般的です。

遺留分権利者は、相続の開始および遺留分を侵害する贈与または遺贈のあったことを知った時から1年間、またはこれらを知らなくても相続開始時から10年間、侵害額請求権を行使しないと、この権利は時効により消滅します。

13　遺留分の民法特例

 Q 中小企業の円滑な事業承継のために、遺留分について民法の特例が設けられているとのことです。その具体的な内容について教えてください。

A 事業の承継を図るために自社株式などを後継者に集中させようとする場合において大きな制約となっている遺留分については、経営承継円滑化法において民法の特例（除外合意と固定合意）が設けられています。

《 解 説 》

（1）事業承継と遺留分

　遺族の生活安定等の観点から相続人（兄弟姉妹を除く）には、最低限の相続権（遺留分）が認められています。しかし、中小企業の経営者の場合には、その財産のほとんどが自社株や事業資産であるため、相続人が2人以上いるとき、その経営者が後継者にこれらの財産を遺贈や贈与によって集中させようとすると、遺留分の制約があって円滑にゆかなくなるおそれがあります。

　そこで、「中小企業における経営の承継の円滑化に関する法律」に基づく遺留分に関する民法の特例が設けられ、この特例の活用によって遺留分についての争いや自社株式・事業用資産の分散を防止することが容易になりました。

（2）遺留分の特例

　後継者が先代経営者から贈与等によって取得した自社株式（出資を含む）について、後継者を含む先代経営者の推定相続人全員の書面による合意を前提に、次の特例が設けられています。

①「除外合意」

　これは、後継者が取得した自社株式については、遺留分算定の基礎財産に算入しない、というものです。これによってこの自社株式は、遺留分侵害額請求の対象外となり、相続による自社株の分散が防止できます。

②「固定合意」

　これは、後継者が取得した自社株式については、遺留分算定の基礎財産に算入する価額を合意時点の価額で固定する、というものです。これによって、後継者は合意後の自社株の価額上昇による遺留分増加の懸念はなくなります。

　この合意時の価額は、弁護士や公認会計士、税理士等による適正価額である旨の証明が必要です。

（3）遺留分の特例の留意点

　除外合意又は固定合意は、二者択一ではなく、組み合わせること（自社株の一部を除外合意の対象とし、他を固定合意の対象とすること）もできます。そしてこれらの合意をした場合は、後継者と後継者以外の者との衡平を保つために、これらの合意と併せて次の合意をすることができます。

- ・後継者が取得した自社株以外の財産や後継者以外の者が贈与等を受けた財産を遺留分算定の基礎財産に算入しないこと
- ・推定相続人間の衡平を図るための措置（後継者は、非後継者に対して一定額の金銭を支払うこと　など）

（4）遺留分の民法特例の適用対象企業等

①特例対象企業

　この特例の適用対象となる企業は、中小企業者（製造業の場合は、原則として資本金３億円以下又は従業員数３００人以下の法人、などの要件を満たすもの）のうち３年以上継続して事業を行っている非上場会社です。

②先代経営者

　この特例の適用対象となる先代経営者は、合意をする時点において、特例適用対象企業において代表者であった者（既に退任した者）又は後継者とともに代表者である者で、その後継者に対して自社株を贈与したものをいいます。

③後継者

　民法特例の適用対象となる後継者は、先代経営者から自社株を贈与等によって取得した者であって、その特例適用対象企業の議決権の過半数を保有しているその企業の代表者をいいます。

（5）手続き

　遺留分の民法特例に係る合意の効力を発生させるためには、次の手続きが必要です。
①書面による合意をしてから1カ月以内に、経済産業大臣に確認を申請します。
②経済産業大臣の確認を受けた後、1カ月以内に家庭裁判所に許可の申立てをします。そしてこれらの確認と許可を受けた後に合意の効力が発生します。

遺留分の民法特例の手続

14　遺言の執行

 遺言を残した人が死亡した場合には、相続人等はどのような手続が必要ですか。また、遺言の内容をどう実現したらよいですか。

 遺言を残した人が死亡した場合、公正証書遺言書と遺言書保管所において保管している自筆証書遺言書を除き、家庭裁判所の検認手続きが必要です。そしてその次に遺言書の内容を実現する必要があります。

《 解 説 》

（1）遺言についての検認の手続き

　　遺言者について相続が開始された場合、遺言の執行の前段階として、公正証書遺言書と遺言書保管所において保管している自筆証書遺言書を除き、遺言書の保管者または遺言書を発見した相続人は、ただちに遺言書を家庭裁判所に提出して、検認の手続きを受けなればなりません（p. 188）。

　　この検認の手続きは、遺言が法定の方式によって作成されたかを確認し、遺言書の存在を明らかにしてその現状を保存し、偽造や変造を防止するためのものです。

　　また、封印のある遺言書は勝手に開封できず、家庭裁判所において相続人またはその代理人立ち会いのもとで、これを開封しなければなりません。もし、これらの手続きを怠ると、遺言の効力には影響はないものの、過料が課せられます。

（2）遺言の執行

　　遺言の効力は、原則として遺言者の死亡時に発生します。効力発生後、その内容を実行に移す必要が生じます。その場合、遺言の内容によって、執行が不要なものと執行が必要なものとがあります。後者の執行を必要とするものは、さらに遺言執行者が必要なものと必ずしも必要でないもの(相続人も執行できるもの)とに分かれます。

遺言の内容の実現方法

執行の要否	執行する者	適用される遺言内容
執行が不要なもの〔遺言の効力発生とともにその内容が実現される〕	—	後見人や後見監督人の指定、相続分の指定およびその委託、遺産分割の禁止、遺言執行者の指定等
執行が必要なもの〔遺言内容の実現のために必要なことを行う〕	遺言執行者	子の認知、相続人の廃除およびその取り消し等
	遺言執行者または相続人	遺産分割の指定、寄付行為 遺贈(注)

(注) 遺言執行者がある場合は、遺贈の履行は遺言執行者のみ行うことができます。

（3）遺言執行者の選任

遺言執行者は、遺言者に代わって遺言の内容を実現する人です。遺言の内容の中で、遺言執行者を必要とするものが含まれている場合は、必らず遺言執行者を選任しなければなりません。遺言執行者には、弁護士等の第三者のほか、相続人や受遺者を指定することができます。

ただし、未成年者や破産者は遺言執行者になれません。

①遺言により指定されている場合

遺言では、遺言執行者を指定するか、または指定を第三者に委託することができます。もし、遺言にこの指定または第三者への委託があれば、遺言執行者として指定された者または指定の委託を受けた者が指定した第三者がその就職を承諾することによって遺言執行者となって、執行の任務を遂行することになります。

しかし、指定された者が、その就職を拒否することは自由です。

②家庭裁判所により選任される場合

遺言に遺言執行者の指定がない場合や指定された者が就職を拒否した場合は、家庭裁判所が、利害関係者の請求によって遺言執行者を選任することができます（p.50参照）。

（4）遺言執行者の職務

遺言執行者の職務は、次のようなものです。

①遺言の内容の通知

遺言執行者は、遅滞なく遺言内容を相続人に通知しなければなりません。

②財産目録の作成

遺言執行者は、相続財産目録を作成して、これを相続人に交付しなければなりません。

③管理・執行業務

遺言執行者の職務は、遺言の内容を実現するため、遺言の執行に必要な一切の権限を有しています。民法（相続法）の改正により、「特定財産承継遺言（相続させる旨の遺言）」について単独で相続登記申請をすることができるようになりました。

（5）遺言信託

遺言者は、信託銀行と「遺言信託」の契約を締結すれば、遺言の作成、遺言書の保管、遺言の執行などの手続きを、信託銀行にすべて委せることができます。

《遺言執行者選任申立書》

<table>
<tr>
<td colspan="2" rowspan="3">受付印</td>
<td colspan="2">家 事 審 判 申 立 書　事件名（　　　　　　　　　）</td>
</tr>
<tr>
<td colspan="2">（この欄に申立手数料として1件について800円分の収入印紙を貼ってください。）</td>
</tr>
<tr>
<td colspan="2">（貼った印紙に押印しないでください。）
（注意）登記手数料としての収入印紙を納付する場合は，登記手数料としての収入印紙は貼らずにそのまま提出してください。</td>
</tr>
<tr>
<td>収 入 印 紙</td>
<td>円</td>
<td colspan="2" rowspan="3"></td>
</tr>
<tr>
<td>予納郵便切手</td>
<td>円</td>
</tr>
<tr>
<td>予納収入印紙</td>
<td>円</td>
</tr>
</table>

準口頭		関連事件番号　平成・令和　　　年（家　　　）第　　　　　　　　　号

家 庭 裁 判 所 　　　　　　　　御 中 令和　　　年　　　月　　　日	申 立 人 （又は法定代理人など） の 記 名 押 印	印

添付書類	（審理のために必要な場合は，追加書類の提出をお願いすることがあります。）

<table>
<tr>
<td rowspan="5">申

立

人</td>
<td>本　籍
（国　籍）</td>
<td colspan="2">（戸籍の添付が必要とされていない申立ての場合は，記入する必要はありません。）
　　　　　　　都　道
　　　　　　　府　県</td>
</tr>
<tr>
<td>住　所</td>
<td colspan="2">〒　　−　　　　　　　　　　　電話　　　（　　　　）
　　　　　　　　　（　　　　　　　　方）</td>
</tr>
<tr>
<td>連 絡 先</td>
<td colspan="2">〒　　−　　　　　　　　　　　電話　　　（　　　　）
　　　　　　　　　（　　　　　　　　方）</td>
</tr>
<tr>
<td>フリガナ
氏　名</td>
<td></td>
<td>昭和
平成　　年　　月　　日生
令和
（　　　　　　歳）</td>
</tr>
<tr>
<td>職　業</td>
<td colspan="2"></td>
</tr>
<tr>
<td rowspan="5">※</td>
<td>本　籍
（国　籍）</td>
<td colspan="2">（戸籍の添付が必要とされていない申立ての場合は，記入する必要はありません。）
　　　　　　　都　道
　　　　　　　府　県</td>
</tr>
<tr>
<td>住　所</td>
<td colspan="2">〒　　−　　　　　　　　　　　電話　　　（　　　　）
　　　　　　　　　（　　　　　　　　方）</td>
</tr>
<tr>
<td>連 絡 先</td>
<td colspan="2">〒　　−　　　　　　　　　　　電話　　　（　　　　）
　　　　　　　　　（　　　　　　　　方）</td>
</tr>
<tr>
<td>フリガナ
氏　名</td>
<td></td>
<td>昭和
平成　　年　　月　　日生
令和
（　　　　　　歳）</td>
</tr>
<tr>
<td>職　業</td>
<td colspan="2"></td>
</tr>
</table>

（注）　太枠の中だけ記入してください。
※の部分は，申立人，法定代理人，成年被後見人となるべき者，不在者，共同相続人，被相続人等の区別を記入してください。
別表第一（1/　　）

（注）次頁は省略

第2章

相続の税金

1　相続税が課税される人

 相続税は、どのような場合に課税されるものですか。

 相続税は、原則として相続、遺贈又は死因贈与によって財産を取得した個人に課税されます。また海外居住者も相続税が課税されることがあります。

《　解　説　》

（1）相続税の課税原因

　　相続税は、原則として相続や遺贈（死因贈与を含む。以下、同じ）によって財産を取得した個人（相続時精算課税適用者（p.128）を含む）に課税されます。

　イ．相　　続・・・被相続人の一身に属していたものを除き、被相続人の財産に関する一切の権利義務を一定の親族（相続人）が受け継ぐことをいいます。

　ロ．遺　　贈・・・遺言によって財産を無償で取得することをいいます。

　ハ．死因贈与・・・贈与者の死亡によって効力が発生する贈与によって財産を取得することをいいます。

（2）納税無義務者の区分と課税範囲

　　相続税は、通常、相続や遺贈によって取得した財産および相続時精算課税適用財産（p.128）を課税対象とし、その財産を取得した個人を納税義務者とします。

　　人格のない社団や特定の一般社団法人等も納税義務者になることもあります。

　　相続税の納税義務者(個人の場合)とその課税財産の範囲は次のとおりです。

①居住無制限納税義務者（A）

　　相続や遺贈により財産を取得した次の者で、財産を取得した時に国内に住所を有するものをいいます。取得した国内財産と国外財産のすべてが相続税の課税対象です。日本人で国内に居住している相続人は、これに該当します。

　イ．一時居住者でない個人

　ロ．一時居住者である個人（被相続人が一時居住被相続人又は非居住被相続人である場合を除く）

②非居住無制限納税義務者（B）

　　相続または遺贈により財産を取得した次の者で、財産を取得した時に国内に住所を有しないものをいい、取得した国内財産と国外財産のすべてが相続税の課税対象です。

ａ．日本国籍を有する個人で次のもの
　イ．相続開始前10年以内に国内に住所を有していたことがあるもの
　ロ．相続開始前10年以内に国内に住所を有していたことがないもの（被相続人
　　　が一時居住被相続人又は非居住被相続人である場合を除く）
ｂ．日本国籍でない者（被相続人が一時居住被相続人又は非居住被相続人である
　　場合を除く）
　（注）１：「一時居住者」とは、相続開始時に在留資格を有する者で、かつ相
　　　　　　続開始前15年以内に国内に住所を有していた期間が10年以下であ
　　　　　　るものをいう。
　　　　２：「一時居住被相続人」とは、相続開始時に在留資格を有する者で、
　　　　　　相続開始前15年以内に国内に住所を有していた期間が10年以下の
　　　　　　ものをいう
　　　　３：「非居住被相続人」とは、相続開始時に国内に住所を有していなか
　　　　　　った被相続人であって、相続開始前10年以内に国内に住所を有して
　　　　　　いたことがあるもののうち、そのいずれかの時に日本国籍を有して
　　　　　　いなかったもの又は相続開始前10年以内に国内に住所を有してい
　　　　　　たことがないものをいう。

③居住制限納税義務者（Ｃ）
　　相続または遺贈により国内財産を取得した個人で、国内に住所を有するもの（上
　記①に掲げる者を除く）をいい、取得した国内財産のみが相続税の課税対象です。
④非居住制限納税義務者（Ｄ）
　　相続または遺贈により国内財産を取得した個人で、国内に住所を有しないもの（②
　に掲げるものを除く）をいい、取得した国内財産のみが相続税の課税対象です。
⑤特定納税義務者
　　相続または遺贈により財産を取得しなかった個人で、被相続人から相続時精算
　課税の適用を受ける財産を贈与により取得していた者をいい、その相続時精算課
　税の適用を受けた財産のみが相続税の課税対象です。

相続税の納税義務者（特定納税義務者を除く）と課税範囲（平成30年4月1日以降）

被相続人 ＼ 相続人	国内に住所あり	一時居住者	国内に住所なし 日本国籍あり 10年以内に国内に住所あり	日本国籍あり 10年以内に国内に住所なし	日本国籍なし
国内に住所あり	A（すべての財産）	C（国内財産）	B（すべての財産）	D（国内財産）	
一時居住被相続人＊(注)	A（すべての財産）	C（国内財産）	B（すべての財産）	D（国内財産）	
国内に住所なし 10年以内に国内に住所あり／外国人	A（すべての財産）	C（国内財産）	B（すべての財産）	D（国内財産）	
10年以内に国内に住所なし	A（すべての財産）	C（国内財産）	B（すべての財産）	D（国内財産）	

注：Ａ〜Ｄは、次の納税義務者の略である。　Ａ‥居住無制限納税義務者　　　Ｂ‥非居住無制限納税義務者
　　Ｃ‥居住制限納税義務者　　Ｄ‥非居住制限納税義務者
＊出入国管理法別表第1の在留資格で滞在している者で、相続・贈与前15年以内において国内に住所を有して
　いた期間の合計が10年以下の者
(注)「令和3年度税制改正の大綱のポイント（p.272)」参照
　　改正により、被相続人が在留資格を有する者のときは、その国内居住期間にかかわらず、相続人が取得
　　する国外財産について、相続税が課されないことになります（p.103贈与税の納税義務者も同様です）。

2　相続税の計算のしくみ

 相続税はどのように計算するのですか。

 相続税は遺産という財産に対して課される税金です。具体的には遺産の額から基礎控除を差し引いた残額（「課税遺産総額」という）に対応する相続税率を乗じることにより計算します。また原則として遺産をどのように分割しようと相続税の総額は変わりません（計算例はp. 72参照）。

《 解 説 》

①課税価格の合計額（A）

　まず、相続人等の課税価格を求め、次にこれを合計して「課税価格の合計額」（A）を求めます。

　各相続人等の課税価格は、相続や遺贈によって取得した「本来の相続財産」（現預金、土地、建物等）に、「みなし相続財産」（生命保険金等）を加え、これから「非課税財産」（生命保険金のうち法定相続人1人当たり500万円等）を差引いた額に「相続時精算課税適用財産」を加え、更に「債務・葬式費用」を差引き、「相続開始前3年以内の被相続人からの贈与財産」を加えて求めます。

②課税遺産総額（B）

　①の「課税価格の合計額」から「遺産に係る基礎控除額」を差し引いて「課税遺産総額」（B）を求めます。

　「遺産に係る基礎控除額」は、3,000万円に法定相続人（相続放棄した人がいても放棄がないものとした場合の相続人［以下同じ］）1人あたり600万円を加えた額です。

　「課税価格の合計額」が「遺産に係る基礎控除額」以下であれば、「課税遺産総額」がゼロ以下となる為、相続税は課税されません。

③相続税の総額（C）

　「相続税の総額」の計算にあたり、まず「課税遺産総額」を法定相続人が、民法の法定相続分にしたがって取得したと仮定した場合の取得金額を求めます。次に、相続税の速算表を用いて、法定相続分に対応する各人別の税額を算出します。これを合計して「相続税の総額」（C）を求めます。

④各人の算出相続税額（D）

　相続税の総額に各相続人等が遺産を取得した割合（課税価格による按分割合）を乗じて各相続人等の「算出相続税額」（D）を求めます。

⑤各人の「納付税額」（E）

　　各相続人等の「算出相続税額」をもとに、相続税額の２割加算や税額控除を行って、実際の各人の「納付税額」（E）を求めます。

　　配偶者の税額軽減は、配偶者の法定相続分相当額(その金額が１億6,000万円に満たない場合は１億6,000万円)に対応する税額だけ控除するものです。その結果、配偶者は法定相続分相当額または１億6,000万円のうちいずれか多い額までの取得分については、相続税が課税されないことになります。

相続税の計算のしくみ

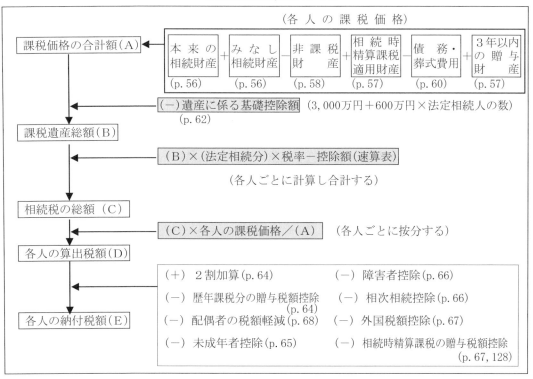

相続税の速算表

各法定相続人の法定相続分に応ずる取得金額			税　率	控　除　額
超		以下	％	
	～	1,000万円	10	－
1,000万円	～	3,000万円	15	50万円
3,000万円	～	5,000万円	20	200万円
5,000万円	～	1億円	30	700万円
1億円	～	2億円	40	1,700万円
2億円	～	3億円	45	2,700万円
3億円	～	6億円	50	4,200万円
6億円	～		55	7,200万円

注：税額＝法定相続分に応ずる各取得金額×税率－控除額

3　相続税の課税財産

　相続税が課税される財産にはどのようなものがありますか。

　相続税の課税財産は、原則として相続や遺贈によって取得した財産ですが、そのほか、相続や遺贈によって取得したものとみなされる財産も含まれます。

《 解 説 》

（1）本来の相続財産

　　これは、本来の相続や遺贈によって取得した財産（被相続人の所有していた財産）のことです。ここで、財産とは、金銭に見積もることのできる経済的価値のあるすべてのものをいいます。たとえば、現金、預金、土地、建物、株式、自動車、債権、営業権等です。

　　被相続人の財産であれば、未登記、未登録または名義書き換え未済の土地、建物、自動車、株式等も含まれます。家族名義や第三者名義等を借りている被相続人の預金や株式等も相続財産に含まれます。ただし、非課税財産や質権や抵当権は含まれません。

（2）みなし相続財産

　　これは、相続や遺贈によって取得した財産でなくても、実質的には相続や遺贈によって財産を取得したのと同様の経済的効果のある場合における、その受けた利益のことです。この場合、利益を受けた人が相続人であるときは相続によって、また相続人でないときは遺贈によって、それぞれ取得したものとみなされます。

　イ．**生命保険金** … 被相続人の死亡によって取得した生命保険金や偶然の事故に基因する死亡にともない支払われる損害保険金で、その保険料の全部または一部を被相続人が負担したものに対応する部分です。

　　| 生命保険金等の額×被相続人が負担した保険料の額／払込保険料の総額 |

　　なお、相続人が受け取った生命保険金および損害保険金については、これら保険金の合計額のうち法定相続人1人につき500万円までは、非課税とされます。

　ロ．**死亡退職金** ·····被相続人の死亡後3年以内に支給が確定した死亡退職金です。生命保険金と同様の非課税規定があります。

　ハ．**生命保険契約の権利**·····相続開始時にまだ保険事故の発生していない生命保険契約で、その保険料の全部または一部を被相続人が負担し、かつ被相続人以外の人が保険契約者である場合の権利のうちイと同様に計算した部分の額です。

（3）相続開始前3年以内の贈与財産

　相続や遺贈によって財産を取得した人が、その相続開始前3年以内にその被相続人から暦年課税により財産の贈与を受けていた場合、その財産の価額（贈与時の価額）は、相続税の課税価格に加算されます。もし、贈与時に贈与税が課税されていたときは、二重課税を排除するため、その贈与税額は相続税額から控除することができます。

（4）相続時精算課税適用財産

　相続時精算課税適用者が、被相続人から生前に贈与を受けた財産で、相続時精算課税の適用を受けるものは、相続税の課税価格に加算されます。

相続税の課税財産

課税財産の区分	課税財産の具体例	留　意　点
①**本来の課税財産** 相続や遺贈によって取得した財産	・現金 ・預貯金（預金、貯金） ・土地、建物等 ・株式、公社債等 ・家庭用財産、事業用財産等	・金銭に見積もることのできる経済的価値のあるものをいう（非課税のものを除く） ・未登記、未登録、名義変更未済、第三者名義のもの等も含む
②**みなし相続財産** 相続や遺贈によって取得したのと同じ経済的効果のあるときのその利益等	・被相続人が被保険者で、かつ保険料負担者である生命保険や損害保険の保険金 ・被相続人の死亡により取得した被相続人に支給すべきであった退職金 ・生命保険契約に関する権利	・保険金や退職金を受けた人が相続人のときは相続人1人あたり500万円まで非課税 ・利益等を受けた人が相続人のときは相続、それ以外の人のときは遺贈で取得したものとされる
③**3年以内の贈与財産** 相続開始前3年以内に被相続人から暦年課税に係る贈与により取得した財産 （暦年課税適用財産）	・相続開始前3年以内の暦年課税の贈与財産（非課税財産を除く） ・贈与税の配偶者控除を受けている又は受けようとする財産については、配偶者控除額相当額は対象外 ・直系尊属からの住宅取得等資金は対象外	・相続や遺贈によって被相続人の財産を取得した人が対象 ・年間110万円以内の贈与財産も加算対象（課された贈与税は贈与税額控除） ・相続開始年の贈与財産は相続税の加算対象となり、贈与税は課されない
④**相続時精算課税適用財産**	・相続時精算課税適用者が被相続人から贈与により取得した財産で相続時精算課税の適用を受けるもの	・贈与時の価額で加算する ・相続等によって被相続人の財産を取得しなかった場合も課税

4　非課税財産と生命保険金・死亡退職金

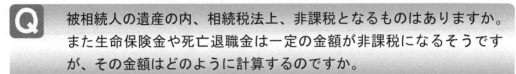

Q 被相続人の遺産の内、相続税法上、非課税となるものはありますか。また生命保険金や死亡退職金は一定の金額が非課税になるそうですが、その金額はどのように計算するのですか。

A 墓地・仏壇等、公益事業用財産等は、非課税財産です。また、相続人が受け取った生命保険金や死亡退職金は、500万円に法定相続人の数を乗じた金額までが非課税とされています。

《 解 説 》

（1）非課税財産

　　相続や遺贈で取得した財産のうち、皇位とともに皇嗣が受けた物、墓地・霊廟・仏壇等、公益事業用財産、相続財産などを相続税の申告期限までに国等に寄付した場合の寄付財産、相続人等が受け取った生命保険金や死亡退職金等のうちの一定額が非課税となっています。また直系尊属から住宅取得等資金の贈与を受けた場合の非課税の適用を受けた部分も、非課税となっています。

（2）生命保険金の非課税金額の計算

　　みなし相続財産とされる生命保険金については、相続人（相続の放棄をした人や相続権を失った人を除く）が受け取ったものに限って、生命保険金の合計額のうち、次の金額に相当する部分については、相続税が非課税とされています。

（各相続人の非課税金額）

注1：ここの「相続人」とは、民法上の相続人のことで、相続の放棄をした人や相続権を失った人は、含みません。

注2：非課税限度額＝500万円×法定相続人の数
　　　この場合、法定相続人の数とは、相続放棄をした人がいても相続放棄をしなかったものとした場合の相続人の数であり、また養子がいる場合は、実子がいるときは1人、実子がいないときは2人までを含めます。

注3：この場合の各相続人の非課税金額は、各相続人ごとに次式（p.59）により計算します。

$$各相続人の非課税金額＝非課税限度額 \times \frac{その相続人が受取った生命保険金の金額}{すべての相続人が受取った生命保険金の合計額}$$

（3）死亡退職金の非課税金額の計算

　　みなし相続財産とされる死亡退職金についても、相続人（相続の放棄をした人や相続権を失った人は除く）の受け取ったものは、生命保険金の場合と同様に、法定相続人１人につき500万円までの部分が非課税となります。具体的な計算方法は、生命保険金の場合と全く同様です。

　　注：生命保険金と退職金の全般に関する課税関係については、p.206〜208をご参照下さい。

生命保険金の非課税金額の計算例

《設　例》

　　被相続人の死亡によって、被相続人が被保険者兼保険料負担者であった生命保険契約に基づき、次の通り死亡保険金を受け取りました。

　　なお、法定相続人は妻、長男、二男、長女の四人ですが、二男は相続の放棄をしました。各人の非課税金額はいくらですか。

　　　　妻　　1,500万円、長男　600万円、二男　1,000万円

　　　　長女　900万円

《計　算》

①生命保険金の非課税限度額

　　　　500万円×4（法定相続人の数）＝2,000万円

　　注：法定相続人の数には、相続放棄した二男を含めます。

②すべての相続人が取得した保険金の合計額

　　1,500万円（妻）＋600万円（長男）＋900万円（長女）＝3,000万円

　　注：相続放棄した二男の取得した保険金は、非課税部分はありません。

③各人の非課税部分の金額

　　　　妻　　2,000万円×（1,500万円／3,000万円）＝1,000万円

　　　　長男　2,000万円×（600万円／3,000万円）＝400万円

　　　　長女　2,000万円×（900万円／3,000万円）＝600万円

　　注：各相続人の相続税の課税価格に算入される金額は、妻が500万円、長男が200万円、長女が300万円、二男が1,000万円です。

5　債務控除

 相続税の計算の際には、被相続人の借入金や葬式費用は相続財産から差し引くことができるそうですが、それは具体的にはどのようなものですか。

相続人等の相続税の課税価格を計算する上で、相続や遺贈によって取得した財産の価額からその人が承継または負担する債務の額と葬式費用とを差し引くことができます。ただし、非課税財産に係る債務（墓地の未払代金など）や香典返し等は差し引くことができません。

《 解 説 》

（1）債務

　相続人等の取得した財産の価額から控除できる債務とは、被相続人の債務で相続開始の際に現に存在するもので、かつ確実と認められるものをいい、公租公課を含みます。「確実」とは、必ずしも書面による証拠が必要ということではありません。また、金額が不確定でも確実と認められる範囲の金額は債務として認められます。

債務控除の対象になる債務とならない債務

債務控除の対象となる債務	債務控除の対象外の債務
被相続人の債務で相続開始の際に現に存するもので、かつ確実と認められるもの 　イ．借入金（団体信用保険付住宅ローンを除く） 　ロ．未払金　・未払の公租公課 　　　　　　　・物品等の購入代金、等 　ハ．保証債務	イ．非課税財産に係る債務 　　　墓地取得のための借入金、など 　ロ．保証債務（左のハ以外のもの） 　ハ．連帯債務（左のニ以外のもの） 　ニ．相続財産に関する費用 　ホ．遺言の執行費用、など

主たる債務者が弁済不能状態にあり保証債務を履行しなければならない場合で、主たる債務者からその後、弁済を受けられる見込みがないときの弁済不能の金額
　ニ．連帯債務
　　・被相続人の負担すべき金額が明確である場合のその負担すべき金額
　　・他の連帯債務者が弁済不能状態にあり、ハと同様な状態のときの弁済不能の金額、など

（2）葬式費用

被相続人の葬式に要した費用のうち、債務控除の対象となるものとならないものは、次の通りです。

葬式費用に該当するものと該当しないもの

葬式費用に該当するもの	葬式費用に該当しないもの
イ．埋葬、火葬、納骨または遺骸、遺骨の回送などの費用(本葬の費用と仮葬の費用) ロ．葬式に際して施与した金品(お布施など)で、被相続人の職業等の事情に照らし相当なもの ハ．その他葬式の前後の費用で、通常、葬式に伴うものと認められる費用 ニ．死体の捜索、死体や遺骨の運搬の費用	イ．香典返し ロ．墓碑や墓地の買入れ費用、墓地の借入料 ハ．初7日や法事その他法会のための費用 ニ．医学上、裁判上の特別の処置のための費用

（3）相続人等の区分と債務控除の範囲

相続人及び包括受遺者(相続時精算課税の適用を受けた受贈者を含む)が承継又は負担した債務や葬式費用は、相続や遺贈によって取得した財産の価額から差し引けます。

相続人等の区分と債務控除の範囲

相続人等の区分		債務控除の範囲
① （居住または非居住）無制限納税義務者 （p.52）		・すべての債務、葬式費用のうちその人の負担部分
② （居住または非居住）制限納税義務者 （p.53）		相続税の課税対象財産（国内財産）に係る次のもののうちその人の負担部分（葬式費用は控除できない） ・その財産に係る公租公課 ・その財産を目的とする質権、抵当権等で担保されている債務 ・その他、その財産の取得、維持または管理のために生じた債務 ・被相続人の国内営業所等における営業等債務
③特定納税義務者(p.53)	国内に住所がある人	・すべての債務、葬式費用のうちその人の負担部分
	国内に住所がない人	・国内財産に係る②に準じた債務のうちその人の負担部分（葬式費用は控除できない）

注：相続放棄した人または相続権を失った人が、遺贈によって財産を取得した場合、相続税の納税義務者となります。そのとき、その人が承継した債務は控除できませんが、葬式費用を負担したときは、その費用を債務控除できます。特定納税義務者は、相続人又は包括受遺者でなければ、債務控除できません。

6　遺産に係る基礎控除額の計算

 少額の遺産であれば相続税は課税されないと思いますが、その課税最低限度額はいくらでしょうか。

 相続税における課税最低限度額というべきものが、遺産に係る基礎控除額です。すなわち、各人の相続税の課税価格の合計額がこの遺産に係る基礎控除額以下であれば、遺産をどのように分割取得しようと、すべての相続人等に相続税は課税されません。この場合は、原則として相続税の申告書の提出は不要ですが、小規模宅地等の評価減の特例を適用した結果、「課税価格の合計額」が遺産に係る基礎控除額以下となる場合は、この特例の適用を受けるために相続税の申告が必要です。

《 解 説 》

①遺産に係る基礎控除額の計算

　　相続税における遺産に係る基礎控除額は、次により計算します。

遺産に係る基礎控除額＝3,000万円＋600万円×法定相続人の数

　この結果、法定相続人の数が多ければ多いほど基礎控除額が多額となり、相続税の計算上では有利となります。

法定相続人の数に応ずる遺産に係る基礎控除額の早見表

法定相続人の数	遺産に係る基礎控除額
2人	4,200万円
3人	4,800万円
4人	5,400万円
5人	6,000万円
6人	6,600万円

②「法定相続人の数」についての留意点

　　法定相続人の数については、次の点にご留意下さい。

　イ．相続放棄した人も含めること

　　　法定相続人とは、原則として民法に定める相続人をいいます。ただし、ここでは相続の放棄があった場合には、放棄がなかったものとした場合の相続人のことをいい、相続放棄をした人を含めて計算します。

　ロ．養子がいる場合に制限があること

　　　被相続人に養子がいる場合には、養子縁組による相続税の回避行為の防止のため、次のように法定相続人の数に算入する養子の数に制限を設けています。

法定相続人の数に算入する養子の数の制限

被相続人の実子の有無	実際の養子の数	法定相続人の数に算入する数
実子がいる	1人以上	1人
実子がいない	1人	1人
実子がいない	2人以上	2人

　ただし、特別養子、被相続人の配偶者の実子(配偶者の特別養子を含む)で養子となった者などは、実子とみなされますので、この制限規定の適用を受けません。

　なお、この制限は、「生命保険金や死亡退職金の非課税金額の計算」や「相続税の総額の計算」においても適用されます。

《設 例 1》

　この場合の民法の規定による相続人の数は、妻、長男、長女の3人ですが、遺産に係る基礎控除額の計算上の法定相続人の数は妻、長男、長女、二男の4人です。

　したがって、遺産に係る基礎控除額は、5,400万円となります。

　　3,000万円＋600万円×4人＝5,400万円

注：遺産に係る基礎控除額の計算では、相続放棄した二男を含めます。
　　なお、民法の規定による法定相続分は妻1／2、長男と長女がそれぞれ1／4ですが、相続税の総額の計算では、遺産をどのように分割取得したかに関係なく、法定相続分通りに妻1／2、長男、長女、二男がそれぞれ1／6取得したものとして計算します。

《設 例 2》

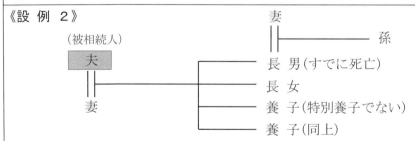

　この場合の民法の規定による相続人の数は、妻、孫、長女、養子2人の計5人ですが、遺産に係る基礎控除額等の計算上の法定相続人の数は、妻、孫、長女、養子のうちの1人(特定する必要はありません)の計4人です。したがって、遺産に係る基礎控除額は、5,400万円となります。

　　3,000万円＋600万円×4人＝5,400万円

7　相続税額の加算と控除の計算

 相続人等の状況によって相続税額が加算（増額）されたり、控除（減額）されることがあるそうですが、どのようなものがありますか。

 税額加算には20％加算、また税額控除には贈与税額控除、未成年者控除、障害者控除、相次相続控除等があります。

《 解 説 》

各人の算出税額に加算や控除を行って、最終的な各人の納付税額を計算します。
なお、配偶者の税額軽減については、別項（p.68参照）で説明します。

（1）　２０％加算

相続や遺贈によって財産を取得した人が、被相続人の一親等の血族（その代襲相続人となった孫（直系卑属）を含む）および配偶者以外の人である場合には、その人の納付すべき相続税額は、その人の算出税額の２０％相当額が加算されます。

具体的には、被相続人の養子は、加算対象となりませんが、被相続人の養子となった孫（代襲相続人たる孫を除く）は加算対象となります。また、被相続人の兄弟姉妹が相続人として財産を取得した場合は、加算対象となります。

（2）　税額控除

①暦年課税分の贈与税額控除

相続や遺贈によって財産を取得した人が、その被相続人から相続開始前３年以内に財産の贈与を受けている場合には、その贈与財産はその人の相続税の課税価格に加算されます。その贈与財産につきすでに贈与税が課税されていた場合には、二重課税となるため、その贈与税額はその人の相続税額から控除されます。もっとも、贈与税の基礎控除額(110万円)以下の贈与であるために贈与税が課税されていなかったときは、二重課税の問題は生じないので税額控除できません。

贈与税額控除額は、贈与を受けた各年分ごとに次の算式により計算した金額です。

$$A × C ／ B ＝ 贈与税額控除額$$

注：　A…その年分の贈与税額（相続時精算課税における贈与税額を除く）

　　　B…その年分の贈与税の課税価格(贈与税の配偶者控除を受けた財産のうち配偶者控除相当額および相続時精算課税適用財産の価額を控除後の価格)

　　　C…その年分の贈与財産のうち相続税の課税価格に加算された贈与財産の価額

贈与税額控除額の計算

《 設 例 》

イ．被相続人の相続開始日　令和4年10月30日

ロ．被相続人の長男の受贈財産と贈与税額（いずれも暦年課税）

贈与年月日	贈 与 者	贈与財産の価額	贈与税額
令3.6.20	被相続人	100万円	0
令2.3.23	被相続人	150万円	} 14万円
令2.5.15	叔　　父	100万円	

《 計 算 》

a．令和3年分の控除額

　　100万円は相続税の課税価格に加算されますが、贈与税は課せられていないので、控除額はありません。

b．令和2年分の控除額

　　被相続人からの贈与150万円が相続税の課税価格に加算されます。

$$14万円 \times \frac{150万円}{250万円} = 8万4,000円$$

　　長男は、同人の相続税額から8万4,000円を控除することができます。

②未成年者控除

　　相続や遺贈によって財産を取得した人が法定相続人で、かつ相続開始日現在で20歳未満の無制限納税義務者は、未成年者控除が受けられます。

　　未成年者控除額は、その未成年者が20歳になるまでの年数（1年未満の端数は1年に切り上げ）につき10万円を乗じた金額です。

10万円×(20歳－その未成年者の年齢)＝未成年者控除額

　　この未成年者控除額は、その未成年者本人の算出税額から控除します。その未成年者の算出税額から控除し切れない場合は、その控除し切れない部分の金額は、その未成年者の扶養義務者の相続税額から控除されます。

　　（令和4年4月1日以降に開始する相続・遺贈に係る相続税から、上記「20歳」は「18歳」に改正されます。）

未成年者控除額の計算

《 設 例 》

　　　相続人の年齢　　　12歳3か月

《 計 算 》

　　　20歳－12歳3か月＝7年9か月　━━▶　8年　　（令和4年4月1日以降、6年）

　　　未成年者控除額＝10万円×8年＝80万円　（　　　　同上　　　60万円）

③障害者控除

　　相続や遺贈によって財産を取得した人が居住無制限納税義務者で法定相続人に該当し、かつ85歳未満の障害者である場合には、障害者控除が受けられます。

　　障害者控除が受けられる障害者とは、精神または身体に障害がある人や知的障害者等をいいます。一般障害者(特別障害者に該当しない人)と特別障害者(精神または身体に重度の障害のある人等)とでは控除額が異なります。

　　障害者控除額は、その障害者が85歳になるまでの年数(1年未満の端数は1年に切上げ)に10万円(特別障害者の場合は20万円)を乗じた金額です。

10万円（特別障害者は20万円）×（85歳－その人の年齢）＝障害者控除額

　　この障害者控除額は、障害者本人の算出相続税額から控除します。また、控除し切れない場合は、未成年者控除の場合と同様に、その扶養義務者の相続税額から控除できます。

④相次相続控除

　　相続や遺贈によって財産を取得した法定相続人が、今回の相続(第2次相続)の開始前10年以内に被相続人が相続(第1次相続)によって財産を取得したことがある場合、第2次相続の相続人は相次相続控除を受けることができます。なお、相続放棄した人や相続権を失った人は、相次相続控除を受けられません。

　　これは、比較的短期間の間に何回も相続が発生した場合は、そうでない場合よりも相続税の負担が重くなりますので、この負担調整のため設けられているものです。

　　相次相続控除額は、次式による金額です。

$$A \times \frac{C}{B-A} \times \frac{D}{C} \times \frac{10-E}{10} = 相次相続控除額$$

注：A…第2次相続の被相続人の第1次相続における相続税額
　　B…第2次相続の被相続人が第1次相続において取得した財産の価額(債務控除後)
　　C…第2次相続において相続人等が取得した財産の価額の合計額(債務控除後)
　　D…第2次相続においてその控除対象の相続人が取得した財産の価額(債務控除後)
　　E…第1次相続から第2次相続までの年数(1年未満の端数切捨て)
　　なお、（C／B－A）の割合が、1を超えるときは1とします。また、B，C，Dにおいて「取得した財産」には、それぞれ第1次または第2次相続に係る被相続人からの贈与財産で相続時精算課税の適用を受けるものを含みます。

⑤在外財産に対する相続税額の控除（外国税額控除）

　相続や遺贈によって在外（海外）財産を取得した場合に、外国で日本の相続税該当する税が課税されたときは二重課税を調整するために、外国で課税された相続税額相当額をその人の相続税額から控除することができます。

税額の加算と税額控除

２０％加算	1親等の血族および配偶者以外の人は、その人の相続税額に20%相当額が加算されます。
贈与税額控除	被相続人からの相続開始前3年以内の贈与財産は相続税の課税価格に加算され、その人の算出税額からその財産に課された贈与税額が控除されます。
未成年者控除	未成年者は、その人の算出税額から20歳（令和4年4月1日以降は18歳）になるまでの年数1年につき10万円が控除されます。
障害者控除	障害者は、その人の算出税額から85歳になるまでの年数1年につき10万円（特別障害者の場合は20万円）が控除されます。
相次相続控除	10年以内に2回以上の相続があって相続税が課せられたとき、その人の相続税額から一定額が控除されます。
在外財産に対する相続税額の控除	外国の財産を取得し、外国で相続税に相当する税が課せられたときは、その人の相続税額からその外国の税額が控除されます。

注：配偶者に対する税額軽減については、次ページ以下をご参照ください。

⑥相続時精算課税に係る贈与税額控除

　相続時精算課税適用財産について贈与税が課せられていた場合は、その贈与税額が控除されます（p.128参照）。

8　配偶者の税額軽減

Q 相続税では、配偶者は特に有利に取り扱われているとのことですが、その内容を教えてください。

A 配偶者の税額軽減の適用を受けると、配偶者の取得した遺産の額が、1億6000万円または配偶者の法定相続分相当額のいずれか多い金額までは、配偶者の納付すべき相続税額はありません。この税額軽減の適用を受けるためには、相続税の申告が必要となります。

《 解 説 》

　配偶者に対する相続税については、同一世代間での財産の移転であること、被相続人の財産形成に配偶者も寄与していること等の観点から税額軽減制度が設けられています。

（1）適用対象となる配偶者

　この配偶者の税額軽減の適用が受けられるのは、戸籍上の配偶者に限られます。したがって、いわゆる内縁の妻などはこの適用を受けることはできません。戸籍上の配偶者であれば、その配偶者が夫または妻のいずれであっても差し支えなく、また婚姻期間の制約はありません。

　また、配偶者が相続放棄をした場合でも、生命保険金を受け取るなど遺贈によって財産を取得したときは、他の要件を満たす限り、この税額軽減の適用が受けられます。

（2）配偶者の税額軽減額の計算

　配偶者の算出相続税額から次式で計算した金額を配偶者の税額軽減額として控除できます。

$$相続税の総額 \times \frac{AまたはBのうち少ない額}{相続税の課税価格の合計額}$$

　A…相続税の課税価格の合計額に配偶者の法定相続分（相続放棄があっても、放棄がなかったものとした場合の相続分）を乗じて計算した金額
　　（1億6,000万円に満たない場合は1億6,000万円）
　B…配偶者の実際の取得額（課税価格）
　　（相続税の申告期限までに未分割の財産の価額を除く）

この制度の適用を受けることによって、配偶者の課税価格（実際の取得額）が相続税

の課税価格の合計額に法定相続分を乗じた金額以下であるか、または1億6,000万円以下であれば、結果として配偶者には納付すべき相続税が発生しません。

配偶者の税額軽減額の計算

《 設 例 》

　被相続人の妻の相続税の課税価格等が次のようであった場合、配偶者の税額軽減適用後の妻の相続税の納付税額はいくらですか。なお、相続人は、妻と子です。

　　　1．課税価格の合計額　　　18,000万円
　　　2．配偶者の実際の取得額　　9,900万円
　　　3．相続税の総額　　　　　　2,740万円
　　　4．配偶者の算出相続税額　　1,507万円

《 計 算 》

　　　1．法定相続分相当額

　　　18,000万円×1/2＝9,000万円＜16,000万円

　　　　　　　∴　16,000万円

　　　2．配偶者の課税価格

　　　9,900万円

　　　3．配偶者の税額軽減額

$$2,740万円 \times \frac{9,900万円^{(注)}}{18,000万円} = 1,507万円$$

注：16,000万円と9,900万円のうち少ない方の金額です。

　　　4．妻の納付税額

　　　（算出相続税額）　　　（税額軽減額）

　　　1,507万円　　－　　1,507万円＝0

（3）税額軽減の対象財産

　上記算式中のB（配偶者の実際の取得額）に含まれる財産、すなわち、配偶者の税額軽減の対象となる財産は、原則として相続税の申告期限（相続開始があったことを知った日の翌日から10か月以内）までに遺産の分割などが行われ、配偶者が取得することが確定した財産です。

　具体的には、その申告期限までに遺産分割などにより取得した財産（相続人が配偶者だけの場合は、配偶者が単独で取得した財産）、みなし相続財産（生命保険金等）、相続開始前3年以内の贈与財産で相続税の課税価格に加算された財産などがその対象となります。

（4）配偶者の税額軽減の適用を受けるための手続

　配偶者の税額軽減の適用を受けるためには、その適用により納付すべき税額がないときであっても、次の書類を添付した相続税の申告書の提出が必要です。ただし、仮装・隠蔽されていた財産については、配偶者の税額軽減の適用は受けられません。

イ．戸籍の謄本等（相続の開始の日から10日を経過した日以後に作成されたものに限る）

ロ．遺言書の写し、遺産分割協議書の写し（印鑑証明書を添付）など財産の取得の状況を証する書類

（5）未分割財産の取り扱い

①その後の分割と配偶者の税額軽減の適用

　配偶者の税額軽減の対象となる財産には、原則として相続税の申告期限までに分割されていない財産は含まれません。

　しかし、申告期限時点で未分割であっても、相続税の申告期限後3年以内に分割され、それによって取得した財産については、配偶者の税額軽減の適用が受けられます。その取り扱いを受けようとする場合は、相続税の申告書に「申告期限後3年以内の分割見込書」を添付して提出する必要があります（p.71参照）。

　更に、この3年以内に分割できないやむを得ない事情がある場合は、所定の申請書を税務署長に提出し、その承認を受ければ、分割できるようになった後4か月以内に分割されたときも、その分割取得財産について配偶者の税額軽減の適用が受けられます。

②未分割財産と申告

　相続税の申告期限までに、遺産が未分割の状態にある場合は、各共同相続人が民法の規定による相続分にしたがって遺産を取得したものとして相続税を計算し、申告期限までに税務署長あてに申告し、かつ納税する必要があります。この場合には、配偶者の税額軽減の適用は受けられません。

　この未分割財産について、その後に遺産分割により配偶者が遺産を取得した場合、配偶者の税額軽減の適用を受けると納付税額が減少する場合は税務署長あての更正の請求書を提出します。配偶者の税額軽減の適用を受けても、なお納付すべき税額が増加する場合は、税務署長あてに修正申告書を提出します。

《申告期限後3年以内の分割見込書》

通信日付印の年月日	確認印		番　　号
年　月　日			

被相続人の氏名 ＿＿＿＿＿＿＿＿＿＿

申告期限後3年以内の分割見込書

相続税の申告書「第11表（相続税がかかる財産の明細書）」に記載されている財産のうち、まだ分割されていない財産については、申告書の提出期限後3年以内に分割する見込みです。

なお、分割されていない理由及び分割の見込みの詳細は、次のとおりです。

　1　分割されていない理由

　　　　　　　...
　　　　　　　...
　　　　　　　...
　　　　　　　...

　2　分割の見込みの詳細

　　　　　　　...
　　　　　　　...
　　　　　　　...
　　　　　　　...

　3　適用を受けようとする特例等

　⑴　配偶者に対する相続税額の軽減（相続税法第19条の2第1項）

　⑵　小規模宅地等についての相続税の課税価格の計算の特例
　　　（租税特別措置法第69条の4第1項）

　⑶　特定計画山林についての相続税の課税価格の計算の特例
　　　（租税特別措置法第69条の5第1項）

　⑷　特定事業用資産についての相続税の課税価格の計算の特例
　　　（所得税法等の一部を改正する法律（平成21年法律第13号）による
　　　改正前の租税特別措置法第69条の5第1項）

9　相続税額の計算例

 相続税額の計算例を示してください。

 通常の場合（相続時精算課税を選択していない場合）における相続税額の計算を次の設例で説明します。

《 設 例 》

①相続人等の関係図

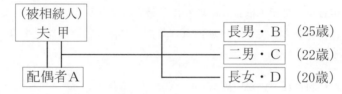

②各相続人が取得した財産（相続税評価額）

    配偶者A　　自宅・預金　　8,770万円

    　　　　　　生命保険金　　3,000万円(受取金額)

    　　　　　　(保険料負担者・被相続人　甲)

    長　男B　　株式等　　　　5,220万円

    長　女D　　預金等　　　　2,610万円

③葬式費用200万円は、配偶者Aが負担した。

④二男Cは、相続放棄をした。また、相続人の中に障害者はいない。

(注) 相続時精算課税を選択した場合の計算例はp.131を参照下さい。

《 計 算 》

①各相続人の課税価格　　　　　　　　　　　　　　　　　　　(単位：万円)

	A	B	D	合　計
本来の相続財産	8,770	5,220	2,610	16,600
生命保険金	3,000			3,000
同上の非課税金額	△2,000			注1△2,000
葬式費用	△200			△200
課税価格注2	9,570	5,220	2,610	17,400

注1：生命保険金の非課税金額　500万円×4（法定相続人の数）＝2,000万円
注2：各人の課税価格の1,000円未満の端数は切り捨てます。

②遺産に係る基礎控除額

    3,000万円＋600万円×4（法定相続人の数）＝5,400万円

        注：法定相続人の数には、相続放棄をした二男Cも含めて計算します。

③課税遺産総額

　　17,400万円－5,400万円＝12,000万円

④相続税の総額

　イ．法定相続分による仮の取得金額（1,000円未満の端数切捨て）

　　　　A　　　　12,000万円×1/2＝6,000万円

　　　　B，C，D　12,000万円×1/2×1/3＝2,000万円

　ロ．相続税の総額

　　　　A　　　　6,000万円×30％－700万円＝1,100万円

　　　　B，C，D　2,000万円×15％－50万円＝250万円

　　　　　　　　1,100万円＋250万円×3＝1,850万円

　　　注：相続税額の総額の計算では、相続の放棄をしたＣも含めます。

⑤各人の算出相続税額

　イ．相続税の総額の按分割合

　　　　A　　　9,570万円／17,400万円＝0.55

　　　　B　　　5,220万円／17,400万円＝0.30

　　　　C　　　2,610万円／17,400万円＝0.15

　　　注：全体で1になるように各人の小数点以下第2位未満を端数調整して差支えありません。

　ロ．各人の算出相続税額

　　　　A　　　1,850万円×0.55＝1,017.5万円

　　　　B　　　1,850万円×0.30＝555万円

　　　　D　　　1,850万円×0.15＝277.5万円

⑥各人の納付税額（100円未満の端数切り捨て）

　イ．配偶者A

　　・配偶者の税額軽減額

　　　a．配偶者の課税価格（実際の取得金額）　9,570万円

　　　b．17,400万円×1/2＝8,700万円＜　16,000万円　∴16,000万円

　　　c．(a)9,570万円　＜　(b)　16,000万円　　∴9,570万円

　　　d．税額軽減額

　　　　　1,850万円×（9,570万円／17,400万円）＝1,017.5万円

　　・納付税額

　　　　　1,017.5万円（算出税額）－1,017.5万円（税額軽減額）＝0

　ロ．長男B　555万円

　ハ．長男D　277.5万円

（2）相続税早見表

1．配偶者と子が法定相続人の場合

〈単位：万円、（ ）内は実効税率〉

遺 産 の 額 （課税価格の合計額）	法定相続人の数			
	配偶者と 子 1 人	配偶者と 子 2 人	配偶者と 子 3 人	配偶者と 子 4 人
5,000万円	[0]（ 0） 40（ 1）	[0]（ 0） 10（ 0）	[0]（ 0） 0（ 0）	[0]（ 0） 0（ 0）
6,000万円	[0]（ 0） 90（ 2）	[0]（ 0） 60（ 1）	[0]（ 0） 30（ 1）	[0]（ 0） 0（ 0）
7,000万円	[0]（ 0） 160（ 2）	[0]（ 0） 113（ 2）	[0]（ 0） 80（ 1）	[0]（ 0） 50（ 1）
8,000万円	[0]（ 0） 235（ 3）	[0]（ 0） 175（ 2）	[0]（ 0） 137（ 2）	[0]（ 0） 100（ 1）
9,000万円	[0]（ 0） 310（ 3）	[0]（ 0） 240（ 3）	[0]（ 0） 200（ 2）	[0]（ 0） 163（ 2）
1億円	[0]（ 0） 385（ 4）	[0]（ 0） 315（ 3）	[0]（ 0） 262（ 3）	[0]（ 0） 225（ 2）
1億2,000万円	[0]（ 0） 580（ 5）	[0]（ 0） 480（ 4）	[0]（ 0） 403（ 3）	[0]（ 0） 350（ 3）
1億5,000万円	[0]（ 0） 920（ 6）	[0]（ 0） 748（ 5）	[0]（ 0） 665（ 4）	[0]（ 0） 588（ 3）
1億8,000万円	[304]（ 2） 1370（ 8）	[244]（ 1） 1100（ 5）	[220]（ 1） 993（ 4）	[200]（ 1） 900（ 4）
2億円	[668]（ 3） 1,670（ 8）	[540]（ 3） 1,350（ 7）	[487]（ 2） 1,217（ 6）	[450]（ 2） 1,125（ 6）
3億円	[3,229]（11） 3,460（12）	[2,669]（ 9） 2,860（10）	[2,370]（ 8） 2,540（ 8）	[2,193]（ 7） 2,350（ 8）
4億円	5,460（14）	4,610（12）	4,155（10）	3,850（10）
5億円	7,605（15）	6,555（13）	5,962（12）	5,500（11）
6億円	9,855（16）	8,680（14）	7,838（13）	7,375（12）
7億円	12,250（18）	10,870（16）	9,885（14）	9,300（13）
8億円	14,750（18）	13,120（16）	12,135（15）	11,300（14）
9億円	17,250（19）	15,435（17）	14,385（16）	13,400（15）
10億円	19,750（20）	17,810（18）	16,635（17）	15,650（16）
15億円	32,895（22）	30,315（20）	28,500（19）	27,200（18）
20億円	46,645（23）	43,440（22）	41,182（21）	39,500（20）
30億円	74,145（25）	70,380（23）	67,433（22）	65,175（22）
40億円	101,645（25）	97,880（24）	94,115（24）	91,425（23）
50億円	129,145（26）	125,380（25）	121,615（24）	117,850（24）

注：配偶者が遺産の1/2を取得し、配偶者の税額軽減の適用を受けた場合の相続人全員の総額です。また [ ] 内の金額は、この適用をフルに受けるため配偶者が1/2を超えて 1 億6000万円までを取得した場合の計算です。なお、税額控除は配偶者の税額軽減以外はないものとしました。

2．子だけが法定相続人の場合

〈単位：万円、（　）内は実効税率〉

遺　産　の　額 （課税価格の合計額）	法定相続人の数			
	子 1 人	子 2 人	子 3 人	子 4 人
5,000万円	160 （ 3）	80 （ 2）	20 （ 0）	0 （ 0）
6,000万円	310 （ 5）	180 （ 3）	120 （ 2）	60 （ 1）
7,000万円	480 （ 7）	320 （ 5）	220 （ 3）	160 （ 2）
8,000万円	680 （ 9）	470 （ 6）	330 （ 4）	260 （ 3）
9,000万円	920 （10）	620 （ 7）	480 （ 5）	360 （ 4）
1億円	1,220 （12）	770 （ 8）	630 （ 6）	490 （ 5）
1億2,000万円	1,820 （15）	1,160 （10）	930 （ 8）	790 （ 7）
1億5,000万円	2,860 （19）	1,840 （12）	1,440 （10）	1,240 （ 8）
1億8,000万円	4,060 （23）	2,740 （15）	2,040 （11）	1,720 （10）
2億円	4,860 （24）	3,340 （17）	2,460 （12）	2,120 （11）
3億円	9,180 （31）	6,920 （23）	5,460 （18）	4,580 （15）
4億円	14,000 （35）	10,920 （27）	8,980 （22）	7,580 （19）
5億円	19,000 （38）	15,210 （30）	12,980 （26）	11,040 （22）
6億円	24,000 （40）	19,710 （33）	16,980 （28）	15,040 （25）
7億円	29,320 （42）	24,500 （35）	21,240 （30）	19,040 （27）
8億円	34,820 （44）	29,500 （37）	25,740 （32）	23,040 （29）
9億円	40,320 （45）	34,500 （38）	30,240 （34）	27,270 （30）
10億円	45,820 （46）	39,500 （40）	35,000 （35）	31,770 （32）
15億円	73,320 （49）	65,790 （44）	60,000 （40）	55,500 （37）
20億円	100,820 （50）	93,290 （47）	85,760 （43）	80,500 （40）
30億円	155,820 （52）	148,290 （49）	140,760 （47）	133,230 （44）
40億円	210,820 （53）	203,290 （51）	195,760 （49）	188,230 （47）
50億円	265,820 （53）	258,290 （52）	250,760 （50）	243,230 （49）

注：税額控除はないものとして計算しました。相続税額は相続人全員の総額です。

3．配偶者だけが法定相続人の場合

　配偶者だけが法定相続人の場合は、配偶者の税額軽減の規定の適用を受けると、配偶者の納付すべき税額はありません。

10　相続税の申告

 どのような人が相続税の申告をしなければならないのですか。また相続税の申告はいつまでに、どこの税務署に申告するのですか。

 原則として、被相続人から相続や遺贈により財産を取得した人の課税価格の合計額が遺産に係る基礎控除額を超え、納付すべき相続税額が算出される人は、その相続の開始があったことを知った日の翌日から10か月以内に相続税の申告をしなければなりません。その申告先は、被相続人の死亡時の住所が日本国内にある場合は、その被相続人の死亡時の住所地の所轄税務署長です。

《　解　説　》

（1）相続税の申告をすべき人

　　相続税の課税価格の合計額が、遺産に係る基礎控除額を超える場合において、配偶者の税額軽減の適用がないものとして相続税の計算をしたときに納付すべき税額がある相続人等は、相続税の申告書を提出しなければなりません。

　　また、小規模宅地等の評価減の特例の適用を受けると、課税価格の合計額が遺産に係る基礎控除額以下となる場合も、相続税の申告書の提出が必要になります。

課税価格の合計額	＞	遺産に係る基礎控除額（3,000万円＋600万円×法定相続人の数）

（2）相続税の申告期限

　　相続税の申告書を提出しなければならない人は、原則としてその相続の開始があったことを知った日の翌日から10か月以内にその申告書を提出しなければなりません。

　　相続税の申告書を提出すべき人が申告期限前に申告書を提出しないまま死亡した場合には、その死亡した人の相続人が、その死亡した人に係る相続の開始があったことを知った日の翌日から10か月以内に、死亡した人に代わって相続税の申告書を提出しなければなりません。

注1：相続の開始があったことを知った日

　　「相続の開始があったことを知った日」とは、自己のために相続の開始があったことを知った日のことをいいます。特殊な例として、失踪宣言を受け死亡したものとみなされた人の相続人の場合は、その相続人が失踪宣言のあったことを知った日、また遺贈（被相続人から相続人への遺贈を除く）により財産を取得した場合は、自己のために遺贈があったことを知った日です。

注2：10か月の計算

　　「相続の開始があったことを知った日の翌日から10か月以内」とは、「自己のために相続の開始があった

ことを知った日の翌日から10か月目に当たる月の応当日」のことです。その応当日が、土曜日や日曜日、祝日に当たる場合は、それらの日の翌日が提出期限となります。この「翌日」が、たとえば日曜日であれば、月曜日となります(その月曜日が休日であれば火曜日、以下同様)。また、提出期限が12月29日から翌年1月3日までに到来する場合は、翌年1月4日(土曜日であれば、次の月曜日)となります。

相続税の申告書の提出期限

《 設 例 》

令和2年6月9日（火）に死亡した甲の相続人である妻乙と長男丙が、同日相続の相続の開始があったことを知りました。また、妻乙は同年8月4日（火）に甲に係る相続税の申告書を提出しないで死亡し、乙の相続人丙は同日にその相続の開始があったことを知りました。この場合の甲および乙に係る相続税の申告書の提出期限はいつですか。

《提出期限》

甲の相続に係る丙の申告期限は令和3年4月9日（金）です。また乙の相続に係る丙の申告期限は、令和3年6月4日（金）です。

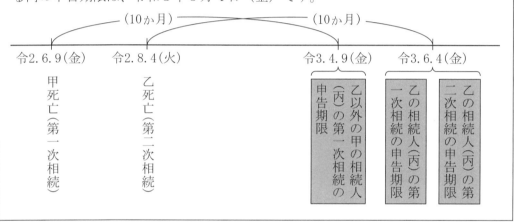

（3）申告書の提出先

相続税の申告書の提出先は、次の通りです。

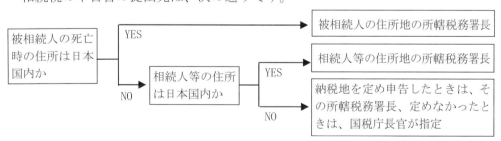

（4）申告書の提出の際の留意点

　　なお、相続税の申告書には、所定の書類の添付が必要です(p.81参照)。また、申告書には申告する人(相続人や受遺者)のマイナンバーの記載が必要ですが、被相続人のマイナンバーの記載は不要です。

　　作成した申告書の提出方法は、直接、提出する方法のほか、便利なe‐Taxを利用して提出(送信)することもできます。

（5）遺産が未分割の場合の申告

　　相続税の申告期限までに遺産分割が行われていない場合は、民法に規定する相続分または包括遺贈の割合によって遺産を取得したものとして、各相続人等の相続税の課税価格等を計算し、本来の期限までに申告と納税をしなければなりません。その後、遺産分割が行われたら、そのときに修正申告や更正の請求等を行い、相続税額の精算をします。

（6）被相続人が外国人の場合の申告
①相続の準拠法

　　人が死亡した場合にどの国の法を適用すべきか、という準拠法については、「相続は被相続人の本国法による（法の適用に関する通則法36条)」と規定しています。したがって、日本に居住していた外国人が死亡した場合にだれが、どんな順位で、どのように承継するかについては、日本の民法は適用されず、その死亡した外国人の本国法によって規律させられることになります。

　　本国法とは、その外国人が国籍を有する国の法律のことをいいます。ただし、この本国法については、次のことに注意を要します(同法第38条)。

イ．1人で2以上の国籍を有するときは、常居所を有する国、もしその国がなければ最も親密な関係のある国の法律が本国法となります。

　　ただし、その1が日本の国籍であるときは、日本法をもって本国法とします。

ロ．無国籍のときは、その常居所地法をもって本国法とします。

②相続税の課税方法

　　日本の相続税における納税義務者や課税財産の範囲については、別項をご参照ください(p.52参照)。

　　なお、相続人が外国人の場合は、特に取得財産の所在が国内財産または国外財産のいずれであるかという財産の所在の判定が重要となります。

　　主な財産の所在地は、次のとおりです。

　　　・銀行預金等・・受け入れした営業所や事業所の所在

・保険金・・保険会社の本店または主たる事務所の所在

・株式・・株式の発行法人の本店または主たる事務所の所在

・不動産・・不動産の所在、等

例：本店がアメリカ・ニューヨークにある銀行の東京支店の預金は、国内財産
　　です。

　また、相続税の申告が必要であるとき、相続税の遺産に係る基礎控除額を計算
する場合の相続人や相続税の総額を計算する場合の相続人と相続分については、
被相続人の本国法の定めとは関係なく、日本の民法の規定が適用されるとした場
合の相続人と相続分によります。

《相続税の申告書》

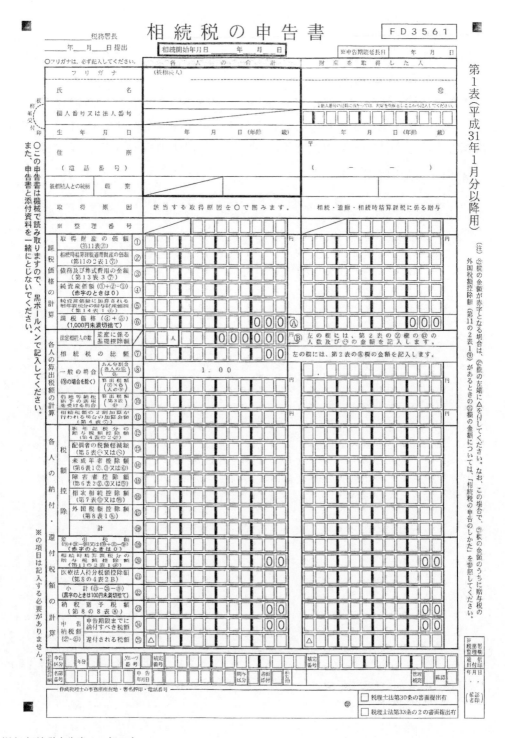

(注) 相続税申告書の一部です。

相続税の申告書の添付書類

（参考）　相続税の申告の際に提出していただく主な書類

1　相続税の申告書に記載されたマイナンバー（個人番号）について、税務署で本人確認（①番号確認及び②身元確認）を行うため、次の本人確認書類の写しを添付していただく必要があります。

　　なお、各相続人等のうち税務署の窓口で相続税の申告書を提出する方は、ご自身の本人確認書類の写しの添付に代えて、本人確認書類を提示していただいても構いません。

【本人確認書類】

①	番号確認書類（マイナンバー（12桁）を確認できる書類）として次に掲げるいずれかの書類 ・マイナンバーカード（個人番号カード）【裏面】(注)の写し　・通知カードの写し ・住民票の写し（マイナンバーの記載があるものに限ります。）　など
②	身元確認書類（記載されたマイナンバーの持ち主であることを確認できる書類）として次に掲げるいずれかの書類 ・マイナンバーカード（個人番号カード）【表面】(注)の写し　・運転免許証の写し　・身体障害者手帳の写し ・パスポートの写し　・在留カードの写し　・公的医療保険の被保険者証の写し　など

（注）　マイナンバーカードの表面で身元確認、裏面で番号確認を行いますので、本人確認書類として写しを添付いただく場合は、表面と裏面の両面の写しが必要となります。

2　相続税の申告書に添付して提出していただく主な書類は次のとおりです。詳しくは税務署にお尋ねください。

　　なお、重複する書類がある場合には、重ねて提出していただく必要はありません。

（1）　一般の場合（（2）〜（13）の特例等の適用を受けない場合）

①	次のいずれかの書類 イ　被相続人の全ての相続人を明らかにする戸籍の謄本（相続開始の日から10日を経過した日以後に作成されたもの） ロ　図形式の法定相続情報一覧図の写し（子の続柄が実子又は養子のいずれであるかが分かるように記載されたものに限ります。） 　　なお、被相続人に養子がいる場合には、その養子の戸籍の謄本又は抄本の提出も必要です。 ハ　イ又はロをコピー機で複写したもの
②	遺言書の写し又は遺産分割協議書の写し(注)
③	相続人全員の印鑑証明書（遺産分割協議書に押印したもの）(注)

（注）　②及び③の書類については、提出をお願いしている書類です。

（2）　相続時精算課税適用者がいる場合

①	2（1）①に掲げる書類
②	遺言書の写し又は遺産分割協議書の写し(注1)
③	相続人全員の印鑑証明書（遺産分割協議書に押印したもの）(注1)
④	被相続人の戸籍の附票の写し（相続開始の日以後に作成されたもの）（コピー機で複写したものを含みます。） 相続時精算課税適用者の戸籍の附票の写し（相続開始の日以後に作成されたもの）（コピー機で複写したものを含みます。）(注2)

（注）　1　②及び③の書類については、提出をお願いしている書類です。

　　　　2　相続時精算課税適用者が平成27年1月1日において20歳未満の者である場合には、提出不要です。

（3）　配偶者の税額軽減（11ページ参照）の適用を受ける場合

①	2（1）①に掲げる書類
②	遺言書の写し又は遺産分割協議書の写し
③	相続人全員の印鑑証明書（遺産分割協議書に押印したもの）
④	申告期限後3年以内の分割見込書（申告期限内に分割ができない場合に提出してください。）

（4）　小規模宅地等の特例（16ページ参照）の適用を受ける場合(注1)

①	2（1）①に掲げる書類		
②	遺言書の写し又は遺産分割協議書の写し		
③	相続人全員の印鑑証明書（遺産分割協議書に押印したもの）		
④	申告期限後3年以内の分割見込書（申告期限内に分割ができない場合に提出してください。）		
⑤	特定居住用宅地等に該当する宅地等(注2)	1	特例の適用を受ける宅地等を自己の居住の用に供していることを明らかにする書類（特例の適用を受ける人がマイナンバー（個人番号）を有する場合には提出不要です。）
		2	被相続人の親族で、相続開始前3年以内に自己等が所有する家屋に居住したことがないことなど一定の要件を満たす人が、被相続人の居住の用に供されていた宅地等について特例の適用を受ける場合（18ページの[特定居住用宅地等の要件]①の3の親族が特例の適用を受ける場合） イ　平成30年3月31日以前の相続又は遺贈により取得した宅地等である場合 　(イ)　相続開始前3年以内における住所又は居所を明らかにする書類（特例の適用を受ける人がマイナンバー（個人番号）を有する場合には提出不要です。） 　(ロ)　相続開始前3年以内に居住していた家屋が、自己又は自己の配偶者の所有する家屋以外の家屋である旨を証する書類 ロ　平成30年4月1日以後の相続又は遺贈により取得した宅地等である場合 　(イ)　イ(イ)の書類 　(ロ)　相続開始前3年以内に居住していた家屋が、自己、自己の配偶者、三親等内の親族又は特別の関係がある一定の法人の所有する家屋以外の家屋である旨を証する書類 　(ハ)　相続開始の時において自己の居住している家屋を相続開始前のいずれの時においても所有していたことがないことを証する書類

	（前ページからの続き）		被相続人が養護老人ホームに入所していたことなど一定の事由により相続開始の直前において被相続人の居住の用に供されていなかった宅地等について特例の適用を受ける場合（18ページの(注)1に該当する場合） イ　被相続人の戸籍の附票の写し（相続開始の日以後に作成されたもの） ロ　介護保険の被保険者証の写しや障害者の日常生活及び社会生活を総合的に支援するための法律第22条第8項に規定する障害福祉サービス受給者証の写しなど、被相続人が介護保険法第19条第1項に規定する要介護認定、同条第2項に規定する要支援認定を受けていたこと若しくは介護保険法施行規則第140条の62の4第2号に該当していたこと又は障害者の日常生活及び社会生活を総合的に支援するための法律第21条第1項に規定する障害支援区分の認定を受けていたことを明らかにする書類 ハ　施設への入所時における契約書の写しなど、被相続人が相続開始の直前において入居又は入所していた住居又は施設の名称及び所在地並びにその住居又は施設が次のいずれに該当するかを明らかにする書類 　(イ)　老人福祉法第5条の2第6項に規定する認知症対応型老人共同生活援助事業が行われる住居、同法第20条の4に規定する養護老人ホーム、同法第20条の5に規定する特別養護老人ホーム、同法第20条の6に規定する軽費老人ホーム又は同法第29条第1項に規定する有料老人ホーム 　(ロ)　介護保険法第8条第28項に規定する介護老人保健施設又は同条第29項に規定する介護医療院 　(ハ)　高齢者の居住の安定確保に関する法律第5条第1項に規定するサービス付き高齢者向け住宅（(イ)の有料老人ホームを除きます。） 　(ニ)　障害者の日常生活及び社会生活を総合的に支援するための法律第5条第11項に規定する障害者支援施設（同条第10項に規定する施設入所支援が行われるものに限ります。）又は同条第17項に規定する共同生活援助を行う住居
⑥	特定事業用宅地等に該当する宅地等		一定の郵便局舎の敷地の用に供されている宅地等の場合には、総務大臣が交付した証明書
⑦	特定同族会社事業用宅地等に該当する宅地等		イ　特例の対象となる法人の定款（相続開始の時に効力を有するものに限ります。）の写し ロ　特例の対象となる法人の相続開始の直前における発行済株式の総数又は出資の総額及び被相続人及び被相続人の親族その他被相続人と特別の関係がある者が有するその法人の株式の総数又は出資の総額を記載した書類（特例の対象となる法人が証明したものに限ります。）
⑧	貸付事業用宅地等に該当する宅地等(注3)		平成30年4月1日以後の相続又は遺贈により取得した宅地等である場合において、貸付事業用宅地等が相続開始前3年以内に新たに被相続人等の特定貸付事業の用に供されたものであるときには、被相続人等が相続開始の日まで3年を超えて特定貸付事業を行っていたことを明らかにする書類

(注)　1　小規模宅地等の特例の適用を受ける場合には、①～④に掲げる書類を提出するとともに、この特例の適用を受ける宅地等の区分（⑤～⑧）に応じ、それぞれ⑤～⑧に掲げる書類を提出してください。
　　　2　⑤の宅地等について特例の適用を受ける場合には、⑤の1に掲げる書類で、特例の適用を受ける人に係るものを提出（被相続人の配偶者が特例の適用を受ける場合は提出不要です。）するとともに、⑤の2イ若しくはロ又は3の場合に該当するときには、それぞれ⑤の2イ若しくはロ又は3に掲げる書類で、特例の適用を受ける人に係るものを提出してください。
　　　　なお、19ページの(ハ)(注)5(1)又は(2)に該当する場合には、前ページの(4)①～④及び⑤の1に掲げる書類の他、次の書類を提出してください。
　　　(1)　19ページの(注)5(1)に該当する場合　次の書類
　　　　イ　平成27年4月1日から相続開始の日までの間における住所又は居所を明らかにする書類（特例の適用を受ける人がマイナンバー（個人番号）を有する場合には提出不要です。）
　　　　ロ　平成27年4月1日から相続開始の直前までの間に居住していた家屋が、自己又は自己の配偶者の所有する家屋以外の家屋である旨を証する書類
　　　(2)　19ページの(注)5(2)に該当する場合　次の書類
　　　　イ　請負契約書の写しその他の書類で、平成32年3月31日において経過措置対象宅地等の上に存する建物の工事が行われていたことを証するもの及び当該工事の完了年月日を明らかにするもの
　　　　ロ　平成27年4月1日から平成30年3月31日までの間における次の事項を明らかにする書類
　　　　　(イ)　その期間内における住所又は居所
　　　　　(ロ)　その期間内に居住していた家屋が自己又は自己の配偶者の所有する家屋以外の家屋である旨
　　　3　20ページの(ニ)(注)3に該当する場合には、上記⑧に掲げる書類については、貸付事業用宅地等が平成30年4月1日以後に新たに被相続人等の特定貸付事業の用に供されたものであるときに、提出する必要があります。

(5)　特定計画山林の特例（21ページ参照）の適用を受ける場合

①	2(1)①に掲げる書類
②	遺言書の写し又は遺産分割協議書の写し
③	相続人全員の印鑑証明書（遺産分割協議書に押印したもの）
④	申告期限後3年以内の分割見込書（申告期限内に分割ができない場合に提出してください。）
⑤	市町村長等の認定を受けた森林経営計画書の写し
⑥	その他特例の適用要件を確認する書類

（注）（6）以下は省略

　　出所：国税庁ホームページ「相続税の申告のしかた（令和2年分用）」より

11　期限後申告、修正申告・更正の請求、更正・決定

 相続税の申告をすべき人が申告期限までに申告しなかったり、申告内容が誤っていた場合はどうしたらよいでしょうか。

 納税者は申告期限後でも申告書を提出でき、また申告内容が誤っていた場合は、修正申告や更正の請求を行ってこれを是正します。

《 解 説 》

（１）期限後の申告

　　相続税の申告書を提出すべき人が、申告期限までに申告書を提出しなかった場合は、税務署長の決定があるまでは、いつでも申告書（「期限後申告書という」）を提出できます。この場合には、原則として無申告加算税(5〜20％)が課されます。仮装・隠蔽があった場合は、これらに代わり重加算税が40％の税率で課されます。

　　この期限後申告書を提出した場合でも、正当な理由があったり、申告期限から1か月以内の一定のものは加算税は課されません。

　　また、「特別な事由」、すなわち申告期限後に、未分割であった遺産が分割されたときなども、期限後申告書を提出することができます。この場合には、原則として加算税は課されません。

（２）納税者による申告内容の是正方法

　①修正申告

　　相続税の申告書の提出後に、計算の誤り等のため、税額に不足額のあることがわかった場合は、税務署長の更正があるまで、これを是正するための修正申告書を提出することができます。この場合には、原則として過少申告加算税（0〜15％）が課されます。仮装・隠蔽があった場合は、これに代わり重加算税（35％）が課されます。

　　期限内申告に係る修正申告の場合は、正当な理由があったり、税務調査の通知前で、かつ調査による更正の予知前の自主申告であれば、加算税は課されません。

　　（１）の「特別な事由」などにより、修正申告書を提出した場合には、原則として加算税は課されません。

　②更正の請求

　　相続税の申告書を提出した後に計算の誤り等のため、課税価格や税額が過大であることが分かった場合は、原則として法定申告期限から５年以内に限り、これらを減額訂正するために更正の請求をすることができます。

　　（１）の「特別な事由」などが生じたことより、先に申告した税額が過大であることがわかったときなども、その事由が生じたことを知った日の翌日から４か

月以内に限り、更正の請求をすることができます。

税務署長は、その請求内容を調査し、更正するかどうかを通知します。

（３）税務署長による更正と決定

①更正

相続税の申告書を提出した後に、税務署長の調査によって課税価格や税額が申告内容と異なるときは、申告した課税価格や税額の増額または減額の更正をします。この場合には、過少申告加算税や無申告加算税が課されます。

②決定

相続税の申告書を提出すべき人が、その申告期限内に申告書を提出しなかった場合は、税務署長はその調査によって、課税価格や税額を決定します。この場合には、無申告加算税が課税されます。

修正申告等の時期	過少申告加算税 注3	無申告加算税 注3
法定申告期限等の翌日～調査通知前	なし	5％
調査通知以後～調査による更正等の余地前	5％（10％ 注1）	10％（15％ 注2）
調査による更正等予知以後	10％（15％ 注1）	15％（20％ 注2）

注1：()は、期限内申告税額と50万円のいずれか多い金額を超える部分です。

注2：( )は、納税額が50万円超部分です。

注3：仮装・隠蔽の場合には、過少申告加算税、無申告加算税に代えて、各々35％、40％の重加算税が課されます。更に、過去５年内に無申告加算税、重加算税を課されていたときは、10％加重措置があります。

ただし、更正や決定は、無期限にできるわけではなく、一定の期間制限があります。

区　分	通常の場合	脱税の場合
更　正	原則　法定申告期限から５年間	法定申告期限から７年間
決　定	同　　上	同　　上

期限後申告、修正申告等

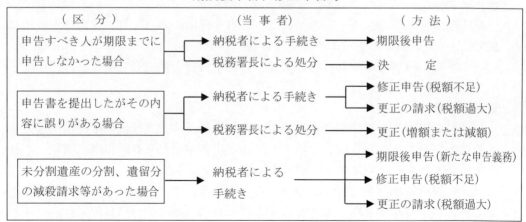

12　相続税の納付

 相続税はどのように納付するのですか。金銭で一時に納められないときは、どうしたらよいのでしょうか。

 相続税は、原則として納期限までに一時に金銭で納付しなければなりません。しかし、それが困難なときは延納や物納が認められます。

《 解 説 》

（1）相続税の納付と納期限

相続税の申告書を提出した人や更正・決定を受けた人で、納付すべき税額がある人は、各人ごとに所定の期限までに相続税を納付しなければなりません。

相続税の納付額と納期限

納付すべき人	納付すべき税額	納期限
期限内申告書を提出した人	申告書記載の税額	申告書の提出期限
期限後申告書を提出した人	申告書記載の税額	申告書提出の日
修正申告書を提出した人	修正申告による増加税額	申告書提出の日
更正を受けた人	更正通知書記載の税額	これらの通知書が発せられた日の翌日から1か月以内
決定を受けた人	決定通知書記載の税額	

（2）納付方法

相続税の税額は、金融機関、郵便局または税務署で所定の納付書によって納付しなければなりません。また、クレジットカードによる納付、ダイレクト納付（e-Tax）、インターネットバンキング、コンビニ納付もできます。

（3）納付の遅延と延滞税

税額を納期限までに納付しなかった場合は、遅延した期間に応じて延滞税を納付しなければなりません。

延滞税の割合は、次の通りです。

①納期限の翌日から2か月を経過する日までの期間

・「年7.3%」と「特例基準割合＋1%」のいずれか低い割合

注：令和2年1月1日から令和2年12月31日までの期間の延滞税の割合は、特例基準割合が年1.6%なので、年2.6%です。

②納期限の翌日から2か月を経過した日以後の期間

・「年14.6%」と「特例基準割合＋7.3%」のいずれか低い割合

注：令和2年1月1日から令和2年12月31日までの期間の延滞税の割合は、特例基準割合が年1.6%なので、1年8.9%です。

なお、特例基準割合とは、各年の前々年10月から前年9月までの各月の銀行短期貸出約定平均金利の合計を12で除した割合として財務大臣が告示する割合に年1%を加算した割合をいいます。

また、令和2年度税制改正により、令和3年1月1日以後は延滞税特例基準割合として「平均貸付割合＋1.0%」になりました（前頁①も同じ）。ここでいう平均貸付割合とは、各年の前々年9月から前年8月までの各月の銀行短期貸出約定平均金利の合計を12で除した割合として財務大臣が告示した割合をいいます（令和3年分の平均貸付割合は0.5%で、延滞税特例基準割合が1.5%なので、前頁①の割合は2.5%、本頁②の割合は8.8%です）。

（4）延納と物納

相続税は、原則として納期限までに金銭で一時に納付しなければなりません。しかし、相続財産の中には流動性の低いものもあるため、相続税を金銭で一時に納付できないこともあります。そこで、延納や物納も認められています。

これらの制度ついては、別項(p.87, 89)で説明いたします。

相続税の納付方法

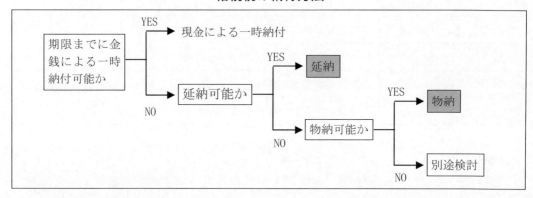

（5）相続税の連帯納付義務

相続税は、原則として相続等より財産を取得した人がそれぞれ納付義務を負いますが、公平な負担等の観点から他の共同相続人等も連帯納付義務を負います。

①　相続人や受遺者が2人以上いる場合

相続人等が2人以上いる場合は、これらの者は、相続税についてその相続等により受けた財産の価額に相当する金額を限度として、互いに連帯納付義務を負っています。

②　その他に、相続人のうちの一部の者が申告書提出前に死亡した場合や相続財産の贈与を受けた場合等の連帯納付義務が定められています。なお、延納の許可を受けた場合の相続税については、連帯納付義務を負いません。

13　相続税の延納

 相続税の延納はどのような場合に認められるのですか。

 相続税の延納は、納期限または納付すべき日までに相続税を金銭で納付することが困難とする理由があること、納付税額が10万円を超えること、などの要件を満たしていれば認められます（p. 250参照）。

《 解 説 》

（1）延納が認められる要件

　　相続税を一時に納付できない場合に、税務署長の許可を受ければ延納が認められます。この延納は年賦払い(年1回払い)です。延納申請が認められるためには、次の要件をすべて満たさなければなりません。

①相続税の納付税額が10万円を超えること 　　納付税額とは、申告(期限内申告、期限後申告、修正申告)や更正・決定による納付税額のことです。
②納期限までに、または納付すべき日までに、金銭で納付することを困難とする事由があり、かつその納付を困難とする金額を限度としていること 　　金銭で納付することを困難とする事由があるかどうかは、その納税者が相続によって取得する財産およびその人の固有の財産を考慮して判定します。
③担保を提供すること 　　原則として担保の提供が必要ですが、延納税額が100万円以下で、かつ延納期間が3年以下であれば、担保の提供は不要です。
④延納申請書を提出すること 　　納期限または納付すべき日までに、必要書類を添付して税務署長あてに延納申請書を提出しなければなりません。

（2）担保

　　担保として提供できる財産は、担保として不適格な事由がないこと、および必要担保額（延納税額及び利子税額）を充足していることが必要です。ただし、納税者の財産である場合は、相続等によって取得した財産に限らず、第三者が所有している財産でも差支えありません。

担保に提供できる財産の種類は、次の通りです。

イ．国債および地方債

ロ．社債その他の有価証券で税務署長が確実と認めたもの

ハ．土地

ニ．建物、立木、登記される船舶などで保険を付したもの

ホ．鉄道財団、工場財団など

ヘ．税務署長が確実と認める保証人の保証

（3）延納期間と利子税

①延納期間

　　相続税の延納期間は、原則として5年以内です。ただし、相続や遺贈によって取得した財産の価額のうち不動産等の価額の占める割合が高いと延納期間は長くなります。ここで不動産等とは、不動産・不動産の上に存する権利、立木、事業用の減価償却資産および特定の同族会社の株式・出資をいいます。

②利子税

　　相続税の延納が認められると分納するごとに分納税額と利子税額（利息に相当するもの）を納めることが必要です。その利子税の割合は、下表の通りで、不動産等の割合が高いと、利子税の割合が軽減されます。

相続税の延納期間（最長）と利子税の割合

不動産等の割合	相 続 税 額 区 分	延納期間（最長）	利子税の割合（原則）	特例割合（注2）
75%以上	①不動産等に係る延納相続税額（注1）	20年	3.6%	0.7%
	②動産等の財産に係る延納相続税額	10年	5.4%	1.1%
50%以上75%未満	①不動産等に係る延納相続税額（注1）	15年	3.6%	0.7%
	②動産等の財産に係る延納相続税額	10年	5.4%	1.1%
50%未満	①一般の延納相続税額（注1）	5年	6.0%	1.3%

注　1．不動産等のうち「森林計画立木の割合が20%超の場合のその立木」等の延納期間や利子税の割合、特例割合は、掲載を省略しています。

　　2．利子税の割合については、各年の延納特例基準割合が年7.3%に満たない場合は、次の特例割合によります。特例割合＝延納利子税割合（原則）×延納特例基準割合／年7.3%

　　　延納特例基準割合とは、その分納期間の開始日の属する年の前々年の10月から前年の9月までの各月の銀行の新規短期貸出約定平均金利の合計を12で除した割合として財務大臣が告示する割合に1%を加算した割合をいいます。この表は延納特例基準割合1.6%（令和2年）の場合のものです。なお、令和2年度税制改正により、令和3年1月1日以後の期間は、その加算する割合が0.5%（従前1%）になる等とされました。

14　相続税の物納

 延納でも納付が困難なときは物納が認められるそうですが、その要件はどのようなものですか。

 相続税は金銭納付が原則です。しかし、延納によっても金銭で納付することが困難とする事由がある場合には、納税者の申請により相続財産による納付（物納）が認められます。（p.254参照）

《 解 説 》

（1）物納の要件

　　物納が認められるためには、次のすべての要件を満たしていなくてはなりません。

①延納によっても金銭納付が困難な事由があり、かつ、その納付を困難とする金額を限度とすること

　　この詳細については、（2）で述べます。

②物納申請財産は定められた種類の財産であり、かつ定められた順位によっていること

　　この詳細については、（3）で述べます。

③定められた期限までに所轄税務署長に物納申請署と物納手続関係書類を提出すること

　　物納申請書は、物納手続関係書類を添付して、金銭の納付の期限である納期限または納付すべき日までに、被相続人の死亡時における住所地を所轄する税務署長に提出しなければなりません。

④物納申請財産は、物納適格財産であること

　　この詳細については（4）で述べます。

（2）金銭納付困難な事由

　　「金銭で納付することを困難とする事由」があるかどうかについては、申請者が、相続財産の取得状況、その人自身の資産の保有状況や収入の状況、更に近い将来の確実な収入や臨時的な支出を総合的に考慮する必要があります。具体的に物納することができる金額については、物納申請書に「金銭納付を困難とする理由書」を添付する必要があります（p.257参照）。

（３）定められた種類の財産とその順位

　　物納に充てることのできる財産は、相続税の課税価格の計算の基礎となった財産（日本国内にある財産に限る）のうち次の財産（相続財産によって取得した財産を含み、相続時精算課税の適用を受ける贈与財産を除く）です。

> 第１順位…① 不動産、船舶、国債、地方債、上場株式等（特別の法律により法人の発行する債券、出資証券を含み、短期社債等は除く）
> 　　　　　② 不動産及び上場株式のうち物納劣後財産に該当するもの
> 第２順位…③ 非上場株式等（特別の法律により法人の発行する債券、出資証券を含み、短期社債等は除く）
> 　　　　　④ 非上場株式のうち物納劣後財産に該当するもの
> 第３順位…⑤ 動産

注： 物納劣後財産とは、他に物納に充てる適当な財産がない場合に限り物納に充てることが認められる財産です。不動産の物納劣後財産には、地上権や永小作権などが設定されている土地、無道路地、法令に違反して建築した建物とその敷地などがあります。

（４）物納適格財産

　　物納に充てることのできる財産は、国が管理または処分するのに適したものでなければなりません。次のような財産(例示)は、管理処分不適格財産で、物納できません。

> **不動産（例示）**
> ・抵当権などの担保権が設定されている不動産、境界が明らかでない土地
> ・権利の帰属について争いがある不動産　など
> **株式（例示）**
> ・譲渡制限株式、質権その他の担保権の目的となっている株式　など

　　また、物納劣後財産については、上記（3）の注をご参照ください。

（５）収納価額

　　物納財産を国が収納する場合の価額は、原則として相続税の課税価格の計算の基礎となった財産の価格です。したがって、小規模宅地等の評価減の特例の適用を受けた宅地等は、その評価減適用後の価額ということになります。

（６）物納と売却の選択

　　土地などの相続財産を物納するか、それとも売却して金銭納付するかは、慎重な検討が必要です。物納の場合は、収納価額の点で不利ですが、譲渡所得に対しては、課税されません。売却の場合は、時価で売却できますが、譲渡所得に対して課税されます。ただし、取得費加算の特例の制度があります（p.262参照）。

15　非上場株式に係る相続税と贈与税の納税猶予制度

 非上場株式に係る相続税と贈与税の納税猶予制度とは何ですか。

 円滑な事業承継を税制面から支援するために、経営承継円滑化法により後継者が、非上場株式を、その会社の先代経営者から相続または贈与により取得した場合には、その株式に係る相続税または贈与税の納税が猶予される制度です。

《 解 説 》

1．相続税の納税猶予（一般措置）

（1）概要

　　中小企業者である非上場会社の後継者である相続人等が、先代経営者（被相続人）からその会社の非上場株式を相続等により取得した場合には、その後継者が納付すべき相続税については、その非上場株式（発行済株式総数の3分の2に達するまでの部分に限る）に係る課税価格の80%に対応する分の納税が猶予されます。

（2）適用対象となる会社等

会社の要件
・中小企業者であること ・非上場会社であること ・一定の資産管理会社でないこと　等
先代経営者（被相続人）の要件
・会社の代表者であったこと ・相続開始直前において、被相続人とその同族関係者で総議決権数の50%超の株式を保有し、かつその後継者を除く同族関係者の中で筆頭株主であったこと、等
後継者（相続人）の要件
・相続開始直前において、会社の役員であること（被相続人が60歳未満(注)で死亡した場合を除きます） ・相続開始から5カ月後の日において、会社の代表者であること ・相続開始時において、後継者とその同族関係者で総議決権数の50%超の株式を保有し、かつ、同族関係者の中で筆頭株主であること、等
事業承継パターン
・代表権を有していた先代経営者から代表権を有している又は有する見込みである後継者1人への承継が対象となる。

（注）「令和3年度税制改正の大綱のポイント（p.272）」参照
　　　改正により、70歳未満になります。

（3）適用対象となる株式

　　納税猶予の適用対象となる株式の数の限度は、発行済株式総数の 3 分の 2 です。

（4）納税猶予される相続税額

　　納税猶予されるのは、相続等により取得した対象株式の課税価格の80％に対応する相続税額です。

　　①　後継者の取得した財産が適用を受ける株式のみであるとした場合の後継者の相続税額・・・A

　　②　後継者の取得した財産が適用を受ける株式の20％のみであるとした場合の後継者の相続税額（債務や葬式費用は株式以外の財産から先に控除）・・B

　　③　納税猶予される相続税額

　　　　納税猶予される相続税額＝　A－B

（5）相続開始後の手続き

①知事の認定

　　先代経営者について相続が開始された後に、経営承継円滑化法に基づき、会社や先代経営者（被相続人）などが定められた要件を満たしていることについて、都道府県知事の認定を受ける必要があります。この認定申請は、相続開始後 8 カ月以内に行う必要があります。

②相続税の申告

　　先代経営者について相続が開始した場合は、相続開始後10か月以内に所轄税務署長あてに、納税猶予の適用を受ける旨を記載した相続税の申告書を提出するとともに、相続税の納付と納税猶予のために必要な担保を提供します。

③経営承継期間中

　　相続税の申告期限から 5 年間は、後継者は会社の代表者であること、雇用（従業員数）の80％を維持していること、相続した対象株式を保有していること、などの要件を満たしていなくてはなりません。この 5 年間(経営承継期間)は、毎年定期的な報告書等の提出が必要です。

④経営承継期間経過後

　　適用対象となった株式を保有していれば納税猶予はそのまま継続されます。

　　なお、その納税猶予された相続税額は、次のいずれかに該当したときには、その全部または一部の納付が免除されます。

　　・後継者が死亡した場合

　　・経営承継期間経過後に、後継者が適用を受けた株式を次の後継者に贈与し、非上場株式に係る贈与税の納税猶予の適用を受ける場合、など

２．贈与税の納税猶予（一般措置）

（１）概要

　　中小企業者である非上場会社の後継者（受贈者）が、先代経営者（代表者）である贈与者から、その会社の非上場株式の全部または一定数以上の非上場株式の贈与を受けた場合、その受贈者が納付すべき贈与税について、その非上場株式（株式総数の３分の２に達するまでの部分に限る）係る分の納税が猶予されます。

（２）適用対象となる会社等の要件

会社の要件
・中小企業者であること ・非上場会社であること ・一定の資産管理会社ではないこと、等
先代経営者（贈与者）の要件
・会社の代表者であったこと ・贈与時において会社の代表者でないこと ・贈与直前において先代経営者とその同族関係者で総議決権数の50％超の株式を保有し、かつ後継者を除いたその同族関係者の中で筆頭株主であったこと、等
後継者（受贈者）の要件
・贈与時において20歳以上(令和4年4月1日からは18歳以上)で、かつ会社の代表者であること ・会社の役員に就任してから３年以上経過していること ・贈与時において、後継者とその同族関係者で総議決権数の50％超の株式を保有し、かつ、同族関係者の中で筆頭株主であること、等

（３）対象となる株式の数

　　納税猶予の対象となる株式の数の限度は相続税の納税猶予の場合と同じです。ただし、先代経営者から株式の全部またはその一定数以上の株式の贈与を受ける必要があります。

（４）納税猶予される贈与税

　　贈与により取得した対象株式の課税価格の全額に対応する贈与税額で、次の通りです。

・後継者がその年に贈与を受けた財産が適用を受ける株式のみであるとした場合の贈与税額

（5）贈与後の手続き

　①知事の認定

　　　相続税の納税猶予の場合と同様に、贈与年の翌年1月15日までに都道府県知事に認定申請を行う必要があります。

　②贈与税の申告

　　　贈与税の申告期限までに、この制度の適用を受ける旨を記載した贈与税の申告書を税務署長へ提出するとともに、納税猶予に係る担保を提供します。

　③経営承継期間中

　　　贈与税の申告期限から5年間、相続税の納税猶予の場合と同様の要件を満たす必要があります。

　④経営承継期間経過後

　　　適用対象株式を保有していれば、納税猶予はそのまま継続されます。

　　　なお、先代経営者(贈与者)が死亡したときは、猶予されていた贈与税は免除され、適用対象となった株式は相続で取得したものとみなされて相続税の課税対象となりますが、要件を満たせば相続税の納税猶予の適用が受けられます。

（6）相続時精算課税制度との関係

　　　贈与税の納税猶予の適用を受ける非上場株式に係る贈与税については、60歳以上の贈与者から20歳以上の推定相続人（直系卑属）・孫への贈与について、相続時精算課税制度の適用が受けられます。

3．相続税・贈与税の納税猶予（特例措置）

（1）概要

　　　平成30年度税制改正により、非上場株式に係る相続税および贈与税の納税猶予制度については、特例措置（以下、「特例措置」という）が創設されました。この特例措置は、令和9年12月31日までの間に相続等または贈与により取得した非上場株式を取得した場合に納税猶予が認められるもので、従来の措置（以下、「一般措置」という）よりも使い勝手がよくなり、その内容が改善されています。

（2）主な相違点

　①適用期限

　　　特例措置の適用期限は、後継者が平成30年1月1日から令和9年12月31日までの10年間に相続等や贈与により取得した非上場株式に係る相続税や贈与税について適用されます。

②特例承継計画の提出・確認

　　特例措置では、原則として非上場株式の相続等または贈与による取得前に、予め特例承継計画を策定して都道府県知事あてに提出し、その確認を受けることとされました。その期限は、平成30年4月1日から令和5年3月31日までの5年間です。

③適用対象株式数

　　一般措置では、適用対象株式数は総株式数の最大3分の2まででしたが、特例措置では全株式まで拡大されました。

④納税猶予割合

　　一般措置では、納税猶予割合は相続が80%、贈与が100%でしたが、特例措置により、相続、贈与ともに100%となりました。

⑤承継パターン

　　一般措置では、複数の株主から1名の後継者への承継に限定されていましたが、特例措置では、複数の株主から最大3名の後継者までに拡大されました。

⑥雇用確保要件の確保

　　一般措置では、経営承継期間内の雇用の80%確保ができなかった場合は、納税猶予は打ち切られましたが、特例措置では、要件を満たせなかった理由を記載した書類を都道府県に提出すれば、納税猶予は継続されることになりました。これによって、80%確保要件は、実質的には撤廃されたことになります。

一般措置と特例措置の主な相違点

区　　分	一　般　措　置	特　例　措　置^(注)
事前の計画策定等	不要	5年以内の特例承継計画の提出 （平成30.4.1～令和5.3.31）
適用期限	なし	10年以内の相続等・贈与 （平成30.1.1.～令和9.12.31）
対象株数(注1)	総株式数の最大3分の2まで	全株式
納税猶予割合	相続等：80%　　　贈与：100%	相続等・贈与：100%
承継パターン	複数の株主から1人の後継者	複数の株主から最大3人の後継者
雇用確保要件	承継後5年間は、平均8割の雇用維持が必要	弾力化（注2）
雇用継続が困難な場合	納税猶予額の免除なし （猶予税額を納付）	譲渡対価の額等に基づき再計算した税額を納付し、従前の猶予税額との差額を免除
相続時精算課税の適用	60歳以上の贈与者から20歳以上の推定相続人（直系卑属）・孫への贈与（注3）	60歳以上の贈与者から20歳以上の者への贈与（注3）

注　1.議決権に制限のない株式に限ります。
　　2.雇用確保要件を満たさなかった場合には、その理由等を記載した報告書を都道府県知事に提出し、その確認を受ける必要があります。
　　3.令和4年4月1日より、「20歳」は「18歳」に改正されます。
出所：国税庁「非上場株式等についての贈与税・相続税の納税猶予・免除（法人版事業承継税制）のあらまし（令和2年4月）」基に作成
(注)「令和3年度税制改正の大綱のポイント（p.272）」参照
　　改正により、後継者（相続人）にかかる役員要件が緩和されます。

16　農地等の相続税・贈与税の納税猶予の特例

Q　農地等を相続したり贈与を受けた場合には、相続税や贈与税の納税猶予を受けられるとのことですが、それはどのような特例ですか。

A　贈与税の納税猶予の特例とは、農地等をその子に生前一括贈与した場合の贈与税のうちの一定額が、その贈与者の死亡時まで納税猶予され、その死亡時には贈与した農地等は相続税の課税対象とし、先の贈与税を免除するものです。他方、相続税の納税猶予の特例とは、農地等の相続人（農業相続人）が、相続後も永続して農業を営む場合には、取得した農地等の価額のうち農業投資価額を超える部分に対応する相続税額が納税猶予され、その猶予税額はその相続人が死亡した場合等に最終的に納付が免除されるものです。

　なお、いずれの特例も特定市街化区域農地等（都市営農農地等を除く）は、適用対象とはなりません。

《 解 説 》

（1）納税猶予の特例の趣旨と概要

　農業経営の近代化のために、農地の細分化の防止と農業後継者の育成を税制面から助成する観点から設けられたのが、農地等を生前一括贈与した場合の贈与税の納税猶予の特例と農地等を相続した場合の相続税の納税猶予の特例です。

　この両制度は密接な関係があります。すなわち、農業後継者へ農地等を生前一括贈与した場合は、贈与税の納税猶予の適用を受けられ、その納税猶予を受けた贈与税は贈与者が死亡したときに免除される一方、その農地等は相続税の課税対象となります。農地等の贈与について、この納税猶予の適用を受ける場合は、相続時精算課税の適用はありません。

　次に相続税では、その相続人（農地等の受贈者）は一定要件を満たせば相続税の納税猶予の適用が受けられ、その後、その相続人が死亡した場合や次代の農業後継者等に生前一括贈与した場合には、先の納税猶予されていた相続税が免除されることになります。

生前一括贈与　　　　　　　　贈与者死亡　　　　　農業相続人の死亡等・生前一括贈与

贈与税の納税猶予 ………▶ 贈与税免除・相続税納税猶予 ………▶ 相続税免除・贈与税の納税猶予

　もっとも、相続税の納税猶予の特例は、贈与税の納税猶予を受けていなくても、適用が受けられます。

（２）贈与税の納税猶予
　①適用対象者
　　贈与者…３年以上農業を営んでいた個人であること等
　　受贈者…18歳以上で、かつ贈与者の推定相続人（配偶者や子など）の１人であること、３年以上農業に従事していたこと、受贈後ただちに農業経営を開始すること

　②特例対象農地等
　　　特例の適用対象となる農地等は、贈与者が農業の用に供している農地の全部、採草放牧地および準農地のそれぞれ2/3以上を生前一括贈与した場合の農地等です。
　　　なお、特定市街化区域農地等に該当する農地および採草放牧地は、適用対象外です（p. 98参照）。

　③納税猶予税額の計算
　　　納税猶予が受けられる贈与税額は、その年分の贈与税額のうち特例対象農地等の価額に対応する部分の金額に限られます。

$$
\left[\begin{array}{c}\text{全受贈財産に対する}\\\text{通常の贈与税額}\end{array}\right]-\left[\begin{array}{c}\text{特例農地等を除外し}\\\text{て計算した贈与税額}\end{array}\right]=\text{納税猶予税額}
$$

　④申告手続
　　　納税猶予の適用を受けるためには、贈与税の申告書に所定事項を記載し、必要な書類を添付して期限内に提出するとともに、担保を提供しなければなれません。
　　　この適用を受ける受贈者は、３年目ごとに継続届出書を提出しなければなりません。

　⑤納税猶予税額の免除
　　　納税猶予を受けた贈与税は、その農地等の贈与者または受贈者が死亡した場合に免除されます。

（３）相続税の納税猶予
　①適用対象者
　　被相続人…死亡日まで農業を営んでいた人、農地等を生前一括贈与をした人（受贈者は贈与税の納税猶予を受けていた場合に限る）または特定貸付を行っていた人などであること
　　農業相続人…相続等により取得した農地等または被相続人から生前一括贈与を受
　　（相続人）　け贈与税の納税猶予の適用を受けた農地等について、相続税の申告期限までに農業経営を開始し、その後も引き続き農業経営を行うと認められることにつき農業委員会が証明した人であること

②特例対象農地等

イ．特例の適用が受けられる農地等

　　被相続人の農業の用に供していた農地等で申告期限までに分割されているものおよび被相続人から生前一括贈与を受けて取得した農地等で、被相続人の死亡時まで贈与税の納税猶予の適用を受けていたものなどです。

ロ．農地等

　　農地等とは、農地および採草放牧地(いずれも特定市街化区域農地等および一定の遊休農地は除く)または農地および採草放牧地とともに取得する準農地をいいます。

ハ．特定市街化区域農地等

　　特定市街化区域農地等とは、市街化区域内の農地および採草放牧地で、平成3年1月1日現在において都の特別区の区域内および三大都市圏の特定市の区域内にあるものをいいます。ただし、生産緑地地区内にある農地または採草放牧地で、同日現在この区域内にあるもの(都市営農農地等)は除きます。

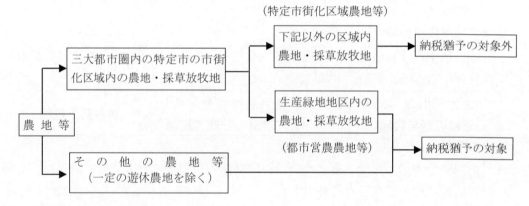

(特定市街化区域農地等)

③納税猶予税額の計算

　　特例の適用を受ける農業相続人の相続税は、そのうち通常の評価額と農業投資価格との差額(宅地期待益部分)に対応する部分が納税猶予されます。

　　この場合の通常の評価額とは、この特例の対象農地等が市街化区域内にある場合には、原則として宅地比準方式により評価されますが、その評価額のことです。

　　また、農業投資価格とは、恒久的に農業の用に供されるべき農地等として取引される場合に通常成立すると認められる価格をいいます。この価格は、毎年各都道府県単位で公表されます。令和2年分の価格(10アール当たり)は、東京都の場合では、田が900千円、畑が840千円、採草放牧地が510千円です。

④申告手続

　　この特例の適用を受けようとする場合には、相続税の申告書にこの特例の適用を受ける旨を記載し、必要な書類を添付してその申告書を申告期限内に提出しなけれ

ばなりません。また、同時に納税猶予税額と利子税に見合う担保の提供も必要です。

　　なお、納税猶予を受けている農業相続人は、納税猶予期限が確定するまで３年目ごとに、継続届出書の提出が必要です。

⑤納税猶予税額の免除

　　納税猶予を受けている税額は、次のいずれかに該当したときに免除されます。

イ．農業相続人が死亡したとき

ロ．農業相続人が特例農地等の全部を農業後継者に生前一括贈与したとき

ハ．農業相続人が農業を20年間継続したとき（都市営農農地を除く市街化区域農地等に対応する納税猶予額部分に限る）

　　なお、これらの日が到来する前に、農業経営を廃止したり、農地等につき譲渡や転用等の一定の事由が生じた場合には、その納税猶予税額の全部またはその一部の猶予が打ち切られ、その税額と利子税を納付しなければなりません。

納税猶予を受けた場合の相続税額の計算例

《　設　例　》

● 相続人とその取得財産の価額

長　男	農　地	２億円（通常の評価額）
		3,000万円（農業投資価格）
	預　金	2,000万円
二　男	その他土地・預金	5,000万円

《　計　算　》

	農地を通常の価額で計算した場合	農地を農業投資価格で計算した場合
課税価格の合計額	27,000万円	10,000万円
遺産に係る基礎控除額	4,200万円	4,200万円
課税遺産総額	22,800万円	5,800万円
相続税の総額	（22,800万円×1/2×40% －1,700万円）×2 ＝5,720万円	（5,800万円×1/2×15% －50万円）×2 ＝ 770万円

①長男の相続税額	イ.納税猶予額	5,720万円－770万円＝4,950万円
	ロ.納付税額	770万円×5,000万円／10,000万円 ＝385万円
②二男の相続税額	納付税額	770万円×5,000万円／10,000万円 ＝385万円

17　相続・相続税に関する統計

　年間の死亡者数に対する相続税の課税割合は何パーセントぐらいですか。

　平成30年分における被相続人数（死亡者数）は約136万人、このうち相続税の申告書を提出した被相続人数は約11.6万人（課税割合8.5%）でした。

《 解 説 》

1．被相続人数と相続税の課税割合は？

　　平成30年分における被相続人数（死亡者数）は1,362,470人で、このうち相続税の申告書の提出に係る被相続人数（相続税の申告者数）は116,341人でした。この結果、相続税の課税割合（相続税の申告書の提出に係る被相続人数／被相続人数）は8.5%でした。この課税割合は、相続税が課税強化される直前の平成26年分の課税割合4.4%を大幅に上回っています。東京都に限ってみますと、平成30年分の課税割合は16.7%で、全国平均の約2倍です（国税庁「平成30年分相続税の申告事績の概要」）。

　　なお、令和元年度の相続税の延納申請件数は1,122件、物納申請件数は61件と、延納や物納の申請件数は、少数です（国税庁「相続税の延納（物納）処理状況等」）。

2．遺言書の作成件数は？

（1）自筆証書遺言書

　　自筆証書遺言書の作成件数は、実際に調査できないため不明です。ただ、遺言者が死亡した場合には、公正証書遺言書を除く遺言書は、家庭裁判所の検認を受ける必要があります。この検認を受ける遺言書は、大半が自筆証書遺言書のようですので、参考までにこの検認の件数を見てみましょう。

　　平成30年度の検認件数は17,487件（平成20年度13,632件）で、全被相続人数に対して1%台と、かなり少なくなっています。

　　今後は、自筆証書遺言書の保管制度が開始されましたので、この保管制度を利用した自筆証書遺言書の作成も増加するものと思われます（裁判所「司法統計（第2表）」より」）。

（2）公正証書遺言書

　　公正証書遺言書は、公証役場で作成するため、その統計資料があり、それによれば、令和元年（平成31年）の作成件数は、113,137件（平成20年76,436件）で、自筆証書遺言書よりも数多く作成され、しかも着実に年々増加しているようです（日本公証人連合会「遺言公正証書作成件数」）。

3．遺産分割事件の数は？

　　遺産分割をめぐる事件（調停・審判）の新受件数は平成30年度が13,739件で、年々増加しているようです。この事件に係る遺産の額は、5,000万円以下の場合が全体の約4分の3を占めていることに注目する必要があります（裁判所「司法統計（第2表、第52表）」より）。

第3章

贈与の税金

1　贈与と贈与税

 贈与税とはどんな税金ですか。どのような場合に課税されるのですか。

A 贈与税は、原則として個人が個人から贈与によって財産を取得した場合に課税されます。個人が法人から贈与を受けると所得税の対象となります。

《 解 説 》

（1）贈与税とは

　　贈与税は、原則として個人が、個人から預金や不動産等の財産を贈与によって取得した場合に課税されます。この贈与税は、相続税の補完税であるといわれています。もし贈与税がなければ生前に自分の財産を他人に贈与することによって、相続税を回避できますから、生前贈与をしなかった人と著しい不公平が生じます。そこで、こうした不公平が生じないように贈与税が設けられたといわれています。贈与税の税負担率は相続税の場合よりもかなり高くなっています。

（2）贈与とは何か

　　贈与とは、当事者の一方がある財産を無償で相手方に与える意思を表示し、相手方がこれを受諾することによって成立する契約のことです(民法549)。つまり、贈与者と受贈者との意思の一致が必要です。贈与契約は意思の一致があれば成立しますから、口頭でもよく書面は必要ありませんが、贈与事実を明確にするために贈与契約証書を作成することが望ましいと思われます（p. 104〜105参照）。

　　なお、書面によらない贈与契約は履行が終わらない部分については、取り消しができます。

（3）贈与の種類と課税方法

　　贈与の種類と個人が贈与を受けた場合の課税方法は、次の通りです。

贈与の種類と課税方法

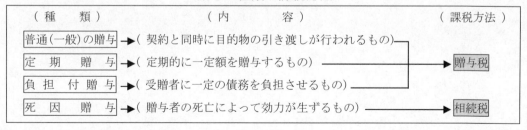

（4）財産の取得時期

　　贈与税の課税において、贈与による財産の取得時期の判定が重要です。この時期に関しては、贈与の態様によって異なっています。

①　書面によらない（口頭による）贈与の場合　→　贈与の履行があった時

　　・民法では「書面によらない贈与については、各当事者がいつでも解除できる。ただし、履行の終った部分については、この限りではない」（第550条）と定められています。

②　書面による贈与　→　贈与契約の効力が発生した時

　　・上記の定めの反対解釈として、書面による贈与の場合は、その履行の前後を問わず、契約解除はできないところから、贈与契約の効力発生日（一般的には、贈与契約日）に贈与があったものとされます。

③　停止条件付贈与の場合　→　その条件が成就した時

　　・「○○学校を卒業したら××を贈与する」というように、ある条件が成就したらその効力が発生する贈与契約のことを停止条件付贈与契約といいます。この例の場合は、実際に○○学校を卒業した段階で××を贈与するので、その時点が課税時期となります。

④　農地等の贈与の場合　→　農地法の規定による許可または届出の効力が生じた時

⑤　所有権等の移転又は登録の目的となっている財産の贈与の場合（特例）　→　その贈与時期が明確でないときは、特に反証のない限り、その登記又は登録があった時

　　・例えば、今から10年ほど前に、父が子に対して土地を贈与するという書面による契約を締結し、そのうちに土地の所有権登記をするつもりでいたものの、面倒なのでそのまま放置し、最近になって登記をしたような場合、登記手続が遅延した理由が明確でない限り、登記した時点で贈与があったと取扱われます。

（5）贈与税の納税義務者

　　贈与税を納めなければならない者（納税義務者）は、原則として贈与（死因贈与を除く）により財産を取得した個人です。しかし、人格のない社団や財団、公益法人が贈与により財産を取得した場合も、贈与税が課税されることがあります。

　　贈与税の納税義務が個人である場合の納税義務者の区分と課税範囲については、先述した相続税の場合についての記述を、次のように読み替えて下さい（p.52～53）。

　　・「被相続人」→「贈与者」、「相続人」→「受贈者」、「相続」→「贈与」

《土地贈与契約書の例》

土地贈与契約書

　贈与者　山田太郎（以下、甲という）と受贈者　山田一郎（以下、乙という）との間で、次の通り贈与契約を締結した。

第1条　甲はその所有する下記の土地を乙に贈与することを約し、乙はこれを受諾した。

記

東京都中野区中野○丁目○○番地

宅　　地　　　　　　　500㎡

第2条　甲は、乙に対し令和○○年○月○○日までに前条記載の土地を引き渡し、かつ当該土地について所有権移転登記申請の手続きをしなければならない。

　②　前項による所有権移転登記申請手続きに必要な費用は、乙の負担とする。

第3条　前記土地についての令和○○年度の公租公課は、前条による引き渡しの日をもって基準として、その日以前の分は甲、その日後の分は乙の負担とする。

　以上の通り契約が成立したので、これを証するため、本書2通を作成し、甲乙各自その1通を保有する。

令和○○年○月○日

東京都世田谷区世田谷○丁目○○番○号

　　贈与者（甲）　　　山　田　太　郎　　㊞

東京都杉並区杉並○丁目○○番○号

　　受贈者（乙）　　　山　田　一　郎　　㊞

《死因贈与契約書の例》

死因贈与契約書

　贈与者　山田太郎（以下、甲という）と受贈者　山田一郎（以下、乙という）との間で、次の通り贈与契約を締結した。

第1条　甲はその所有する下記の土地を乙に贈与することを約し、乙はこれを受諾した。

記

東京都中野区中野○丁目○番地

宅　地　　　　500㎡

第2条　前条の贈与は、甲が死亡した時にその効力を生ずるものとする。

第3条　甲は、前記の土地について、乙のためにただちに所有権移転請求権保全の仮登記申請手続きを行うものとする。

第4条　本契約の執行者として、次の者を指定する。

東京都千代田区○○町○○番地

田　中　次　郎

　以上の通り契約が成立したので、これを証するため、本書2通を作成し、甲乙各自その1通を保有する。

令和○○年○月○日

東京都世田谷区世田谷○丁目○番○号

　　　贈与者（甲）　　山　田　太　郎　㊞

東京都杉並区杉並○丁目○○番○号

　　　受贈者（乙）　　山　田　一　郎　㊞

2　贈与税の課税財産と非課税財産

 贈与税の課税対象となる課税財産と課税対象とならない非課税財産にはどのようなものがありますか。

贈与税の課税対象となる財産には、民法でいう贈与により取得した本来の贈与財産と贈与により取得したとみなされる財産とがあります。一方、贈与により取得した財産であっても課税されない非課税財産があります。

《 解 説 》

（1）本来の贈与財産

　　民法の規定による贈与により取得した財産（本来の贈与財産）が贈与税の課税財産となります。ここでいう財産とは、金銭で見積もることのできる経済的価値のあるすべてのものを含みます。

　　なお、家族名義による不動産や株式等の取得については、贈与とされる場合があり、注意が必要です。

（2）みなし贈与財産

　　民法上の本来の贈与により取得した財産ではなくても、次のようにその経済的な効果が贈与を受けたと同様な場合には、贈与により取得したものとみなされ、贈与税が課税されます。この財産をみなし贈与財産といいます。

種　　　類	具　体　的　内　容
① 信 託 財 産	委託者以外の者を受益者とする信託行為があった場合の信託受益権
② 生 命 保 険 金	満期または被保険者の死亡により取得した生命保険金で、その保険料負担者が、満期のときは保険金受取人以外の人、また死亡のときは保険金受取人や被保険者以外の人であるもの
③ 定 期 金	定期金給付契約（生命保険契約を除く）の給付事由の発生により取得した定期金の受給権

④ 低 額 譲 受	著しく低い価額の対価で財産を譲り受けた場合のその財産の時価と支払対価との差額 注1：時価とは、土地建物等は通常の取引価額、上場株式等は取引日の最終価格、それ以外の財産は相続税評価額をいいます。 注2：財産を譲り受けた者が資力を喪失して債務の弁済が困難なため、その扶養義務者から譲り受けた場合は、弁済困難な部分は課税されません。
⑤ 債務免除益等	対価を支払わないで、または著しく低い価額の対価で債務の免除や引き受け、第三者のためにする債務の弁済があった場合の利益 注：債務者が資力を喪失して債務の弁済が困難である場合に、債務の免除を受けたときや扶養義務者に債務の引き受けまたは弁済してもらったときは、債務弁済が困難な部分については課税されません。

（3）非課税財産

　その財産の性質等に鑑み贈与税が課税されないものもあります。

種　　類	具 体 的 内 容
① 法人からの贈与財産	法人からの贈与財産（一時所得として所得税の課税対象）
② 生活費、教育費	扶養義務者からの生活費や教育費で、通常必要なもの 注：特例として、直系尊属から受けた教育資金の一括贈与や直系尊属からの住宅取得等資金の贈与の非課税あり
③ 香典、祝物等	個人から受ける香典、祝い物、年末年始の贈答等の金品で、社交上も必要かつ社会通念上相当なもの
④ 相続開始年の贈与	相続や遺贈で財産を取得した人が、相続開始の年に被相続人から贈与により取得した財産（相続税の課税対象）

《贈与についての留意事項》

イ．親子間の金銭貸借等

　親子間等での金銭貸借は、税法で認められていないわけではありません。しかし、実質が贈与であるにもかかわらず形式的に貸借としたものや、貸借でも「ある時払いの催促なし」といったものは贈与と認定されることがあります。また、無利子での金銭貸借や、無償での家屋等の貸借の場合、利子や地代、家賃相当額の贈与があったものとされますが、その額が少額な場合や課税上弊害のない場合は、あえて課税されないこともあるようです。

ロ．土地の使用貸借

　建物建設のために土地を借受ける場合、権利金の支払いが一般的となっている地域では、地代のほか権利金などの一時金を借地権設定の対価として支払うのが通例です。しかし、親の土地に子が家を建てる場合、通常、子は親に対して権利金や地代を支払いません。

　土地の使用貸借とは、このように地代も権利金も支払うことなく土地を貸借することをいいます。使用貸借の場合、その土地の使用権の価額はゼロとして扱われ、子は借地権相当額の贈与を受けたものとされず、贈与税の心配はありません。

　なお、所有者たる父に相続が発生した場合は、その土地は貸宅地ではなく、自用地として評価されます（p.156参照）。

ハ．離婚による財産分与

　離婚により相手方から財産の分与を受けた場合、通常、贈与税は課税されません。しかし、次のような場合には、贈与税が課税されることがあります。

　分与財産の額が離婚中の夫婦の協力によって得た財産の額やその他すべての事情を考慮してもなお多すぎる場合には、その多すぎる部分が課税されます。

　離婚が贈与税や相続税を免れるために行われたと認められる場合には、その離婚によってもらった財産のすべてが課税されます。

ニ．未成年の子への贈与

　親などから未成年者への財産の贈与（負担付ではない通常の贈与）については、次のような点に注意を要します。

　未成年者であっても、高校生程度になれば、通常、贈与を受ける旨の意思表示はできるので、贈与契約は有効に成立します。親権者の同意は不要です。しかし、乳幼児であれば、明確な意思表示はできないので、その親権者が未成年者の代理人として贈与を承諾する旨の意思表示をすれば、その乳幼児が贈与の事実を知っているか否かを問わず、贈与契約は有効に成立します。

　なお、贈与事実を明確にするための贈与契約書の作成が望ましく、受贈者が乳幼児の場合、その贈与契約書には、乳幼児にかわって親権者が法定代理人として署名捺印します。なお親権者は、その子(未成年者)のために、その子の財産を適切に管理しなければなりません。

3　贈与税の税額計算

 通常（歴年課税）の贈与税の税額計算はどのように行うのですか。

 　１年間（暦年）に贈与によって取得した財産（非課税財産は除く）の金額の合計金額のことを贈与税の課税価格といい、これから配偶者控除額と基礎控除額を差し引いた残額に贈与税の税率を乗じて贈与税額を求めます。

《 解 説 》

　通常（歴年課税）の場合の贈与税の税額は、次の算式により計算します。

$$\boxed{贈与税の課税価格} - \boxed{\begin{array}{c}配偶者控除額\\ \text{(最高2,000万円)}\end{array}} - \boxed{\begin{array}{c}基礎控除額\\ \text{(110万円)}\end{array}}$$

$$= \boxed{配偶者控除・基礎控除後の課税価格}$$

$$\boxed{配偶者控除・基礎控除後の課税価格} \times \boxed{税率} - \boxed{控除額} = \boxed{納付税額}$$

$$\underset{\text{速算表}}{}$$

　相続時精算課税を選択した場合の税額計算については、別項（p.131，133）をご参照ください。

①課税価格の計算

　課税価格とは、その年１月１日から12月31日までの１年間に個人から贈与で取得した財産の価額の合計額をいいます。その取得した財産には、本来の贈与財産とみなし贈与財産とが含まれますが、非課税財産は除かれます。

　また、負担付贈与によって取得した財産の場合は、贈与財産の価額から債務の負担額を控除したものが課税価格となります。

　財産の価額は、その財産の贈与時の時価ですが、その価額(時価)は相続税における財産評価の場合と同様に計算します（第４章「財産評価」参照）。

$$\boxed{本来の贈与財産} + \boxed{みなし贈与財産} = \boxed{課税価格}$$

②税額計算

イ．基礎控除額

　贈与税の基礎控除額は、110万円です。したがって、１年間に贈与で取得した財産の価額の合計額が110万円以下であれば、贈与税は課税されず、贈与税の申告も必要ありません。

ロ. 配偶者控除額

　　婚姻期間20年以上の夫婦間の居住用財産又はその取得資金の贈与を受けた場合は、最高2,000万円の配偶者控除が受けられます（p.112参照）。

ハ. 税率と税額

　　贈与税の税率には、特例税率と一般税率とがあります。直系尊属から20歳以上（贈与を受けた年の1月1日現在）の人が取得した財産（特例贈与財産）については、特例税率を適用し、またそれ以外の財産（一般贈与財産）については、一般税率を適用して、それぞれ税額を計算します。

　　　注：令和4年4月1日以後の贈与税において、「20歳以上」は「18歳以上」になります。

贈与税額の計算例

《 例1　一般贈与財産のみの贈与 》

　　Aさん(18歳)は、令和2年中に父から株式300万円、叔父から現金100万円の贈与を受けました。

　①　(300万円＋100万円)－110万円＝290万円(基礎控除後の課税価格)

　②　290万円×15％－10万円＝33万5千円(贈与税額)

《 例2　特例贈与財産と一般贈与財産の両方がある場合 》

　　Bさん(25歳)は、令和2年中に父から株式300万円、叔父から現金200万円の贈与を受けました。父からの株式は「特例贈与財産」、叔父からの現金は「一般贈与財産」となります。

(1)特例贈与財産に対する税額

　・すべての贈与財産を特例贈与財産として計算した税額を、全財産に占める特例贈与財産の価額の占める割合で按分計算します。

　①　(300万円＋200万円)－110万円＝390万円(基礎控除後の課税価格)

　②　390万円×15％－10万円＝48万5千円

　③　48万5千円×(300万円／500万円)＝29万1千円(贈与税額)

(2)一般贈与財産に対する税額

　・すべての贈与財産を一般贈与財産として計算した税額を、全財産に占める一般贈与財産の価額の占める割合で按分計算します。

　①　(300万円＋200万円)－110万円＝390万円(基礎控除の課税価格)

　②　390万円×20％－25万円＝53万円

　③　53万円×200万円／500万円＝21万2千円(贈与税額)

(3)納付すべき税額

　　29万1千円＋21万2千円＝50万3千円(合計贈与税額)

贈与税の速算表（暦年課税）

基礎控除・配偶者控除後の課税価格		特例贈与財産（特例税率）		一般贈与財産（一般税率）	
超	以下	％	控除額	％	控除額
～	200万円	10	—	10	—
200万円 ～	300万円			15	10万円
300万円 ～	400万円	15	10万円	20	25万円
400万円 ～	600万円	20	30万円	30	65万円
600万円 ～	1,000万円	30	90万円	40	125万円
1,000万円 ～	1,500万円	40	190万円	45	175万円
1,500万円 ～	3,000万円	45	265万円	50	250万円
3,000万円 ～	4,500万円	50	415万円	55	400万円
4,500万円 ～		55	640万円		

贈与税額の早見表

贈与額（基礎控除110万円を含む）	（特例贈与財産）		（一般贈与財産）	
	税額	負担割合	税額	負担割合
120万円	1.0万円	0.8%	1.0万円	0.8%
130	2.0	1.5	2.0	1.5
140	3.0	2.1	3.0	2.1
150	4.0	2.7	4.0	2.7
160	5.0	3.1	5.0	3.1
180	7.0	3.9	7.0	3.9
200	9.0	4.5	9.0	4.5
250	14.0	5.6	14.0	5.6
300	19.0	6.3	19.0	6.3
400	33.5	8.4	33.5	8.4
500	48.5	9.7	53.0	10.6
600	68.0	11.3	82.0	13.7
700	88.0	12.6	112.0	16.0
800	117.0	14.6	151.0	18.9
900	147.0	16.3	191.0	21.2
1,000	177.0	17.7	231.0	23.1
1,500	366.0	24.4	450.5	30.0
2,000	585.5	29.3	695.0	34.8

4　贈与税の配偶者控除

 自宅を妻に贈与した場合には、贈与税の配偶者控除の適用が受けられるそうですが、これはどのような制度ですか。

婚姻期間20年以上の配偶者から居住用不動産またはそれを取得するための金銭の贈与を受けて居住用財産を取得し、それを自己の居住の用に供した場合は、贈与税の課税価格から最高2,000万円の配偶者控除を受けることができます。

《 解 説 》

（1）贈与税の配偶者控除の適用要件

　　贈与税の配偶者控除（最高2,000万円）の適用を受けるためには、次の要件をすべて満たしていることが必要です。

①婚姻期間20年以上の配偶者からの贈与であること。

　　婚姻期間が20年以上であるかどうかは、婚姻の届出があった日から贈与の日までの期間（1年未満の端数は切り捨て）により計算します。

②贈与財産は居住用不動産（専ら居住の用に供する土地等または家屋）またはそれを取得するための金銭の贈与であること。

　　居住用不動産の贈与の場合は、贈与を受けた年の翌年3月15日までにその居住用不動産を受贈者の居住の用に供し、かつその後も引き続いて居住の用に供する見込みであることが必要です。また、金銭の贈与の場合は、贈与を受けた年の翌年3月15日までに居住用不動産を取得し、かつ同日までに居住の用に供し、その後も引き続いて居住の用に供する見込みであることが必要です。

③過去に、同じ配偶者から居住用財産等を贈与により取得し、配偶者控除の適用を受けたことがないこと。

④贈与税の申告書を提出すること。

　　贈与税の配偶者控除の適用を受けるためには、必要な書類（戸籍の謄本または抄本の写し、取得した居住用不動産の登記事項証明書など）を添付した贈与税の申告書を提出しなければなりません。この配偶者控除の適用を受けることによって贈与税額が算出されないこととなった場合も、贈与税の申告書の提出は必要です。

（2）居住用不動産の範囲

　　贈与税の配偶者控除の適用が受けられる居住用不動産とは、日本国内にある受贈配偶者が専ら居住の用に供する土地等（土地もしくは借地権）または家屋に限られます。

適用対象となる事例

①　居住用家屋と敷地の全部またはそれぞれの一部(共有持分)の贈与

②　店舗併用住宅等のうち、居住用部分のみの贈与

③　居住用家屋の敷地のみの贈与。ただし、その家屋は贈与配偶者または受贈配偶者と同居する親族が所有している場合に限ります。

④　居住用家屋のみの贈与

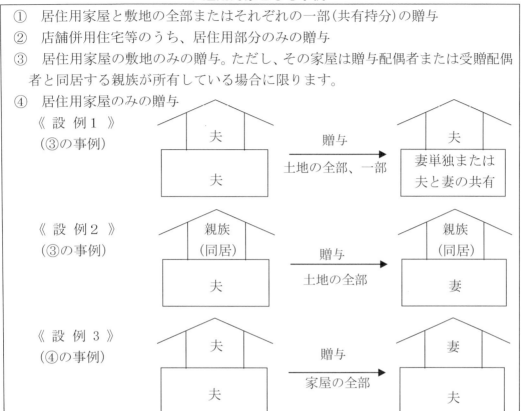

（３）相続税との関係

　相続または遺贈で財産を取得した人が、その相続開始前３年以内にその相続に係る被相続人から財産の贈与を受けていた場合は、その財産の価額はその相続人の相続税の課税価格に加算されます。贈与税の配偶者控除の適用とこの加算との関連については、次のように取り扱われます。

①相続開始の年の前年以前の贈与の場合

　配偶者控除の適用を受けた財産の価額のうち配偶者控除相当額は、相続税への加算はありません。

②相続開始した年中の贈与の場合

　贈与税の配偶者控除の適用を受けたい場合は、贈与税の申告が必要になります。他方、相続税ではこの居住用財産につき贈与税の課税価格に算入することを相続税の申告書に記載することにより、贈与税の配偶者控除の適用があるものとした場合の配偶者控除額（2,000万円限度）は相続税の課税価格に加算されません。この配偶者控除の適用を受けない場合、贈与税は課税されず、受贈財産は相続税の課税対象となります。

5　贈与税の配偶者控除の手続

> **Q**　夫名義の自宅の一部を妻に贈与し、贈与税の配偶者控除の適用を受けたいと思います。どのような手順で進めたらよいのでしょうか。

> **A**　その手順としては、適用要件の確認、贈与物件の評価額の計算、贈与部分の決定、贈与登記の申請、贈与税の申告書の作成および提出ということになります。

《 解 説 》

　贈与税の配偶者控除の対象となる財産は、居住用不動産またはそれを取得するための金銭に限られます。通常、居住用不動産の贈与のケースが多いと思われますので、以下ではこの場合の手順と手続きについて説明します。

（1）適用要件の確認

　はじめに、次の配偶者控除の適用要件を満たしているかどうかを確認します。

　イ．夫婦の婚姻期間が贈与時点で20年以上を経過していること。

　ロ．配偶者からの贈与財産は、自分が居住するための不動産またはそれを取得するための金銭であること。

　ハ．贈与を受けた年の翌年3月15日までに贈与を受けた居住用不動産または贈与を受けた金銭で取得した居住用不動産に、受贈者が実際に居住し、その後も引き続き居住する見込みであること。

　ニ．受贈配偶者が、これまでに贈与配偶者から居住用財産等の贈与を受けて贈与税の配偶者控除の適用を受けたことがないこと。

　ホ．贈与税の申告書にこの控除の適用を受ける旨の記載をすると共に所定の書類を添付して税務署に提出すること。

　これらの要件のうち、特にホに注意してください。それは、この控除は贈与税の申告書の提出によりはじめて適用が受けられるからです。

（2）贈与物件の評価額の計算

　贈与する居住用不動産（自宅）の家屋とその敷地たる土地の評価額を計算します。

　家屋の評価額は、固定資産税評価額によりますが、これは都内23区内では都税事務所、その他地域では市区町村役場等で交付を受けられる固定資産税評価証明書で確認します。固定資産税の納税通知書に記載されている物件明細でも確認できます。敷地

たる土地の評価額は、路線価方式または倍率方式で求めます(第4章「財産評価」参照)。

(3) 贈与部分の決定

　評価額の計算後、居住用不動産のうち贈与する部分(持分)について決めます。その評価額が2,000万円(基礎控除を合わせれば2,110万円)以内であれば、居住用不動産の全部が無税(ただし、不動産取得税等は課税)で贈与できます。また、評価額が2,110万円を超える場合は、贈与税の負担額を考慮しながら居住用不動産の贈与部分(たとえば、建物の1/2、土地の2/3)を決めます。

　贈与部分の確定後には、贈与内容を明確に記録しておくために贈与契約書を作成した方が良いでしょう。

(4) 贈与登記の申請

　居住用不動産の名義変更のために法務局(登記所)に贈与による所有権移転登記の手続きを行います。通常申請手続きは、司法書士に依頼しますが、登記に際して登録免許税、司法書士の手数料等の費用がかかります。
　司法書士に依頼する場合、必要な書類は次の通りです。
　①贈与契約書
　②家屋、土地の固定資産税評価証明書
　③贈与者の印鑑証明書
　④受贈者の住民票
　⑤家屋や土地の登記識別情報又は権利証(登記済証)
　⑥贈与者・受贈者の本人確認資料(運転免許証など)
　　司法書士は、贈与者・受贈者の本人確認のほか本人の意思確認も行います。
　⑦登記用委任状
　なお、登記完了後には念のため、登記事項証明書、登記識別情報等により登記内容に誤りがないかどうか確認した方が良いでしょう。

(5) 贈与税の申告

　受贈者は、贈与を受けた年の翌年2月1日から3月15日までの間に必要書類を添付した贈与税の申告書を受贈者の住所地の所轄税務署に提出しなければなりません。

(6) 贈与税の納税

　贈与不動産の価額が2,000万円(基礎控除を含めれば2,110万円)を超えるような場合には、贈与税を納付する必要がありますから、忘れずに納付してください。

（7）居住用不動産の贈与と登録免許税・不動産取得税

　　居住用不動産を配偶者に贈与した場合に、適用要件を満たしていれば2,000万円までの贈与については贈与税は課税されません。しかし、贈与による所有権移転登記を申請する際には登録免許税、また不動産の取得に対して不動産取得税が課税されます。

①登録免許税

イ．税額の計算

　　贈与による所有権移転の登記に係る登録免許税の税額は、次のように計算します。

土地	**固定資産税評価額×贈与割合×2％＝税額**
建物	**固定資産税評価額×贈与割合×2％＝税額**

　　登録免許税の課税標準は、不動産の価格（原則として固定資産税評価額）です。また、税率は、登記原因が「贈与による所有権の移転登記」の場合は2％です。

ロ．納付方法

　　登録免許税は、原則として現金納付（銀行等で納付）が原則ですが、税額が3万円以下の場合は印紙納付も認められています。銀行等で納付した領収書または印紙を登記申請書に貼り付けて登記申請します。

②不動産取得税

イ．税額の計算

　　地方税である不動産取得税の税額は、次のように計算します。

土地　固定資産税評価額×1／2[注1]×贈与割合×3％[注2]＝税額
建物　（固定資産税評価額－控除額）×贈与割合×3％＝税額

　　不動産取得税の課税標準も、不動産の価格（原則として固定資産税評価額）です。土地については、令和3年3月31日までの取得分までは特例でその2分の1[注1]になります。土地及び住宅に係る税率は、令和3年3月31日までの取得分に限り3％[注2]（本則4％）です。[注]

　　特定住宅用地に該当する場合には、税額から一定額が減額されます。

　　建物は、昭和57年1月1日以降に新築されたこと等により、耐震基準要件を満たし、床面積50㎡～240㎡以下のものなどは、その新築時期に応じて評価額から次の一定額を控除する特例があります。

　（注）「令和3年度税制改正の大綱のポイント（p.274）」参照
　　　　改正により課税標準の特例措置（2分の1）、標準税率の特例措置（3%）
　　　　ともに、令和6年3月31日まで3年間延長になります。

新築時期	控除額
昭和51年1月1日から昭和56年6月30日	350万円
昭和56年7月1日から昭和60年6月30日	420万円
昭和60年7月1日から平成元年3月31日	450万円
平成元年4月1日から平成9年3月31日	1,000万円
平成9年4月1日以降	1,200万円

ロ．納付方法

　　不動産を取得した人は、その旨を都税事務所や県税事務所等に申告する必要があります。都税事務所等ではこの申告に基づき税額を計算して納税者(不動産を取得した人)に納税通知書を送付し、納税者はこれによって銀行等で不動産取得税を納めます。しかし、一般的にその申告をしない場合でも、不動産登記により不動産の取得の事実を把握した都税事務所等は、不動産取得者に対し申告用紙を送付しているようです。

居住用不動産の贈与と税金

《 設 例 》

　　Aさんは、妻に自宅の土地150㎡の持分1／2と建物100㎡の全てを妻に贈与しました。贈与税の配偶者控除の適用および不動産取得税等の特例の適用を受けた場合の贈与税等の税額は、次の通りです。

　　　土　　　地　　　　路線価による評価額　　　2,500万円
　　　　　　　　　　　　固定資産税評価額　　　　2,100万円
　　　建物(平成8年新築)　固定資産税評価額　　　　900万円

《 計 算 》

① 贈与税

　　(土地・路線価)(贈与割合)　(建 物)　　　(配偶者控除額)(基礎控除額)
　　(2,500万円×　1/2　＋　900万円)－(2,000万円　＋　110万円)＝40万円
　　40万円×10%＝4万円　　　　　　**贈与税額　4万円**

② 登録免許税

　　　　(固定資産税評価額)(贈与割合)
　　土 地　2,100万円×　　1/2　　×2％＝21万円
　　　　(固定資産税評価額)
　　建 物　　900万円×2％＝18万円

　　　　　　　　　　登録免許税　合計　39万円

③ 不動産取得税

　　(固定資産税評価額)　　(特例)　　　(贈与割合)
　　土 地　2,100万円×　　1/2　　×　1/2　×3％＝15万7,500円
　　　　　　　　　　(軽減額)
　　15万7,500円－(2,100万円÷150㎡×1/2×100㎡×2×3%)　≦　0　∴　0
　　(固定資産税評価額)　　(控除額)
　　建 物　(900万円　－　900万円)×3％＝0

　　　　　　　　不動産取得税　　　0円

6　直系尊属からの住宅取得等資金の贈与の特例

Q 直系尊属から住宅取得等資金の贈与を受けた場合の特例の内容を説明してください。

A 父母や祖父母から住宅取得等資金（住宅用家屋の新築、取得または増改築等のための金銭）の贈与を受けた場合には、その資金のうちの一定額までが非課税となります。この特例は、暦年課税の基礎控除（110万円）又は住宅取得等資金の贈与に係る相続時精算課税の特例との併用適用が認められます。

《 解 説 》

（1）直系尊属からの住宅取得等の贈与の特例

　平成27年1月1日から令和3年12月31日までの間に、直系尊属（父母、祖父母等）から住宅取得等資金の贈与を受け、一定の住宅の取得等をした場合には、贈与税の負担が軽減される特例が設けられています。

（2）適用対象となる受贈者

　本特例の適用を受けられる受贈者は、次の要件をすべて満たす人です。

①　贈与を受けた時に日本国内に住所を有すること、または日本国内に住所を有していない人のうち一定要件を満たしていること

②　その者の直系尊属から贈与を受けたこと

③　贈与を受けた年の1月1日において20歳以上であること

④　贈与を受けた年分の合計所得金額が2,000万円以下であること、など

（3）適用対象となる住宅取得等資金

　住宅取得等資金とは、下記に掲げる一定の自己の住宅用家屋の新築、取得または増改築等（これらとともにするその家屋の敷地の用に供する土地等の取得を含む）の対価に充てるための金銭をいいます。

　資金を贈与により取得した年の翌年3月15日までに住宅用家屋を新築、取得または増改築等をし、その日までに受贈者の居住の用に供するか、またはその日後遅滞なく居住の用に供することが確実と見込まれることが必要です。

（4）適用対象となる住宅用家屋の新築、取得と増改築等の要件

適用対象となる住宅用家屋の新築、取得と増改築等の要件は、次のとおりです。

①居住用家屋の新築、取得
・家屋の床面積（区分所有の場合は、専有部分の床面積）が50㎡以上240㎡以下[注]であること
・既存（中古）住宅の場合は、耐火建築物の場合は建築後25年以内、非耐火建築物の場合は建築後20年以内であるもの、ただし、一定の地震に対する安全性に係る基準に適合するものは、建築後の年数は問わない。
・家屋の床面積の2分の1以上が専ら受贈者の居住用部分であること

②増改築等
・受贈者の住宅用家屋の増改築、大規模修理または模様替えで、その工事費が100万円以上であること
・増改築後の家屋の床面積（区分所有の場合は専有部分の床面積）が50㎡以上240㎡以下[注]であること、その床面積の2分の1以上が専ら受贈者の居住用部分であること

(注)「令和3年度税制改正の大綱のポイント（p.272）」参照
　　　改正により令和3年1月1日以降の贈与については、受贈者が贈与を受けた年分の所得税の合計所得金額が1,000万円以下である場合に限り、床面積の要件が40㎡以上240㎡以下になります。

（5）非課税限度額

この特例における受贈者1人当たりの非課税限度額は、次のとおりです。

住宅用家屋の新築等に係る契約締結日	消費税が10%の場合		左以外の場合	
	省エネ等住宅	その他住宅	省エネ等住宅	その他住宅
令和2.4.1～令和3.3.31	1,500万円	1,000万円	1,000万円	500万円
令和3.4.1～令和3.12.31	1,200万円[注]	700万円[注]	800万円[注]	300万円[注]

注：「省エネ等住宅」とは、省エネ等基準に適合する住宅用家屋であることにつき住宅性能証明書などを贈与税の申告書に添付して証明されたものをいう。

(注)「令和3年度税制改正の大綱のポイント（p.273）」参照
　　　改正により非課税限度額は、令和2年4月1日から令和3年3月31日契約締結分と同額に据え置かれます。

（6）留意点

この特例の適用を受けるためには、贈与を受けた年の翌年3月15日までに住宅取得等資金の全額を充てて住宅用家屋の新築等をして、その家屋に居住すること、または同日後遅滞なくその家屋に居住することが確実でなくてはなりません。

なお、この特例適用後の残額には、暦年課税の基礎控除（110万円）または住宅取得等資金に係る相続時精算課税の特別控除（限度2,500万円）の特例との併用適用ができます（p.118参照）

この特例の適用を受けるには、贈与税の申告書に所定の書類を添付して所轄の税務署長に提出する必要があります。

7 教育資金の一括贈与の非課税の特例

Q 直系尊属から教育資金の一括贈与を受けた場合の非課税特例の内容を説明してください。

A 30歳未満の人がその直系尊属（父母や祖父母など）から教育資金の一括贈与を受けた場合、1,500万円までは、贈与税が非課税とされる制度です。

《 解 説 》

（1）概要

　　父母や祖父母などの直系尊属（贈与者）から教育資金の一括贈与を受けた場合、贈与を受けた子や孫など（受贈者）は、1人につき1,500万円（うち、学校等以外に支払わられる金額は500万円）までが非課税とされる制度です。

　　金融機関と締結した教育資金管理契約に基づき、イ. 銀行等を利用した場合は、受贈者は、銀行等に開設した受贈者の預金口座に、教育資金として直系尊属から贈与を受けた金銭を預入し、ロ. 信託会社（信託銀行）を利用した場合は、直系尊属は信託会社（信託銀行）と、受贈者を受益者とする信託契約を締結して、教育資金として金銭を信託し、受贈者にはこの契約に基づく信託受益権を付与され、ハ. 証券会社を利用した場合は、受贈者は直系尊属から贈与を受けた金銭等で有価証券を購入します。

　　その後、金融機関は預入・信託された金銭等の管理を行い、受贈者が教育資金を実際に支払った場合は、金融機関から資金の払出しを受けます。

　　受贈者が30歳に達したときなどは、その時点で資金管理契約が終了するとともに、未利用残額があれば、受贈者に対して贈与税が課税されます。

（2）適用対象者

　　この特例の適用対象となる受贈者は、教育資金管理契約の締結日現在で30歳未満の個人です。また贈与者は、受贈者の直系尊属（父母、祖父母など）です。したがって、例えば受贈者の配偶者の直系尊属から贈与を受けても、原則としてこの特例の適用は受けられません。

　　なお、受贈者が、金銭等や信託受益権を取得した日の属する年の前年分の所得金額が1,000万円を超えるときは、この特例の適用が受けられません。これは、平成31年4月1日以後に金銭等や信託受益権を取得した場合に限ります。

（3）適用期間

　この特例は、平成25年4月1日から令和3年3月31日まで^(注)の間の贈与について適用されます。

（注）「令和3年度税制改正の大綱のポイント（p.273）」参照
　　　改正により令和5年3月31日まで2年間延長になります。

（4）取扱金融機関

　取扱金融機関は、制度上は、銀行等、信託会社(信託銀行)及び証券会社です。ただし、口座数は、受贈者1人につき、1金融機関(1営業所)1口座に限られます。

（5）資金管理契約の締結と資金の贈与方法

　この特例を利用する場合は、まず取扱金融機関と教育資金管理契約を締結した上に、贈与者から金銭等の一括贈与を受ける必要があります。

教育資金口座の開設方法（贈与の方法）

金融機関の区分	教育資金口座の開設方法（資金贈与の方法）
銀行等	受贈者が銀行等と資金管理契約を締結した後に、書面による贈与契約に基づき取得した金銭を預金口座に預入します。
信託会社(信託銀行)	贈与者が信託銀行と資金管理契約を締結した後に、信託会社(信託銀行)と、受贈者を受益者とする金銭信託の設定契約を締結し、受贈者は信託受益権の贈与を受けます。
証券会社	受贈者が証券会社と資金管理契約を締結後に、原則として、贈与者との書面による贈与契約に基づき取得した金銭で有価証券を購入します。

（6）非課税限度額と非課税手続

　この特例の非課税の適用を受けるためには、取扱金融機関との資金管理契約に基づき開設した教育資金口座等に預入または信託などをする日までに、教育資金非課税申告書をその金融機関を経由して所轄の税務署に対して提出する必要があります（実際には、この申告書は金融機関で保管）。

　この特例の非課税限度額は、受贈者1人につき1,500万円です。ただし、このうち学校等以外の者に支払う金銭については、500万円が限度です。

（7）教育資金の払出し

　この特例の適用を受ける受贈者が、教育資金の払出しを受ける方法として次の2つの方法のうちいずれによるかを、予め選択しておく必要があります。
　そしてその資金の支払いの事実を証する領収書等の書類を所定の期限までに取扱金融機関に提出します。
　なお、教育資金以外の目的外の払出しや領収書の提出がないときは、その部分については、贈与税の課税対象となります。

教育資金口座からの払出し方法

払出し方法	領収書の提出
イ．立替払いのみの方法 　（本人が立替払した後に口座から払出す方法）	教育資金を立替払いした後、1年以内に領収書を金融機関に提出して口座から払出しを受ける。
ロ．その他の方法（立替払を含む方法）	口座から払出しを受けてから後に、領収書に記載された支払年の翌年3月15日までに金融機関に提出する。

（8）契約の終了

①教育資金口座に係る契約の終了

　　教育資金口座に係る契約は、次の事由に応じてそれぞれに定める日のいずれか早い日に終了します

契約終了事由	終了日
イ．受贈者が30歳に達したこと（30歳に達した日に学校等に在学中・教育訓練中で、その旨を届け出た場合を除く）	30歳に達した日
ロ．受贈者（30歳以上の者に限る）がその年のいずれかの日に在学日、教育訓練日があったことを届出なかったこと	その年12月31日
ハ．受贈者（30歳以上の者に限る）が40歳に達したこと	40歳に達した日
ニ．受贈者が死亡したこと	死亡した日
ホ．口座残高がゼロ、かつ契約終了の合意があったこと	合意による終了日

②終了した場合の課税

　　イ～ホ（ニを除く）に該当して契約が終了した場合、非課税拠出額[注1]から教育資金支出額[注2]・管理残額を控除した残額があるときは、その残額は贈与税の課税対象となり、それぞれに定める日の属する年の受贈者に係る贈与税の課税対象になります。

　　ニに該当する場合は、贈与税の課税対象とはなりません。

注1：「非課税拠出額」とは、（追加）教育資金非課税申告書に記載した非課税制度の適用を受ける金額の合計額（限度1,500万円）をいいます。

注2：「教育資金支出額」とは、金融機関において、領収書などにより教育資金の支出した事実が確認され、記録された金額の合計額をいいます。

（9）契約期間中の贈与者の死亡と課税

　　契約期間中に贈与者が死亡しても、受贈者が生存している限り、教育資金管理契約は継続します。

　　平成31年4月1日以後に取得した教育資金については、贈与者が死亡した場合（次の場合を除く）、受贈者がその死亡前3年以内に教育資金の贈与を受けたときは[注]、管理残額（非課税拠出額から教育資金支出額（学校等以外に支払われる金銭は500万円限度）を控除した残額のうちの一定額）があれば、これは贈与者に係る相続税の課税対象となります。

イ．受贈者が23歳未満である場合

ロ．受贈者が学校等に在学している場合

ハ．受贈者が一定の教育訓練を受けている場合

なお、平成31年3月31日以前に取得した教育資金については、贈与者が死亡しても課税関係は生じません。

(注)「令和3年度税制改正の大綱のポイント（p.273）」参照
改正により、令和3年4月1日以後の信託等で、贈与者が死亡した場合には、その死亡日までの年数にかかわらず（現行：贈与者死亡前3年以内の贈与）、管理残額が相続税の課税対象になります。また、その管理残額について、受贈者が贈与者の子以外の直系卑属（孫やひ孫）に相続税が課される場合には、相続税額の2割加算の対象となります。

(10) 教育資金の範囲

この特例の対象となる教育資金とは次のものです。

1．学校等に直接支払われる次のような金銭

①入学金、授業料、入園費、保育料、施設設備費又は入学（園）試験の検定料など

②学用品の購入費、修学旅行費や学校給食費など学校等における教育に伴って必要な費用など

　(注)「学校等」とは、学校教育法で定められた幼稚園、小・中学校、高等学校、大学（院）、専修学校及び各種学校、一定の外国の教育施設、認定こども園又は保育所など

2．学校等以外の者に対して直接支払われる次のような金銭で教育を受けるために支払われるものとして社会通念上相当と認められるもの

＜イ　役務提供又は指導を行う者(学習塾や水泳教室など)に直接支払われるもの＞

③教育（学習塾、そろばんなど）に関する役務の提供の対価や施設の使用料など

④スポーツ（水泳、野球）又は文化芸術に関する活動（ピアノ、絵画など）その他教養の向上のための活動に係る指導への対価など

⑤③の役務の提供又は④の指導で使用する物品の購入に要する金銭

＜ロ　イ以外（物品の販売店など）に支払われるもの＞

⑥②に充てるための金銭であって、学校等が必要と認めたもの

⑦通学定期代、留学のための渡航費などの交通費

　(注)令和元年7月1日以後に支払われる上記③〜⑤の金銭で、受贈者が23歳に達した日の翌日以後に支払われるものについては、教育訓練給付金の支給対象となる教育訓練を受講するための費用に限る。

8　結婚・子育て資金の一括贈与の非課税の特例

Q 直系尊属から結婚・子育て資金の一括贈与を受けた場合の非課税特例の内容を説明してください。

A 20歳以上 (注) 50歳未満の人がその直系尊属（父母や祖父母など）から結婚・子育て資金の一括贈与を受けた場合、1,000万円までは、贈与税が非課税とされる制度です。

《 解　説 》

（1）概要

　　父母や祖父母などの直系尊属（贈与者）から結婚・子育て資金の一括贈与を受けた場合、贈与を受けた子や孫など（受贈者）は、1人につき1,000万円（うち、結婚に際して支払う費用は300万円）までが非課税とされる制度です。

　　金融機関と締結した結婚・子育て資金管理契約に基づき、イ.銀行等を利用した場合は、受贈者は、銀行等に開設した受贈者の預金口座に、結婚・子育て資金として直系尊属から贈与を受けた金銭を預入し、ロ.信託会社（信託銀行）を利用した場合は、直系尊属は信託会社（信託銀行）と、受贈者を受益者とする信託契約を締結して、結婚・子育て資金として金銭を信託し、受贈者にはこの契約に基づく信託受益権が付与され、ハ.証券会社を利用した場合は、受贈者は直系尊属から贈与を受けた金銭等で有価証券を購入します。

　　その後、金融機関は預入・信託された金銭等の管理を行い、受贈者が結婚・子育て資金を実際に支払った場合は、金融機関から資金の払出しを受けます。

　　受贈者が50歳に達したときなどは、その時点で資金管理契約が終了するとともに、未利用残額があれば、受贈者に対して贈与税が課税されます。

（2）適用対象者

　　この特例の適用対象となる受贈者は、結婚・子育て資金管理契約の締結日現在で20歳以上 (注) 50歳未満の個人です。また贈与者は、受贈者の直系尊属（父母、祖父母など）です。したがって、例えば受贈者の配偶者の直系尊属から贈与を受けても、原則としてこの特例の適用は受けられません。

　　なお、受贈者が、金銭等や信託受益権を取得した日の属する年の前年分の所得金額が1,000万円を超えるときは、この特例の適用が受けられません。これは、平成31年4月1日以後に金銭等や信託受益権を取得した場合に限ります。

　　（注）「令和3年度税制改正の大綱のポイント（p.274）」参照
　　　　　改正により、令和4年4月1日以降の信託等について、受贈者の年齢要件の下限が18歳以上に引き下げられます。

（3）適用期間

　この特例は、平成27年4月1日から令和3年3月31日まで^(注)の間の贈与について適用されます。

（注）「令和3年度税制改正の大綱のポイント（p.274）」参照
　　　改正により令和5年3月31日まで2年間延長になります。

（4）取扱金融機関

　取扱金融機関は、制度上は、銀行等、信託会社(信託銀行)及び証券会社です。ただし、口座数は、受贈者1人につき、1金融機関（1営業所）1口座に限られます。

（5）資金管理契約の締結と資金の贈与方法

　この特例を利用する場合は、まず取扱金融機関と結婚・子育て資金管理契約を締結した上に、贈与者から金銭等の一括贈与を受ける必要があります。

資金管理契約の締結と贈与

金融機関の区分	資金管理契約の締結と贈与方法
銀行等	受贈者が銀行等と資金管理契約を締結した後に、書面による贈与契約に基づき取得した金銭を預金口座に預入します。
信託会社(信託銀行)の場合	贈与者が信託銀行と資金管理契約を締結した後に、信託会社(信託銀行)と、受贈者を受益者とする金銭信託の設定契約を締結し、受贈者は信託受益権の贈与を受けます。
証券会社等	受贈者が証券会社等と資金管理契約を締結後に、原則として、贈与者との書面による贈与契約に基づき取得した金銭で有価証券を購入します。

（6）非課税限度額と非課税手続

　この特例の非課税の適用を受けるためには、取扱金融機関との資金管理契約に基づき開設した結婚・子育て資金口座等に預入または信託などをする日までに、教育資金非課税申告書をその金融機関を経由して所轄の税務署に対して提出する必要があります(実際には、この申告書は金融機関で保管)。

　この特例の非課税限度額は、受贈者1人につき1,000万円です。ただし、このうち結婚に際して支払う金銭については、300万円が限度です。

（7）結婚・子育て資金の払出し

　この特例の適用を受ける受贈者が、結婚・子育て資金の払出しを受ける方法として次の2つの方法のうちいずれによるかを、予め選択しておく必要があります。

　そして受贈者はその資金の支払いの事実を証する領収書等の書類を所定の期限までに取扱金融機関に提出します。

　なお、結婚・子育て資金以外の目的外の払出しや領収書の提出がないときは、その部分については、贈与税の課税対象となります。

資金口座からの払出し

払出し方法	領収書の提出
イ．立替払いのみの方法 （本人が立替払した後に口座から払出す方法）	結婚・子育て資金を立替払いした後、1年以内に領収書を金融機関に提出して口座から払出しを受ける。
ロ．その他の方法（立替払を含む方法）	口座から払出しを受けてから後に、領収書に記載された支払年の翌年3月15日までに金融機関に提出する。

（8）資金管理契約の終了

①契約の終了

　資金管理契約は、次の事由のいずれかに該当するときは、その定める日のいずれか早い日に終了します。

契約終了事由	終了日
イ．受贈者が50歳に達したこと	50歳になった日
ロ．受贈者が死亡したこと	死亡した日
ハ．金銭・信託財産等の残高がゼロとなり、契約終了の合意があったこと	その合意があった日

②課税関係

　非課税拠出額[注1]から結婚・子育て資金支出額（結婚に際して支払われる金銭は300万円が限度）を控除した残額が贈与税の課税対象となります。

（9）契約期間中に贈与者が死亡した場合

　死亡した贈与者に係る管理残額[注2]は、贈与者に係る相続税の課税対象となります[注]。

> 注1：「非課税拠出額」とは、（追加）結婚・子育て資金非課税申告書に記載した金額の合計額（1,000万円限度）をいいます。
> 注2：「管理残額」とは、死亡の日における非課税拠出額から結婚・子育て資金支出額（結婚に際して支払う金銭については、300万円が限度）を控除した残額をいいます。この管理残額については、相続税額の2割加算は適用されません。またこの管理残額以外に取得財産がない場合は、相続開始前3年以内に贈与があった場合の贈与加算は適用されません。
> （注）「令和3年度税制改正の大綱のポイント（p.274）」参照
> 　　　改正により、令和3年4月1日以後の信託等で、受贈者が贈与者の子以外の直系卑属（孫やひ孫）に相続税が課される場合には、相続税額の2割加算の対象となります。

（10）結婚・子育て資金の範囲

　この特例の適用対象となる結婚・子育て資金とは、次の金銭です。

１．結婚に際して支払う次のような金銭(限度300万円)

　①挙式費用、衣装代等の婚礼(結婚披露)費用(婚姻の日の1年前の日以後に支払われるもの)

　②家賃、敷金等の新居費用、転居費用(一定期間内に支払われるもの)

２．妊娠、出産及び育児に要する次のような金銭

　③不妊治療、妊婦健診に要する費用

　④分べん費等、産後ケアに要する費用

　⑤子の医療費、幼稚園・保育所等の保育料(ベビーシッター代を含む)など

9　相続時精算課税制度の概要

 相続時精算課税制度の課税方法の仕組みについて教えてください。

 本制度は、父母などから受ける贈与について、受贈者の選択により、通常の暦年課税制度に代えて、財産の贈与時には贈与税を支払い、その後の父母などの相続時にその贈与財産と相続財産とを合算した価額を基に計算した相続税額からすでに支払った贈与税額を控除した額を納付すべき相続税額とすることによって、贈与税・相続税を一体化して納税することができる制度です。

《　解　　説　》

（1）相続時精算課税制度の概要

　　本制度は、相続税と贈与税を一体的に課税するもので、その概要は次の通りです。

相続時精算課税制度の概要

適用対象者	・贈与者は60歳以上の父母又は祖父母。 ・受贈者は、20歳以上で、かつ贈与者の直系卑属(子や孫)である推定相続人又は孫。 なお、20歳以上又は60歳以上であるかどうかは、贈与の年の1月1日現在で判定する。 注：「20歳以上」は、令和4年4月1日以降は「18歳以上」となる。
選択手続	・本制度の選択をしようとする受贈者は、その選択をしようとする最初の贈与を受けた年の翌年2月1日から3月15日までの間に所轄税務署長に対して本制度を選択する旨を記載した『相続時精算課税選択届出書』を贈与税の申告書に添付して提出しなければならない。
贈与財産の種類等	・本制度の適用対象となる財産については、その種類(みなし贈与財産を含む)、金額、贈与回数の制限は設けられていない。
贈与税額の計算方法	・本制度を選択した贈与財産については、他の贈与財産とは区分して、贈与税の申告・納税を行う。 ・贈与税額は、受贈者が選択をした年以後の各年において、贈与者ごとに贈与財産の価額の合計額から特別控除2,500万円(すでに特別控除を適用した場合はその残額)を控除した後の金額に20%を乗じた金額が贈与税額となる。

相続税額の計算方法	・本制度を選択した受贈者(以下「相続時精算課税適用者」)は、贈与者である父母や祖父母(以下「特定贈与者」)の相続時に本制度を利用した贈与財産の累計額と相続財産とを合算して通常の課税方法で計算した相続税額から、すでに支払った本制度に係る贈与税相当額を控除した税額を納付する。もし、相続税額から引き切れない贈与税相当額がある場合は、その引き切れない贈与税相当額は還付される。 ・相続財産と合算する贈与財産の価額は、贈与時の価額とされる。

(2)　本制度利用上の留意点

①親の相続時にまで継続適用されること

　　本制度の選択は、受贈者たる子がそれぞれ、贈与者たる父、母ごとに選択できます。ただし、いったん選択すると、特定贈与者の相続時まで継続して適用され、選択後にこれを取り消して通常の課税方法(暦年課税制度)に戻ることはできません。したがって、本制度を選択するかどうかについては、慎重な検討が必要です。

②原則的には相続税の軽減とはならないこと

　　本制度に係る特定贈与者からの贈与財産については、贈与税の基礎控除110万円の適用がなく、すべて相続財産に加算されて、相続時には精算されるので、原則的には相続財産の削減とはなりません。また、相続時の贈与財産の価額は相続時の価額でなく、贈与時の価額なので、贈与後に値上りすれば、将来の相続税の負担上メリットがありますが、反対に値下がりすれば、相続税の負担上、デメリットとなります。

③特定贈与者以外の個人からの贈与は、通常の贈与税がかかること

　　相続時精算課税適用者が、特定贈与者以外の人から贈与を受けた場合の贈与額は、通常の計算方法(暦年課税制度)により、その贈与財産の合計額から基礎控除額110万円を控除した上で、通常の贈与税の税率を乗じて計算します。

④小規模宅地等の特例が適用されないこと

　　この制度を利用して贈与を受けた財産のうち宅地等については、特定贈与者の相続時にはその贈与者に係る相続税の課税対象になりますが、その際には、その宅地等がその贈与者の自宅の建物の敷地などであっても、特定居住用宅地等の小規模宅地等の評価減の特例の適用対象にはなりません。

10　住宅取得等資金の贈与に係る相続時精算課税の特例

 相続時精算課税制度において、住宅取得等資金の贈与を受けた場合は、特例が設けられているとのことですが、その内容を教えてください。

 住宅取得等資金の贈与を受けた場合における相続時精算課税の特例制度では、贈与者の年齢は60歳未満であっても差支えありません。

《解　説》

　通常の相続時精算課税制度(前項)とは、その適用要件等において次のような違いがあります。

①贈与者の年齢

　通常の相続時精算課税制度において、贈与者は60歳以上でなければなりませんが、この特例では贈与者は60歳未満であっても差支えありません。

②特例の対象となる贈与

　相続時精算課税制度の適用対象となる財産の種類等に関しては制限がありません。しかし、この特例の適用対象となる財産は、住宅取得等資金に限られます。住宅取得等資金とは、次に掲げる住宅用家屋の新築、取得又は増改築等(これらとともにするその家屋の敷地の用に供する土地等を含む)の対価に充てるための金銭をいいます。

　　イ．居住用家屋の新築や取得

　　ロ．増改築等

　これらの詳細な要件は、前項(6　直系尊属からの住宅取得等資金の贈与の特例)と同じですので、そちらをご参照ください(p.118)。

③適用上の留意点

　住宅取得等資金の贈与に係る相続時精算課税制度の適用を受けた年分以後は、その適用対象である贈与者から贈与により取得した財産は、すべて相続時精算課税の対象となります。

11　相続時精算課税制度の税額計算(1)

Q 相続時精算課税制度の適用を受けた場合の贈与税額の計算方法を教えてください。

A 相続時精算課税制度の適用を受けた場合の贈与税額は次式により計算します。

> （贈与税の課税価格－特別控除額）×20％＝贈与税額

　課税価格は相続時精算課税制度を選択した贈与者ごとにその年中に贈与を受けた財産の価額の合計額です。特別控除額2,500万円ですが、前年までに特別控除を適用した金額があるときはその金額を控除した残額です。

《設　例１》
　子（30歳）が父から令和３年2月に株式1,500万円、令和4年5月に不動産2,000万円の贈与を受け、令和3年分から相続時精算課税制度の適用を受けた場合の令和3年分と4年分の贈与税額はいくらか。
《計　算》
　(1)　令和3年分の贈与税額
　　　（課税価格）　（特別控除）
　　　1,500万円－1,500万円　＝　0万円　　　贈与税額なし
　(2)　令和4年分の贈与税額
　　　（課税価格）　（特別控除）　　　　　　　　　　　　（贈与税額）
　　　2,000万円－1,000万円＝1,000万円　　　1,000万円×20％＝200万円

《設　例２》
　子（30歳）が令和3年3月に父から不動産3,000万円、母から上場株式500万円の贈与を受け、父からの贈与についてのみ令和3年分から相続時精算課税制度の適用を受けた場合の令和3年分の贈与税額はいくらか。
《計　算》
　(1)　父からの贈与に対する贈与税額
　　　（課税価格）（特別控除額）　　　　　　　　　　（贈与税額）
　　　3,000万円－2,500万円＝500万円　　　500万円×20％＝100万円 --------①
　(2)　母からの贈与に対する贈与税額
　　　（課税価格）（基礎控除額）　　　　　　　　　　　　（贈与税額）
　　　500万円－110万円＝390万円　　390万円×15％－10万円＝48万5千円 ---②
　(3)　納付すべき贈与税額
　　　①＋②＝148万5千円

《設 例 3》

　令和2年2月に子（30歳）が父からの現金1,500万円の贈与について初めて相続時精算課税制度の適用を受け、更に令和3年5月に父からの住宅等取得資金2,500万円の贈与について直系尊属からの住宅取得等資金の贈与の特例の適用を受けた場合の令和3年分の贈与税額はいくらか。

　なお、住宅は省エネ住宅とします。また、令和2年に1,500万円の相続時精算課税制度の適用を受けているものとします。

《計　算》(注)

（1）非課税額・特別控除後の金額

　　（課税価格）　　（非課税額）[注1]　　（特別控除）[注2]

　　2,500万円　－　1,200万円　－　1,000万円　＝300万円

（2）贈与税額

　　30万円×20％＝60万円

　　注1：令和3年分の直系尊属から住宅取得等資金の贈与を受けた場合の非課税額は、1,200万円です（p.119参照）。

　　注2：相続時精算課税制度の特別控除額（限度額）は、2,500万円から令和2年の特別控除額1,500万円を控除した残額1,000万円です。

・本特例では、令和2年分の父からの贈与について相続時精算課税制度の適用を受けたので、令和3年分の贈与もこの適用を受けることになります。

・父の死亡時には、非課税額1,200万円は相続税の課税価格に加算されません。

（注）「令和3年度税制改正の大綱のポイント（p.273）」参照

　　改正により非課税額が1,500万円になりますので（1）の計算は次の通りとなり、（2）の贈与税額は生じないことになります。

　　（1）2,500万円－1,500万円－1,000万円＝0

12　相続時精算課税制度の税額計算(2)

 相続時精算課税制度を適用した場合の贈与税額と相続税額の計算方法を教えてください。

 本制度を選択した場合の贈与税額と相続税額の計算例を示してみます。

《設　例》

①　家　　　族　　夫、妻、長男、長女の4人

②　贈与財産　　夫(父)は長男に2年間にわたり3,000万円(令和2年に2,000万円、令和3年に1,000万円)を贈与した。この財産はいずれも住宅取得等資金ではなく、長男は令和2年の贈与分から相続時精算課税制度を選択した。

③　相　　　続　　夫(父)は、令和5年に死亡した。妻(母)、長男および長女が相続により、取得した財産の価額は次の通りである。

妻(母)　1億2,000万円、長男　3,000万円、長女　6,000万円

《計　算》

1．長男の贈与税額の計算

(1)令和2年分

(課税価格)(特別控除額)

2,000万円－2,000万円＝0万円　贈与税額　0万円

(2)令和3年分

(課税価格)　　(特別控除額)

イ．1,000万円　－　500万円　＝　500万円

ロ．贈与税額　500万円×20％＝100万円

2．各相続人の相続税額の計算

(1)課税価格の合計額

妻		1億2,000万円
	(相続財産)(贈与財産)	
長男	3,000万円＋3,000万円＝	6,000万円
長女		6,000万円
	課税価格の合計額	2億4,000万円

（２）課税遺産総額

（遺産に係る基礎控除額）

2億4,000万円－（3,000万円+600万円×3）＝1億9,200万円

（３）相続税の総額

妻　　　　　1億9,200万円×1/2×30％－700万円＝　　2,180万円

長男・長女　各1億9,200万円×1/2×1/2×20％－200万円＝760万円

相続税の総額　　3,700万円

（４）各人の算出相続税額

妻　　　　　3,700万円×（1億2,000万円／2億4,000万円）＝1,850万円

長男・長女　各3,700万円×（6,000万円／2億4,000万円）＝　925万円

（５）各人の納付税額

① 妻

配偶者の税額軽減額

3,700万円×1億2,000万円／2億4,000万円＝1,850万円

納付税額

（算出相続税額）（税額軽減額）

1,850万円 － 1,850万円＝0

② 長男

（算出税額）（贈与税控除額）（納付税額）

925万円－100万円 ＝ 825万円

③ 長女　925万円

３．贈与税の納付額と相続税の納付額の合計税額

100万円（贈与税額）＋1,750万円（相続税額）＝1,850万円

注：この合計税額1,850万円は、遺産額が2億4,000万円の場合において妻（母）、長男、長女がそれぞれ1億2,000万円、6,000万円、6,000万円を相続した時の相続税額の総額と同額です。

相続時精算課税制度に係る贈与税・相続税の税額計算例

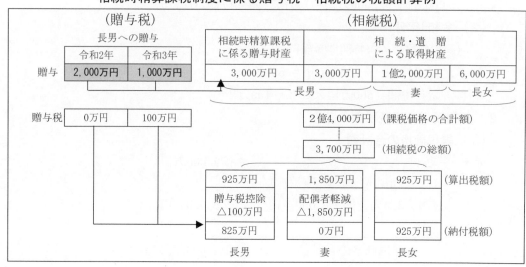

13　贈与税の申告と納税

Q　贈与税の申告と納税はどのように行うのですか。

A　贈与税の申告書は、贈与を受けた年の翌年 2 月 1 日から 3 月15日までの間に受贈者の住所地の所轄の税務署長に提出します。期限内申告書に係る贈与税は、原則としてその提出期限（3 月15日）までに一時に金銭で納付しなければなりません。

《 解 説 》

（1）贈与税の申告義務者

　　個人が、暦年課税分の贈与税の申告書を提出しなければならないのは、1 年間（その年 1 月 1 日〜12月31日）に個人からの贈与により取得した財産（非課税財産を除く）の価額の合計額が110万円を超えるときです。贈与税の配偶者控除や相続時精算課税の適用を受ける場合にも、贈与税の申告書の提出が必要です。

（2）贈与税の申告書の提出期限と提出先

　　贈与税の申告書は、贈与を受けた年の翌年 2 月 1 日から 3 月15日までの間に申告義務者の住所地の所轄税務署長あてに提出しなければなりません。また贈与税の申告書は、e‒Taxを利用して提出（送信）することもできます。

（3）贈与税の納付

　　贈与税の期限内申告書を提出した人は、その申告書の提出期限（この期限が納付期限となる）までに、その申告に係る税額を現金に納付書を添えて納付しなければなりません。納付方法には、現金納付のほかに e‒Taxでの納付、クレジットカード納付、コンビニ納付などの方法があります。

（4）贈与税の延納

　　納税者が贈与税を一時に現金などで納付することが困難な場合があります。そこで、税額が10万円を超え、かつ金銭で一時に納付することが困難である事由があれば、担保の提供を条件に最長 5 年以内の延納が認められます。なお、延納税額が100万円未満でかつ延納期間が 3 年以内であれば、延納の担保提供は不要です。

　　延納しようとする場合は、贈与税の納付期限または納付すべき日までに、延納申請書を所轄税務署長に提出し、その許可を得なければなりません。

　　なお、贈与税においては、物納制度はありません。

《相続時精算課税選択届出書》

相 続 時 精 算 課 税 選 択 届 出 書

○「相続時精算課税選択届出書」は、必要な添付書類とともに**申告書第一表及び第二表**と一緒に提出してください。

（令和2年分以降用）

税務署受付印

令和＿＿＿年＿＿＿月＿＿＿日

＿＿＿＿＿＿税務署長

受贈者	住　所又は居所	〒　　　　　　　　　　電話（　　　−　　　−　　　）
	フリガナ	
	氏　名（生年月日）	（大・昭・平　　　年　　　月　　　日）　　　㊞
	特定贈与者との続柄	

　私は、下記の特定贈与者から令和＿＿＿年中に贈与を受けた財産については、相続税法第21条の9第1項の規定の適用を受けることとしましたので、下記の書類を添えて届け出ます。

記

1　特定贈与者に関する事項

住　　所又は居所	
フリガナ	
氏　　名	
生年月日	明・大・昭・平　　　年　　　月　　　日

2　年の途中で特定贈与者の推定相続人又は孫となった場合

推定相続人又は孫となった理由	
推定相続人又は孫となった年月日	令和　　　年　　　月　　　日

　(注) 孫が年の途中で特定贈与者の推定相続人となった場合で、推定相続人となった時前の特定贈与者からの贈与について相続時精算課税の適用を受けるときには、記入は要しません。

3　添付書類

　次の書類が必要となります。

　なお、贈与を受けた日以後に作成されたものを提出してください。

　（書類の添付がなされているか確認の上、□に✔印を記入してください。）

　□　**受贈者や特定贈与者の戸籍の謄本又は抄本**その他の書類で、次の内容を証する書類
　　（1）　受贈者の氏名、生年月日
　　（2）　受贈者が特定贈与者の直系卑属である推定相続人又は孫であること

　　(※) 1　租税特別措置法第70条の6の8（（個人の事業用資産についての贈与税の納税猶予及び免除））の適用を受ける特例事業受贈者が同法第70条の2の7（（相続時精算課税適用者の特例））の適用を受ける場合には、「(1)の内容を証する書類」及び「その特例事業受贈者が特定贈与者からの贈与により租税特別措置法第70条の6の8第1項に規定する特例受贈事業用資産の取得をしたことを証する書類」となります。
　　　2　租税特別措置法第70条の7の5（（非上場株式等についての贈与税の納税猶予及び免除の特例））の適用を受ける特例経営承継受贈者が同法第70条の2の8（（相続時精算課税適用者の特例））の適用を受ける場合には、「(1)の内容を証する書類」及び「その特例経営承継受贈者が特定贈与者からの贈与により租税特別措置法第70条の7の5第1項に規定する特例対象受贈非上場株式等の取得をしたことを証する書類」となります。

（注）この届出書の提出により、特定贈与者からの贈与については、特定贈与者に相続が開始するまで相続時精算課税の適用が継続されるとともに、その贈与を受ける財産の価額は、相続税の課税価格に加算されます（**この届出書による相続時精算課税の選択は撤回することができません。**）。

作成税理士	㊞	電話番号	

※ 税務署整理欄	届 出 番 号	−	名 簿							確認	

※欄には記入しないでください。

（資5−42−A4統一）（令2.10）

《相続時精算課税選択届出書付表》

相 続 時 精 算 課 税 選 択 届 出 書 付 表

<table>
<tr><td></td><td>受贈者の氏名</td><td></td><td rowspan="2">（令和2年分以降用）</td></tr>
</table>

4　受贈者の相続開始年月日

令和　　　　年　　　　月　　　　日

5　受贈者の相続人に関する事項

住　所又は居　所		
フリガナ		
氏　　　名	㊞	㊞
生年月日	大・昭・平・令　　年　　月　　日	大・昭・平・令　　年　　月　　日
受贈者との続柄		
住　所又は居　所		
フリガナ		
氏　　　名	㊞	㊞
生年月日	大・昭・平・令　　年　　月　　日	大・昭・平・令　　年　　月　　日
受贈者との続柄		
住　所又は居　所		
フリガナ		
氏　　　名	㊞	㊞
生年月日	大・昭・平・令　　年　　月　　日	大・昭・平・令　　年　　月　　日
受贈者との続柄		

（注）受贈者の相続人（包括受遺者を含みます。）に特定贈与者がいる場合は、特定贈与者の記入は必要ありません。
　　　また、その相続人が2人以上いる場合には、その全ての相続人が連署しなければなりません。

6　添付書類
　　次の書類が必要となります。
　　（書類の添付がなされているか確認の上、□に✔印を記入してください。）

　□　**上記5に記入した者の戸籍の謄本又は抄本**その他の書類で、受贈者の全ての相続人（包括受遺者を含み、特定贈与者を除きます。）を明らかにする書類（贈与を受けた日以後に作成されたものを提出してください。）

（注）この付表は、受贈者の相続開始を知った日の翌日から10か月以内に、その受贈者の相続人（包括受遺者を含み、特定贈与者を除きます。）が、「相続時精算課税選択届出書」と一緒に提出してください。

（資5－43－A4統一）（令2.10）

《贈与税の申告書》

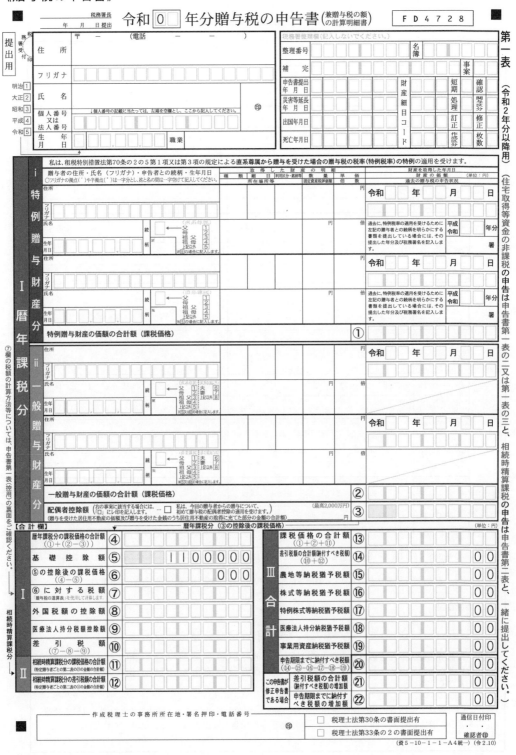

令和2年分贈与税の申告書 (住宅取得等資金の非課税の計算明細書)　F D 4 7 4 6

受贈者の氏名

提出用

第一表の二 (令和2年分用) (第一表の二は、必要な添付書類とともに申告書第一表と一緒に提出してください。)

次の住宅取得等資金の非課税の適用を受ける人は、□の中にレ印を記入してください。

□ 私は、租税特別措置法第70条の2第1項の規定による住宅取得等資金の非課税の適用を受けます。(注1)

(単位：円)

住宅取得等資金の非課税分

贈与者の住所・氏名(フリガナ)・申告者との続柄・生年月日	取得した財産の所在場所等	住宅取得等資金を取得した年月日 / 住宅取得等資金の金額
住所 フリガナ 氏名　続柄 父1 母2 祖父3 祖母4 上記以外5　生年月日 明治1 大正2 昭和3 平成4		令和　年　月　日 / 令和　年　月　日
住宅取得等資金の合計額　㉜		

贈与者の住所・氏名(フリガナ)・申告者との続柄・生年月日	取得した財産の所在場所等	住宅取得等資金を取得した年月日 / 住宅取得等資金の金額
住所 フリガナ 氏名　続柄 父1 母2 祖父3 祖母4 上記以外5　生年月日 明治1 大正2 昭和3 平成4		令和　年　月　日 / 令和　年　月　日
住宅取得等資金の合計額　㉝		

非課税限度額の計算

住宅資金非課税限度額(注2)	新築・取得・増改築等に係る契約年月日 平成 令和　年　月　日	㉞
平成27年分から令和元年分までの贈与税の申告で非課税の適用を受けた金額(注3)		㉟
住宅資金非課税限度額の残額 (㉞−㉟)		㊱
特別住宅資金非課税限度額(注2)	新築・取得・増改築等に係る契約年月日 平成 令和　年　月　日	㊲
令和元年分の贈与の申告で非課税の適用を受けた金額 (注3)		㊳
特別住宅資金非課税限度額の残額 (㊲−㊳)		㊴

贈与者別の非課税の適用を受ける金額の計算

㉜のうち非課税の適用を受ける金額	㊵
㉝のうち非課税の適用を受ける金額	㊶
非課税の適用を受ける金額の合計額 (㊵+㊶) (㊱の金額と㊴の金額の合計額を限度とします。)	㊷

贈与税の課税価格に算入される金額の計算

㉜のうち課税価格に算入される金額 (㉜−㊵) (㉜に係る贈与者の「財産の価額」欄(申告書第一表又は第二表)にこの金額を転記します。)	㊸
㉝のうち課税価格に算入される金額 (㉝−㊶) (㉝に係る贈与者の「財産の価額」欄(申告書第一表又は第二表)にこの金額を転記します。)	㊹

(注1)　住宅取得等資金の非課税の適用を受ける人で、令和2年分の所得税及び復興特別所得税の確定申告書を提出した人は次の欄を記入し、提出していない人は合計所得金額を明らかにする書類を贈与税の申告書に添付する必要があります (令和2年分の所得税に係る合計所得金額が2,000万円超の場合には、住宅取得等資金の非課税の適用を受けることができません。)。

所得税及び復興特別所得税の確定申告書を提出した年月日	・　・	提出した税務署	税務署

(注2)　非課税限度額については、申告書第一表の二 (控用) の裏面をご参照ください。

(注3)　非課税の適用を受けた金額については、申告書第一表の二 (控用) の裏面をご参照ください。

(注4)　住宅取得等資金の非課税又は住宅取得等資金の贈与を受けた場合の相続時精算課税選択の特例(以下、これらを「住宅取得等資金の贈与の特例」といいます。)の適用を受ける人が、所得税の(特定増改築等)住宅借入金等特別控除の適用を受ける場合には、(特定増改築等)住宅借入金等特別控除額の計算上、住宅の取得等又は住宅の増改築等の対価等の額から住宅取得等資金の贈与の特例の適用を受けた部分の金額を差し引く必要がありますのでご注意ください。

＊ 税務署整理欄	整理番号		名簿		確認	

＊ 欄には記入しないでください。

(資5−10−1−3−A4統一) (令2.10)

令和 ⬚ 年分贈与税の申告書 （相続時精算課税の計算明細書）

`FD4735`

受贈者の氏名 ☐

提出用

第二表 （令和2年分以降用）（第二表は、必要な添付書類とともに申告書第一表と一緒に提出してください。）

次の特例の適用を受ける場合には、☐の中にレ印を記入してください。

☐ 私は、租税特別措置法第70条の3第1項の規定による**相続時精算課税選択の特例**の適用を受けます。

（単位：円）

特定贈与者の住所・氏名（フリガナ）・申告者との続柄・生年月日 ○フリガナの濁点（"）や半濁点（°）は一字分とし、姓と名の間は一字空けて記入してください。	左の特定贈与者から取得した財産の明細				財産を取得した年月日	
	種 類	細 目	利用区分・銘柄等	数 量	単 価	財産の価額
	所 在 場 所 等			固定資産税評価額	倍 数	

相続時精算課税分

住 所	円
	令和 ⬚ 年 ⬚ 月 ⬚ 日
	円 倍
フリガナ	円
氏 名	令和 ⬚ 年 ⬚ 月 ⬚ 日
	円 倍
続 柄 ☐ 父 1、母 2、祖父 3 祖母 4、1～4以外 5 （両親の場合に記入します。）	円
	令和 ⬚ 年 ⬚ 月 ⬚ 日
生年月日 ⬚	円 倍
└→明治 1、大正 2、昭和 3、平成 4	

財産の価額の合計額（課税価格）	㉓	
特別控除額の計算 過去の年分の申告において控除した特別控除額の合計額（最高2,500万円）	㉔	
特別控除額の残額（2,500万円－㉔）	㉕	
特別控除額（㉓の金額と㉕の金額のいずれか低い金額）	㉖	
翌年以降に繰り越される特別控除額（2,500万円－㉔－㉖）	㉗	
税額の計算 ㉖の控除後の課税価格（㉓－㉖）【1,000円未満切捨て】	㉘	0 0 0
㉘に対する税額（㉘×20%）	㉙	0 0
外国税額の控除額（外国にある財産の贈与を受けた場合で、外国の贈与税を課せられたときに記入します。）	㉚	
差引税額（㉙－㉚）	㉛	

上記の特定贈与者からの贈与により取得した財産に係る過去の相続時精算課税分の贈与税の申告状況	申告した税務署名	控除を受けた年分	受贈者の住所及び氏名（「相続時精算課税選択届出書」に記載した住所・氏名と異なる場合にのみ記入します。）
	署	平成 令和 年分	
	署	平成 令和 年分	
	署	平成 令和 年分	
	署	平成 令和 年分	

└---（注）上記の欄に記入しきれないときは、適宜の用紙に記載し提出してください。

◎ 上記に記載された特定贈与者からの贈与について初めて相続時精算課税の適用を受ける場合には、申告書第一表及び第二表と一緒に「相続時精算課税選択届出書」を必ず提出してください。なお、同じ特定贈与者から翌年以降財産の贈与を受けた場合には、「相続時精算課税選択届出書」を改めて提出する必要はありません。

＊	税務署整理欄	整理番号		名簿		届出番号	⬚－⬚
		財産細目コード			確認		

＊欄には記入しないでください。

（資5－10－2－1－A4統一）（令2.10）

第4章

財産評価

1　相続財産の評価方法

Q　相続税の計算をする上での相続財産の評価は、どのように行うのでしょうか。また、相続人間での遺産分割するときの財産の評価額もこれによるのですか。

A　相続税の課税価格を計算するためには、相続財産の評価が必要になります。この評価額はその財産の相続開始時の時価ですが、具体的には、相続税法や財産評価基本通達によって評価方法が規定されています。贈与財産の評価も原則としてこれによります。また、遺産分割時の評価額は、適正な時価です。

《 解 説 》
①相続税・贈与税での財産評価

　相続税法では、相続税や贈与税の計算における財産の評価については、相続、遺贈または贈与によって取得したときの時価によると規定されています。ここでいう時価とは、それぞれの財産の現況に応じ、不特定多数の当事者の間で自由な取引が行われる場合に通常成立すると認められる価額とされています。しかし、各種の財産の評価を実際に行うのは容易ではありません。そこで、相続税法および財産評価基本通達で各種財産の評価方法が規定されています。

イ．税法による評価

　相続税法では、地上権、永小作権、定期金に関する権利等のごく限られた特定の財産についてのみ、その評価方法が規定されています。

ロ．財産評価基本通達による評価

　上記法定評価される財産以外の多くの財産（土地、家屋等）の評価額は、税法上、具体的な規定がありません。そこで国税庁では、「財産評価基本通達」によって、個別の財産について、その評価方法を規定しており、通常これによって相続税の計算と申告を行っています。

②遺産分割での財産評価

　遺産分割のためにも相続財産の評価をする必要があります。その評価時点については、相続開始時か、それとも遺産分割時かという問題がありますが、一般的には遺産分割時の評価額の方が公平といわれています。また、その評価は、適正な時価によります。その時価は、相続税の計算上の時価とは必ずしも同額ではありません。

財 産 評 価

相続税計算のための評価額　―――→	時価(相続税法または財産評価基本通達)
遺産分割のための評価額　―――→	時価(通常の時価)

　次ページ以下では、相続税・贈与税における財産評価について述べることに致します。

主な相続財産・贈与財産の評価方法

種　　類		評　価　方　法
土　　地	宅　　　地	①市街地的形態の地域にあるもの…路線価方式 　路線価を基に形状、奥行等を考慮して算定した価額 ②その他の地域にあるもの…倍率方式 　固定資産税評価額×国税局長の定める倍率 ＊自用地、貸家建付地等の利用状況に応じた評価、小 　規模宅地等の評価減の特例あり(相続税のみ)
	農　　　地	①市街地農地…宅地比準方式(原則) 　宅地としての評価額－宅地造成費 ②市街地周辺農地…同上(原則) 　市街地農地としての評価額×80％ ③純農地、中間農地…倍率方式 　固定資産税評価額×国税局長の定める倍率
建　　物	自 用 建 物 貸　　　家	固定資産税評価額×1.0 固定資産税評価額×(１－借家権割合×賃貸割合) ＊借家権割合は、30％
株　　式	上 場 株 式	次のうち最も低い価額 ①相続等があった日の最終価格 ②相続等があった月の毎日の最終価格の月平均額 ③相続等のあった月の前月の毎日の最終価格の月平均額 ④相続等のあった月の前々月の毎日の最終価格の月平均額
	非 上 場 株 式	その会社の規模の大小、株主の態様、資産の構成割合 等の状況に応じて評価 ①原則的評価方式 　類似業種比準方式、純資産価額方式、これらの併用方式 ②例外的評価方式 　配当還元価額方式 ＊特定の評価会社は、原則として純資産価額方式
公 社 債	上場利付公社債	相続のあった日の最終価格＋既経過利息－源泉所得税額
	上場割引公社債	相続のあった日の最終価格
預 貯 金	定 期 預 金 普 通 預 金	預入残高＋既経過利息－源泉所得税額 ＊普通預金等は、既経過利息が少額のときは預入残高のみで可

2　宅地等の評価方法の概要

 土地、特に宅地はどのように評価するのですか。

土地の価額は、その現況により、実際の面積を基に評価します。宅地の価額は、路線価方式または倍率方式により評価します。

《 解 説 》

（1）土地の評価の原則

　宅地や田、畑、山林等の土地の価額は、次の2つの原則をもとに評価します。

イ．現況の地目

　土地の価額は、相続や贈与により取得した時の現況によって判定した地目の別により評価します。この場合、土地の価額は、同一の地域に所在するものであっても、宅地か、田や畑か、それとも山林か、といった地目によって単位当たりの評価額が異なり、一般的には、宅地が最も高額となります。

　ところで、登記上の地目は、この現況の地目とは必ずしも一致していません。そこで、地目の判定に際しては、必ずしも登記上の地目ではなく、相続や贈与により取得した時の現況で判定します。

ロ．実際の地積

　土地の地積(面積)は、相続や贈与により取得した時の実際の地積によります。地目と同様に、登記上の地積と実際の地積とが異なることが多いのですが、相続税等の課税上は、登記簿上の地積によらず実際の地積によることになります。しかし、このことは、必ずしもすべての土地について実測が要求されているということではありません。

（2）宅地の評価単位

　宅地の価額は、所有者ごと、または1筆ごとに評価するのではなく、利用の単位となっている1区画の宅地（一画地の宅地）ごとに評価します。1画地の宅地は、必ずしも1筆の宅地から成るとは限らず、2筆以上の宅地から成ることもあります。また、1筆の宅地が2画地以上の宅地として利用されていることもあります。利用の単位の現況に応じて、たとえば、自用地、貸宅地、貸家建付地等に区分し、その利用単位ごとに評価します。

（3）宅地の評価額　〜路線価方式と倍率方式〜

　評価する宅地が市街地的形態を形成する地域にある宅地は、路線価方式により、またそれ以外の地域にある宅地は、倍率方式により、それぞれ評価します。評価しようとする宅地が、実際にどちらの方式により評価されるかは、国税庁のホームペ

ージや税務署に備えられている「相続財産評価基準書」の「路線価図」や「評価倍率表」で確認できます。(p.146、147参照)

注：路線価図や評価倍率表は、宅地等を取得した年分（1月〜12月）のものを使用します。その年分のものは、毎年7月頃に公表されます。

イ．路線価方式

路線価方式とは、評価しようとする宅地の面する路線（道路）に付された標準価格である路線価（路線ごとに付けられた1㎡当たりの価額）に地積を乗じた金額によって評価する方式です。路線価は「路線価図」で確認できます。

ただし、路線価は、標準的な形状の宅地の価額ですから、その宅地の奥行き（標準的な宅地より奥行きが長いものや短いもの）、間口（標準的なものより間口が狭小なものなど）、道路との関係（道路に面していないもの、二つ以上の道路に面しているものなど）、形状（不整形地など）などに応じて、一定の修正（加算や減算）を行います（p.148〜152参照）。

基本的には、自用地の場合は、次のように価額を評価します。

（路線価＋加算－減算）×地積（面積）＝評価額

ロ．倍率方式

倍率方式とは、路線価が定められていない地域内の宅地の評価方法で、その宅地の固定資産税評価額に国税局長が定める一定の倍率を乗じた金額によって評価する方式です。この固定資産税評価額は、固定資産税を取り扱っている都税事務所や市区町村役場で確認できます。また、評価倍率は、「評価倍率表」で確認できます。

この倍率方式の場合には、路線価方式のようにその宅地の奥行き、間口等の状況による修正は必要ありません。

自用地の場合は、次のように価額を評価します。

その宅地の固定資産税評価額×評価倍率＝評価額

（4）負担付贈与等により取得した土地等の特例

土地等のうち、負担付贈与または個人間の対価をともなう取引（売買等）により取得したものの価額は、財産評価基本通達の定め（路線価方式や倍率方式）によらず、その取得時における通常の取引価額（時価）により評価します。

ただし、贈与者または譲渡者が取得したその土地等の取得価額がその課税時期における通常の取引価額に相当すると認められる場合は、その取得価額により評価できます。

宅地の評価方法

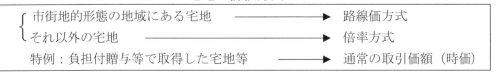

《路線価図》

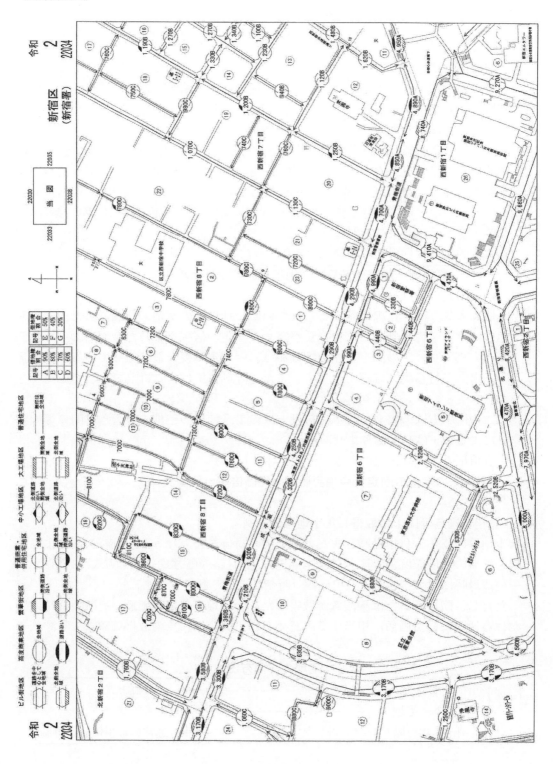

《倍率表》

市区町村名：西多摩郡奥多摩町　　　　　　　　　　　　　　　　　　　青梅税務署

音順	町（丁目）又は大字名	適 用 地 域 名	借地権割合	固定資産税評価額に乗ずる倍率等						
			%	宅地	田	畑	山林	原野	牧場	池沼
う	海　澤	都道沿いの地域	50	1.2		中	19純	2.0純	2.0	
		上記以外の地域	50	1.2	純 3.5	純 9.8	純 2.0	純 2.0		
	梅　澤	主要地方道４５号線（吉野街道）沿いの地域	50	1.1		中	27純	1.9純	1.9	
		上記以外の地域	50	1.1	純 3.5	純 13	純 1.9	純 1.9		
お	大丹波	全域	40	1.2		純 10	純 1.8	純 1.8		
か	川　井	国道及び都道沿いの地域	50	1.1		中	19純	1.9純	1.9	
		上記以外の地域	50	1.1	純 3.5	純 12	純 1.9	純 1.9		
	川　野	全域	40	1.2	純 3.5	純 13	純 4.3	純 4.3		
こ	河　内	全域	40	1.2	純 3.5		純 4.4	純 4.4		
	小丹波	国道及び主要地方道４５号（吉野街道）沿いの地域	50	1.1		中	18純	2.5純	2.5	
		上記以外の地域	50	1.1	純 3.5	純 11	純 2.5	純 2.5		
さ	境	字桧村								
		1　国道沿いの地域	50	1.2		中	29純	2.1純	2.1	
		2　上記以外の地域	50	1.2		純 12	純 2.1	純 2.1		
		上記以外の地域	50	1.2	純 3.5	純 12	純 2.4	純 2.4		
し	白　丸	国道沿いの地域	50	1.1		中	24純	2.6純	2.6	
		上記以外の地域	50	1.1	純 3.5	純 12	純 2.6	純 2.6		
た	棚　澤	国道沿いの地域	50	1.1		中	17純	2.6純	2.6	
		上記以外の地域	50	1.1	純 3.5	純 9.7	純 2.6	純 2.6		
	丹三郎	主要地方道４５号線（吉野街道）沿いの地域	50	1.1		中	22純	1.8純	1.8	
		上記以外の地域	50	1.0	純 3.5	純 11	純 1.8	純 1.8		
と	留　浦	全域	40	1.2	純 3.5	純 8.4	純 2.4	純 2.4		
に	日　原	全域	40	1.2	純 3.5	純 9.6	純 2.5	純 2.5		
は	原	全域	40	1.2			純 4.4	純 4.4		
ひ	氷　川	字登計、小留浦、槐木（さいかちぎ）、七曲り、日向、大氷川、長畑、南氷川、栃久保								
		1　国道沿いの地域	50	1.2		中	18純	4.1純	4.1	
		2　都道沿いの地域	50	1.2		中	17純	2.0純	2.0	

－　147　－

3　宅地等（自用地）の評価額の計算例

Q 路線価方式や倍率方式による評価額の計算例を示してください。

A 路線価図や評価倍率表の見方、路線価方式や倍率方式による自用地評価額の計算例については、次のとおりです。

《 解 説 》

1．路線価方式と計算例

（1）路線価図の説明

①路線価の単位

1平方メートル当たりの価額を千円単位で表示してあります。

〔例〕 ◀─────── 500C ───────▶

これは、1㎡当たりの路線価が500,000円、借地権割合が70%（C）であることを示します。この路線価は公示価格の80%程度の水準です。

②地区およびその適用範囲

地区およびその適用範囲は、路線ごとに記号によりそれぞれ表示してあります。記号の詳細は、路線価図の上部欄外をご参照ください。

〔例〕： 普通商業・併用住宅地区内の ─◯─ ・・・全地域

③借地権割合

借地権割合は、路線価ごとに定められており、A，B，・・・Gの記号により原則として路線価の右脇に表示してあります。

A・90%	B・80%	C・70%	D・60%	E・50%	F・40%
G・30%					

（2）路線価方式による自用地評価額の計算例

①一方のみが路線に接する宅地

イ．1㎡当たりの価額

（路線価）　（奥行価格補正率）　（1㎡当たりの価額）

300,000円×　　0.95　　＝285,000円

ロ．評価額

（1㎡当たりの価額）（地積）　　（評価額）

285,000円×600㎡＝171,000,000円

注：この地区は、普通住宅地区とします。

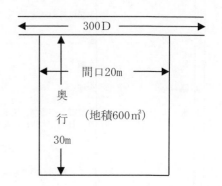

②正面と側方に路線価がある宅地

イ．1㎡当たりの価額

（正面路線価）　（奥行価格補正率）

1,000,000円×　0.93　＝930,000円

　　　　　　　　　（奥行価格補正率）　（側方路線影響加算率）

930,000円＋800,000円×1.00　　　×0.08

（1㎡当たりの価額）

＝994,000円

ロ．評価額

（1㎡当たりの価額）　（地積）　　（評価額）

994,000円　×800㎡＝795,200,000円

注：1．正面路線価とは、原則として、路線価に奥行価格補正率を乗じて求めた1㎡当たり価額の高い方
　　　の路線の路線価をいいます。1,000千円×0.93＝930千円＞800千円×1.00＝800千円　∴930千円

　　2．側方路線影響加算率は、角地の場合の加算率になります。な
　　　お、準角地とは、右のように一系統の路線の屈折部の内側に
　　　位置するものをいいます。

　　3．本設例の地区は、普通商業・併用住宅地区とします。

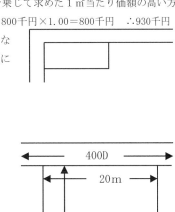

③正面と裏面に路線のある宅地

イ．1㎡当たりの価額

（正面路線価）　（奥行価格補正率）

400,000円　　×0.95　　＝380,000円

　　　　　　（裏面路線価）　　（奥行価格補正率）

380,000円＋　300,000円×　　0.95

（二方路線影響加算率）（1㎡当たりの価額）

　　　×0.02　＝　385,700円

ロ．評価額

（1㎡当たりの価額）（地積）　　（評価額）

385,700円　×600㎡＝231,420,000円

注：1．裏面路線価とは、路線価の低い方をいいます。

　　2．この地区は、普通住宅地区とします。

④その他の宅地

不整形地、無道路地、がけ地等については、所定の補正を行います（詳細は省略）。

奥行価格補正率表

奥行距離（メートル）	ビル街地区	高度商業地区	繁華街地区	普通商業・併用住宅地区	普通住宅地区	中小工場地区	大工場地区
4未満	0.80	0.90	0.90	0.90	0.90	0.85	0.85
4以上 6未満		0.92	0.92	0.92	0.92	0.90	0.90
6〃 8〃	0.84	0.94	0.95	0.95	0.95	0.93	0.93
8〃 10〃	0.88	0.96	0.97	0.97	0.97	0.95	0.95
10〃 12〃	0.90	0.98	0.99	0.99	1.00	0.96	0.96
12〃 14〃	0.91	0.99	1.00	1.00		0.97	0.97
14〃 16〃	0.92	1.00				0.98	0.98
16〃 20〃	0.93					0.99	0.99
20〃 24〃	0.94					1.00	1.00
24〃 28〃	0.95				0.97		
28〃 32〃	0.96		0.98		0.95		
32〃 36〃	0.97		0.96	0.97	0.93		
36〃 40〃	0.98		0.94	0.95	0.92		
40〃 44〃	0.99		0.92	0.93	0.91		
44〃 48〃	1.00		0.90	0.91	0.90		
48〃 52〃		0.99	0.88	0.89	0.89		
52〃 56〃		0.98	0.87	0.88	0.88		
56〃 60〃		0.97	0.86	0.87	0.87		
60〃 64〃		0.96	0.85	0.86	0.86	0.99	
64〃 68〃		0.95	0.84	0.85	0.85	0.98	
68〃 72〃		0.94	0.83	0.84	0.84	0.97	
72〃 76〃		0.93	0.82	0.83	0.83	0.96	
76〃 80〃		0.92	0.81	0.82			
80〃 84〃		0.90	0.80	0.81	0.82	0.93	
84〃 88〃		0.88		0.80			
88〃 92〃		0.86			0.81	0.90	
92〃 96〃	0.99	0.84					
96〃 100〃	0.97	0.82					
100〃	0.95	0.80			0.80		

側方路線影響加算率表

地区区分	加算率 角地の場合	加算率 準角地の場合
ビル街地区	0.07	0.03
高度商業地区 繁華街地区	0.10	0.05
普通商業・併用住宅地区	0.08	0.04
普通住宅地区 中小工場地区	0.03	0.02
大工場地区	0.02	0.01

(注)準角地とは、次図のように一系統の路線の屈折部の内側に位置するものをいいます。

二方路線影響加算率表

地区区分	加算率
ビル街地区	0.03
高度商業地区 繁華街地区	0.07
普通商業・併用住宅地区	0.05
普通住宅地区 中小工場地区 大工場地区	0.02

奥行長大補正率表

奥行距離 間口距離 ＼ 地区区分	ビル街 地　　区	高度商業地区 繁華街地区 普通商業・併 用住宅地区	普通住宅 地　　区	中小工場 地　　区	大工場 地　　区
2以上　3未満	1.00	1.00	0.98	1.00	1.00
3 〃　4 〃		0.99	0.96	0.99	
4 〃　5 〃		0.98	0.94	0.98	
5 〃　6 〃		0.96	0.92	0.96	
6 〃　7 〃		0.94	0.90	0.94	
7 〃　8 〃		0.92		0.92	
8 〃		0.90		0.90	

間口狭小補正率表

間口距離 （メートル） ＼ 地区区分	ビル街 地　区	高度商業 地　区	繁華街 地　区	普通商業 ・ 併用住宅 地　区	普通住宅 地　区	中小工場 地　区	大工場 地　区
4未満	－	0.85	0.90	0.90	0.90	0.80	0.80
4以上　6未満	－	0.94	1.00	0.97	0.94	0.85	0.85
6 〃　8 〃	－	0.97		1.00	0.97	0.90	0.90
8 〃　10 〃	0.95	1.00			1.00	0.95	0.95
10 〃　16 〃	0.97					1.00	0.97
16 〃　22 〃	0.98						0.98
22 〃　28 〃	0.99						0.99
28 〃	1.00						1.00

地積区分表

地区区分 ＼ 地積区分	A	B	C
高度商業地区	1,000㎡未満	1,000㎡以上 1,500㎡未満	1,500㎡以上
繁華街地区	450㎡未満	450㎡以上 700㎡未満	700㎡以上
普通商業・併用住宅地区	650㎡未満	650㎡以上 1,000㎡未満	1,000㎡以上
普通住宅地区	500㎡未満	500㎡以上 750㎡未満	750㎡以上
中小工場地区	3,500㎡未満	3,500㎡以上 5,000㎡未満	5,000㎡以上

(注)　「不整形地補正率表」(p.152)の地積区分Ａ，Ｂ，Ｃ　は、本表「地積区分表」によります。

不整形地補正率表

かげ地割合	高度商業地区、繁華街地区、普通商業・併用住宅地区、中小工業地区			普通住宅地区		
	A	B	C	A	B	C
10%以上	0.99	0.99	1.00	0.98	0.99	0.99
15% 〃	0.98	0.99	0.99	0.96	0.98	0.99
20% 〃	0.97	0.98	0.99	0.94	0.97	0.98
25% 〃	0.96	0.98	0.99	0.92	0.95	0.97
30% 〃	0.94	0.97	0.98	0.90	0.93	0.96
35% 〃	0.92	0.95	0.98	0.88	0.91	0.94
40% 〃	0.90	0.93	0.97	0.85	0.88	0.92
45% 〃	0.87	0.91	0.95	0.82	0.85	0.90
50% 〃	0.84	0.89	0.93	0.79	0.82	0.87
55% 〃	0.80	0.87	0.90	0.75	0.78	0.83
60% 〃	0.76	0.84	0.86	0.70	0.73	0.78
65% 〃	0.70	0.75	0.80	0.60	0.65	0.70

がけ地補正率表

がけ地地積／総地積　がけ地の方位	南	東	西	北
0.10以上	0.96	0.95	0.94	0.93
0.20 〃	0.92	0.91	0.90	0.88
0.30 〃	0.88	0.87	0.86	0.83
0.40 〃	0.85	0.84	0.82	0.78
0.50 〃	0.82	0.81	0.78	0.73
0.60 〃	0.79	0.77	0.74	0.68
0.70 〃	0.76	0.74	0.70	0.63
0.80 〃	0.73	0.70	0.66	0.58
0.90 〃	0.70	0.65	0.60	0.53

(注) がけ地の方位については次により判定する。
1　がけ地の方位は、斜面の向きによる。
2　2方位以上のがけ地がある場合は、次の算式により計算した割合をがけ地補正率とする。

$$\frac{\substack{総地積に対するがけ地部分\\ の全地積の割合に応ずるA\\ 方位のがけ地補正率} \times \substack{A方位の\\がけ地の\\地積} + \substack{総地積に対するがけ地部分\\ の全地積の割合に応ずるB\\ 方位のがけ地補正率} \times \substack{B方位の\\がけ地の\\地積} + \cdots\cdots}{がけ地部分の全地積}$$

3　この表に定められた方位に該当しない「東南斜面」などについては、がけ地の方位の東と南に応ずるがけ地補正率を平均して求めることとして差し支えない。

2．倍率方式と計算例

（1）評価倍率表の説明

①「借地権割合」欄

「借地権割合」欄は、借地権の価額を評価する場合の借地権割合を記載しています。

②「宅地」欄

「宅地」欄には、宅地を評価する場合における固定資産税評価額に乗ずる倍率を記載しています。

③「田」、「畑」欄

「田」、「畑」欄には、その地域の田、畑の価額を評価する場合における農地の分類、評価方式および固定資産税評価額に乗ずる倍率を記載しています。

なお、農地の分類は、次に掲げる略称を用いて記載しています。

```
（農地の分類）　　　　（略　称）
純　　農　　地 ……… 　純
中　間　農　地 ……… 　中
市街地周辺農地 ………周比準
市 街 地 農 地 ………比準　または　市比準
```

なお、「山林」、「原野」、「牧場」、「池沼」の各欄も、この「田」や「畑」の各欄と同様に記載しています。

（2）倍率方式による評価額の計算例

```
《 設例 》
    固定資産税評価額　　　5,000,000円
    固定資産税課税標準額　1,200,000円
    評価倍率　　　　　　　1.2
《 計算 》
    （固定資産税評価額）　　（倍率）　　（評価額）
       5,000,000円　　×　　1.2　＝　6,000,000円
```

注：固定資産税評価額とは、土地課税台帳または土地（補充）台帳に登録されている本来の評価額をいいます。固定資産税の税額計算の基礎となる課税標準額（上記の固定資産税課税標準額）ではありません。

4　宅地等（貸宅地・貸家建付地等）の評価

 Q 宅地のうち貸宅地や貸家建付地などは、どのように評価するのですか。

A それぞれの利用状況に応じて自用地価額に一定の修正を行って評価します。

《 解 説 》

①貸宅地

借地権（定期借地権を除く）の目的となっている宅地（貸宅地）の価額は、原則として自用地価額から借地権価額を控除して評価します。

> 自用地価額－借地権価額＝貸宅地価額

注：自用地とは、所有する宅地を自ら使用していて、他人の権利が存しない場合の土地のことをいいます。

②貸家建付地

貸家の目的となっている宅地（貸家建付地）の価額は、自用地価額からそれに借地権割合等を乗じた価額を控除して評価します。

> 自用地価額－（自用地価額×借地権割合×借家権割合×賃貸割合）＝貸家建付地価額

借家権割合は、30％です。賃貸割合は、その貸家がアパート等である場合の実際の賃貸状況に基づき計算した賃貸している独立部分の割合のことで、たとえば満室ならば1（100％）となります。

③借地権

借地権（定期借地権を除く）の価額は、自用地価額に借地権割合を乗じて評価します。

> 自用地価額×借地権割合＝借地権価額

借地権とは、建物の所有を目的とする土地の賃借権または地上権をいい、その価額は、自用地価額に借地権割合を乗じて評価します。この借地権割合は、状況が類似する地域ごとに定められており、個々の具体的な宅地に係る借地権割合は、前述した「路線価図」や「評価倍率表」に記載されています。一般に、都市部の借地権割合は高く（最高90％）、それ以外の地域の借地権割合は低くなっています。

なお、借地権の設定に際し通常、権利金等の一時金を支払うなどの借地権の取引慣行がない地域の借地権については、評価しません。

④貸家建付借地権

貸家の敷地の用に供されている借地権の価額は、次式で計算した金額によって評価します。

> （自用地価額×借地権割合）－（自用地価額×借地権割合×借家権割合×賃貸割合）＝貸家建付借地権価額

評価額の計算例

《 設 例 》

　宅地（300㎡）の自用地、貸宅地、貸家建付地、借地権および貸家建付借地権の価額を算定して下さい。なお、この宅地は路線価評価地域であり、1㎡当たり路線価50万円、借地権割合70％、借家権割合30％、賃貸割合は100％とします。なお、宅地の奥行等による加減算（補正）は考慮しません。

《 計 算 》

①自用地価額　　　　50万円×300㎡＝15,000万円

②貸宅地価額　　　　15,000万円－15,000万円×70％＝4,500万円

③貸家建付地価額　　15,000万円－15,000万円×70％×30％×100％＝11,850万円

④借地権価額　　　　15,000万円×70％＝10,500万円

⑤貸家建付借地権価額　10,500万円－10,500万円×30％×100％＝7,350万円

以上の自用地等の意義について図示すれば次のとおりです。

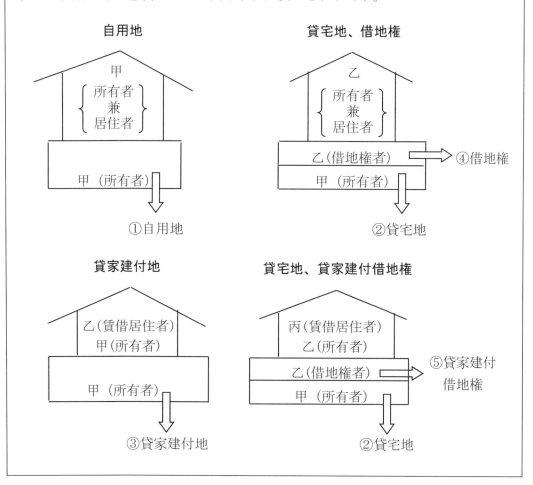

5　宅地等（使用貸借に係る宅地等）の評価

 個人間で使用貸借に係る宅地や相当の地代を支払っている宅地、定期借地権等は、どのように評価しますか。

A 使用貸借に係る宅地は自用地評価されます。

《 解 説 》

（1）使用貸借にかかる宅地

　　例えば、父から子が宅地を使用貸借により借受け、その宅地上に建物を建築したときは、借地権相当額の贈与税の課税はありません。その宅地の所有者について相続が発生した場合、その宅地は、自用地として評価されます（p.108参照）。また、借主について相続が発生した場合、土地の使用権はゼロですから、相続税の課税対象とはなりません。

> 自用地価額＝使用貸借に係る宅地の価額

使用貸借と課税関係

土　地 （父・所有）	→ 使用貸借 →	建　物 （子・所有） 土　地 （父・所有） 子に贈与税課税なし	→ 父死亡 →	建　物 （子・所有） 土　地 （子・相続） 土地は自用地課税

（2）相当の地代を支払っている宅地等

①相当の地代とは

　　個人間で建物所有の目的で土地の賃貸借があった場合、借主が権利金（一時金）を全く払わず、通常の地代（固定資産税程度以上で、相当の地代の額以下のもの）のみを支払う場合は、借主は通常の権利金相当額の贈与を受けたものとして贈与税が課されます。しかし、借主は、地主に対して通常の権利金を支払う代わりに、相当の地代を支払うことにすれば、この贈与税の課税はありません。

　　相当の地代の額は、通常の地代よりも高額で、原則として次式による額です。

> 過去3年間のこの土地の自用地価額の平均値×年6％＝相当の地代（年額）

②借地権等の評価

　　この取扱いを受けている宅地につき、その後相続や贈与があった場合の借地権等の評価は、地代の支払状況に応じ次のようになります。

相当の地代等を支払っている場合等の借地権等の価額

実際の支払地代の額	借地権の価額	貸宅地（底地）の価額
相当の地代	ゼロ	自用地価額×80％
通常の地代超～ 　　　　相当の地代未満	一定の算式による価額 （詳細省略）	自用地価額－左の借地権価額 （自用地価額×80％が限度）
通常の地代(注1)	自用地価額×借地権割合 （路線価図、倍率表による）	自用地価額－左の借地権価額
無償返還の届出あり(注2) （借人が法人に限る）	ゼロ(注3)	自用地価額×80％
地代なし （個人間の使用貸借（p156参照））	ゼロ	自用地価額×100％

注１：通常の賃貸借契約に基づき支払われる地代をいいます。

注２：借地権設定時に土地所有者と借地人間で将来、借地権を無償で返還することを契約し、その旨を税務署長に届け出た場合は、借地人に権利金（借地権）の認定課税はありません。

注３：借地人が同族会社で土地所有者がその同族関係者である場合には、その同族会社の株式の純資産価額の評価上は自用地価額の20％を借地権の価額として算入します。

（３）定期借地権等

①定期借地権等

イ．原則的評価

定期借地権等の価額は、課税時期において借地人に帰属する経済的利益およびその残存期間を基とした経済的利益の現在価値により評価します。

ロ．簡便法

権利金等の追加払いがある場合などを除き、次式によって評価します。

> 自用地価額×定期借地権設定時の定期借地権割合（詳細省略）
> 　　　　×定期借地権等の逓減率（詳細省略）＝定期借地権等の価額

②定期借地権等の目的となっている宅地（貸宅地）の価額

定期借地権の目的となっている宅地の価額は、次式のイまたはロのうちいずれか低い方の金額によって評価します。

イ．　自用地価額－定期借地権価額＝貸宅地の価額

ロ．　自用地価額－自用地価額×下記割合＝貸宅地の価額

残存期間	割　合
～　　５年以下	5／100
５年超～10年以下	10／100
10年超～15年以下	15／100
15年超～	20／100

注：一般定期借地権等の目的となっている宅地の価額については、課税上弊害がない限り上記によらず、別途の方法により評価できます。

6　小規模宅地等の評価減の特例

Q 相続等により取得した居住用や事業用の宅地等のうち一定部分まで、相続税の課税価格の計算上、一定割合が減額される特例の内容を教えてください。

A 被相続人等の居住の用や事業の用に利用されていた宅地等のうち一定面積までの部分については、相続税の課税価格に算入すべき価額の計算上、80％または50％相当額の減額が認められます。

《　解　説　》

（１）概要

　　この特例は、相続や遺贈によって取得した財産のうちに、相続の開始の直前において、被相続人等（被相続人または被相続人と生計を一にしていた被相続人の親族）の居住の用または事業の用に供されていたる宅地等で、一定の建物または構築物の敷地の用に供されていたものがある場合には、そのうち一定の選択をした限度面積までの部分について、相続税の課税価格に算入すべき価額の計算上、通常の価額の80％または50％相当額を減額するというものです。

　　なお、適用対象となる宅地等は、相続税の申告期限までに共同相続人等によって分割されていることが必要です。申告期限までに未分割の場合は、原則としてその後3年以内に分割されれば、この特例の適用が受けられます（p.70～71参照）。

（２）適用対象となる宅地等の区分と減額割合・限度面積

　　この特例対象となる宅地等の区分とその減額割合・限度面積は、次のとおりです。

番号	宅地等の区分	減額割合	限度面積
①	特定居住用宅地等	80％	330㎡
②	特定事業用宅地等	80％	400㎡
③	特定同族会社事業用宅地等	80％	400㎡
④	貸付事業用宅地等	50％	200㎡

注1：特例の適用を選択する宅地等が複数ある場合は、限度面積は次のように計算します。

　イ．適用を選択する宅地等のうちに貸付事業用宅地等（④）がない場合（特定居住用宅地等①、特定事業用宅地等（②）又は特定同族会社事業用宅地等（③）の場合・・①の面積は330㎡以下、（②＋③）の面積は400㎡以下、両方を選択する場合は合計730㎡以下。

　ロ．適用を選択する宅地等のうちに④貸付事業用宅地等がある場合（貸付事業用宅地等④およびその他の宅地等（①、②又は③））の場合・・次式による調整計算が必要。

　　①の面積×200/330＋（②＋③）の面積×200/400＋④の面積≦200㎡

注2：減額計算の基礎となる価額（評価額）は、その宅地の利用状況等に応じて計算した価額（相続税評価額）です。

注3：1棟の建物が、居住用や事業用など複数の用途に利用されている場合は、その利用区分ごとに特例の計算を行います。

（3）特例の対象となる宅地等

①特定居住用宅地等

　　これは、相続開始直前において被相続人等が居住の用に供していた宅地等で、次の適用要件に該当する被相続人の親族が相続などにより取得したものです。

区　分	取得者	適　用　要　件
被相続人の居住用宅地等	配偶者	―
	同居親族	・相続開始直前から相続税の申告期限までその宅地上の建物に引続き居住し、かつその宅地等を相続開始時から相続税の申告期限まで所有していること
	その他の親族	・配偶者及び相続開始直前に被相続人の居住用家屋に居住していた被相続人の法定相続人が、いずれもいないこと ・相続開始3年以内に取得者その他一定の親族や法人が所有する家屋に居住したことがないこと ・相続開始時に、取得者が居住している家屋を相続開始前のいずれの時にも所有したことがないこと ・その宅地等を相続開始時から相続税の申告期限まで所有していること
被相続人と生計一の被相続人の親族の居住用宅地等	配偶者	―
	生計一の親族	・相続開始前から相続税の申告期限まで引続きその家屋に居住し、その宅地等をその申告期限まで所有していること

注1：特定居住用宅地等は、主として居住の用に供されている一の宅地等に限られます。
注2：二世帯住宅については、構造上区分された住居であっても、建物が区分所有登記がされていない限り、一定要件を満たすものはその敷地全体が特定居住用宅地等に該当します。
注3：要介護認定等を受けて老人ホーム等に入居したことにより相続開始直前に、被相続人の居住の用に供されていなかった宅地等も、一定要件を満たせば特定居住用宅地等に該当します。

②特定事業用宅地等

　　これは、相続開始直前において被相続人等の事業(不動産貸付業、駐車場業、自転車駐車業及び準事業[注]を除く)の用に供されていた宅地等で、次の要件に該当する被相続人の親族が相続等により取得したものです。

　注：「準事業」とは、事業と称するに至らない不動産の貸付けその他これに類する行為で、相当の対価を得て継続的に行うものをいいます。

区　分	適　用　要　件
被相続人の事業用宅地等	・被相続人の事業を相続税の申告期限までに引継ぎ、かつその申告期限までその事業を営んでいること ・その宅地等を相続税の申告期限まで所有していること
被相続人と生計一の被相続人の親族の事業用宅地等	・相続開始直前から相続税の申告期限まで、その宅地上で事業を営んでいること ・その宅地等を相続税の申告期限まで所有していること

注1：相続開始前3年以内に新たに事業の用に供された宅地等は適用対象外です。ただし、この新たな事業用の宅地等であっても、一定規模以上の事業を行っていたものや、令和4年3月31日までの間に相続等により取得した宅地等のうち平成31年3月31日までに事業の用に供されたものは適用対象となります。
注2：日本郵便（株）に貸付けられている郵便庁舎の敷地の用に供されている宅地等は、一定要件を満たす場合、特定事業用宅地等に該当します。

③特定同族会社事業用宅地等

　　これは、相続開始直前から相続税の申告期限まで一定の法人の事業(不動産貸付業などを除く。②と同じ)の用に供されていた宅地等で、次の要件に該当する被相続人の親族が相続等により取得したものです。

区　分	適　用　要　件
一定の法人の事業用宅地等	・取得した親族は相続税の申告期限においてその法人の役員であること ・その宅地等を相続税の申告期限まで所有していること

注1：「一定の法人」とは、相続開始直前において被相続人及びその親族等が法人の発行済株式総数又は出資総額の50%超を保有している法人をいいます。

④貸付事業用宅地等

　　これは、相続開始直前において被相続人等の事業(不動産貸付業、駐車場業、自転車駐車場業及び準事業に限る)の用に供されていた宅地等で、下表の要件に該当する被相続人の親族が相続等により取得したものです。

　　なお、相続開始前3年以内に新たに貸付事業の用に供された宅地等は、原則として適用対象外です。しかし、新たな貸付事業用の宅地等であっても、相続開始日まで3年超の間、引続き特定貸付事業(貸付事業のうち準事業以外のもの)を行っていたものや、令和3年3月31日までに相続等で取得した宅地等のうち平成30年3月31日までに貸付事業に供されたものは、適用対象となります。

区　分	適　用　要　件
被相続人の貸付事業用宅地等	・被相続人の貸付事業を相続税の申告期限までに引継ぎ、かつその申告期限までその貸付事業を行っていること ・その宅地等を相続税の申告期限まで所有していること
被相続人と生計一の親族の貸付事業用宅地等	・相続開始前から相続税の申告期限まで、その宅地等に係る貸付事業を行っていること ・その宅地等を相続税の申告期限まで所有していること

小規模宅地等の特例の選択

《 設例1 》
　特定居住用宅地等200㎡（評価減前の価額6,000万円）と特定事業用宅地等500㎡
（評価減前の価額10,000万円）の場合

〈計算〉
① 小規模宅地等について減額される金額
　　　　(6,000万円＋10,000×400㎡／500㎡)×80％＝11,200万円
　＊特定居住用宅地等（200㎡）と特定事業用宅地等（400㎡まで）が減額対象（80％）
　　となります。
② 相続税の課税価格に算入される価額
　　　　(6,000万円＋10,000万円)－11,200万円＝4,800万円

《 設例2 》
　特定居住用宅地等198㎡（評価減前の価額3,960万円）と貸付事業用宅地等400㎡
（評価減前の価額6,000万円）の場合。
　なお、評価減の対象とする宅地等については、その減額される金額が最大となる
ように選択するものとします。

〈計算〉
① 小規模宅地等について減額される金額
　イ．宅地等の選択と適用面積の計算
　　・いずれの宅地等を優先的に選択すれば減額される金額が最大になるかは、
　　　評価額の単価、減額割合、適用面積などを十分に検討してみる必要があり
　　　ます。この設例の場合は、特定居住用宅地等を優先的に選択するのが有利
　　　です（詳細な計算は省略）。
　　・特定居住用宅地等については、198㎡の全部について選択します。
　　・貸付事業用宅地等については，400㎡のうち80㎡について選択できます。
　　　　　198㎡×200／330＋貸付事業用宅地等≦200㎡
　　　　　∴貸付事業用宅地等＝80㎡
　ロ．減額される金額
　　　3,960万円×80％+6,000万円×(80／400)×50％＝3,768万円
② 相続税の課税価格に算入される価額
　　　3,960万円＋6,000万円－3,768万円＝6,192万円

7　地積規模の大きな宅地の評価

 地積規模の大きな宅地とは、どのような宅地で、この宅地の価額は、どのように評価するのでしょうか。

地積規模の大きな宅地とは、三大都市圏においては500㎡以上の地積の宅地、三大都市圏以外の地域においては1,000㎡以上の地積の宅地をいい、一定要件を満たせばその評価額は減額されます。

《 解 説 》

1．「地積規模の大きな宅地」

　広い土地は、使い勝手が悪いことなどから、その価額の評価に当って規模格差に基づく減額を行うことになっています。

　地積規模の大きな宅地の意味ですが、それは次のように定められています。

> 地籍規模の大きな宅地とは、原則として三大都市圏においては500平方メートル以上の宅地、三大都市圏外に置いては1,000㎡以上の宅地をいいます。

　ただし、次の宅地は地積規模の大きな宅地から除かれます。

①市街化調整区域（開発行為を行うことができる区域を除く）にある宅地
②都市計画法の用途地域が工業専用地域に指定されている地域にある宅地
③指定容積率が400%（東京都の特別区においては300%）以上の地域にある宅地
④財産評価基本通達22-2に定める大規模工場用地

2．「地積規模の大きな宅地の評価対象となる宅地」の範囲

　地積規模の大きな宅地のうち、実際に評価減の対象となる宅地は、次の宅地です。

・路線価地域にある宅地……「普通商業・併用住宅地区および普通住宅地区」にある宅地

・倍率地域にある宅地……すべての宅地

3．評価額の計算

（1）路線価地域にある宅地

　次の算式で計算した価額により評価します。

評価額＝路線価×奥行価格補正率×不整形地補正率などの各種画地補正率×規模格差補正率[注]×地積（㎡）

注：規模格差補正率＝{（Ⓐ×Ⓑ＋Ⓒ）／宅地の地積（Ⓐ）}×0.8（小数点以下第2位未満切り捨て。算式中のⒷⒸは次頁参照）

（2）倍率地域にある宅地

　次の①の価額と②の価額のいずれか低い価額によって評価します。

①「その宅地の固定資産税評価額×所定の倍率」の価額

②「その宅地が標準的な間口と奥行距離を有する宅地であるとした場合の1㎡当たりの価額×普通住宅地区の各種画地補正率×規模格差補正率×地積」の価額

地積規模が大きい宅地の評価額の計算例

【設　例】

　右図のような宅地の評価額はいくらですか。宅地は三大都市圏の普通住宅40m地区内にあります。

【計　算】

①規模格差補正率

　{1,200㎡×0.90＋75）／1,200㎡}×0.8＝0.77（小数点第2位未満切捨て）

②評価額

　400千円×0.95（奥行価格補正率）×0.77×1,200㎡＝351,120千円

注：通常の評価額＝400千円×0.95×1,200㎡＝456,000千円

（図：400D、40m、30m、1,200㎡）

4．留意点

　地積規模が大きくても、実際には除外されるケースが多いので（上記1．の①〜④）、多角的な慎重な検討が必要です。

　宅地面積基準は、筆数に関係なく、一体として利用の単位となっている1画地ごとに判定し、一体的に利用されている共有地の場合は、共有地全体の地積により判定します。住宅地等のマンションの1室を所有しているような場合（都心のタワーマンションの敷地などの場合は除く）の敷地や市街地農地や市街地山林等も、要件を満たせば適用が受けられることもあります。

規模格差補正率の算式中のⒷとⒸの数値

（1）三大都市圏にある宅地

地　積	普通商業・併用住宅地区・普通住宅地区	
㎡以上　　㎡未満	Ⓑ	Ⓒ
500 〜1,000	0.95	25
1,000 〜3,000	0.90	75
3,000 〜5,000	0.85	225
5,000 〜	0.80	475

（2）三大都市圏以外の地域にある宅地

地　積	普通商業・併用住宅地区、普通住宅地区	
㎡以上　　㎡未満	Ⓑ	Ⓒ
1,000 〜3,000	0.90	100
3,000 〜5,000	0.85	250
5,000〜	0.80	500

8　農地・山林・雑種地の評価

 農地や山林、雑種地等はどのように評価するのですか。

 市街地農地は原則として宅地比準方式によって評価します。市街地山林も同様です。

《 解 説 》

（1）農地

①市街地農地

　　市街地農地とは、主として市街化区域内にある農地のことで、その価額は、原則として宅地比準方式によって評価します。

　　宅地比準方式による場合は、付近の宅地価額に比準して次式により評価します。この式において「宅地であるとした場合の価額」は、路線価地域内のものは通常の路線価方式により求め、また倍率地域内のものは近傍宅地の固定資産税評価額に評価倍率を乗じたものに位置等の補正をして求めます。

> （1㎡当たりの宅地であるとした場合の価額－1㎡当たりの造成費の額）
> ×地積＝市街地農地の価額

　　評価倍率や造成費の額の計算方法は、「評価倍率表」に記載されています。

②市街地周辺農地

　　市街地周辺農地とは、おおむね宅地などに転用できる農地のことで、その価額は、市街地農地であるとした場合の評価額の80％相当額で評価します。

> 市街地農地であるとした場合の価額×80％＝市街地周辺農地の価額

③中間農地、純農地

　　中間農地とは都市近郊の農地、また純農地とは農用地区内の農地など、宅地の価額の影響を受けていない農地のことで、その価額は倍率方式により評価します。

> 固定資産税評価額×評価倍率＝中間農地・純農地の価額

（2）農地の上に存する権利
①永小作権
　　永小作権の価額は、次により評価します。

> 自用農地評価額×永小作権割合（5/100〜90/100）＝ 永小作権の価額

②耕作権
　　中間農地や純農地に係る耕作権の価額は、原則として次により評価します。

> 自用農地評価額×耕作権割合（30/100〜50/100）＝耕作権の価額

（3）生産緑地地区内の農地
　　生産緑地地区内の農地の価額は、次により評価します。

> 生産緑地でないものとした価額×（1−5%〜35%）＝生産緑地の価額

（4）山林
①市街地山林
　　市街地山林とは、主として市街化区域内にある山林のことで、その価額は、市街地農地と同様に、原則として宅地比準方式により評価します。

> （1㎡当たりの宅地であるとした場合の価額−1㎡当たりの造成費の額）
> ×地積（面積）＝市街地山林の価額

②中間山林・純山林
　　中間山林とは都市近郊や別荘地帯にある山林、また純山林とは宅地の価額の影響を受けていない山林のことで、その価額は倍率方式により評価します。

> 固定資産税評価額×評価倍率＝中間山林・純山林の価額

③特定森林計画対象の山林
　　特定事業用資産（自社株・特定森林施業計画山林）についての相続税の課税価格の計算の特例が設けられています。このうち、個人が相続または遺贈により取得した山林（立木および林地）で、被相続人が森林施業計画を作成しており、かつ、相続人が引き続き森林施業計画に基づく施業を継続していた場合の当該森林施業計画が作成されている区域内に存する山林については、相続税の課税上、その課税価格を5％減額する措置が講ぜられています。

（5）雑種地
　　雑種地の価額は、宅地比準方式または倍率方式により評価します。
　　ゴルフ場用地や遊園地等用地については、別途、評価方法が定められています。

9　家屋等の評価

 Q 家屋やその付属設備等はどのように評価するのですか。

A 家屋は固定資産税評価額に基づき評価します。

《 解 説 》

（1）家屋

　　家屋の価額は、評価する家屋の固定資産税評価額に一定の倍率を乗じて評価します。

①自用家屋

　　自用家屋の価額は、一定の倍率を1.0倍として計算し、評価します。

固定資産税評価額×1.0＝　自用家屋の価額

　　ただし、負担付贈与または個人間の対価をともなう取引により取得した建物等の価額は、土地等の場合と同様にその取得時の通常の取引価額により評価します。

②貸家

　　貸家の価額は、自用家屋の価額から借家権の価額を差引いて評価します。

固定資産税評価額×（1－借家権割合×賃貸割合)=貸家の価額

　　なお、借家権割合は、30％です。

家屋の評価額の計算例

《 設 例 》

　　家屋の固定資産税評価額　　　1,000万円

この場合の自用家屋および貸家＊(アパート)の評価額はいくらですか。

　＊賃貸割合は100％とします。

《 計 算 》

　①　自用家屋の評価額

　　　　1,000万円×1.0＝1,000万円

　②　貸家(アパート)の評価額

　　　　1,000万円×（1－0.3×1.0)＝700万円

（2）建築中の家屋

　　請負契約に係る建築中の家屋の価額は、つぎにより評価します。

> 課税時期における費用現価×70%=建築中の家屋の価額

　　注：費用現価とは、原則として課税時期までの投下費用の額をいいます。

（3）建物付属設備等

　①家屋と構造上一体となっている設備

　　　家屋の付属設備等のうち、家屋に取り付けられ、その家屋と構造上一体となっているものについては、その家屋の価額に含めて評価します。

　　　　例：電気設備、ガス設備、衛生設備、給排水設備等

　　それは、これらの付属設備が固定資産税における家屋の価格(固定資産税評価額)に含めて評価されているからです。したがって、これらの評価額を個別に計算する必要はありません。

> 個別に評価しない。

　②その他のもの

　　　次のようなものは、家屋とは別個に評価します。これらは、家屋の固定資産税評価額に含まれていません。

　　イ．門・塀等

　　　　門・塀の価額は下記算式により計算した金額で評価しますが、家屋の価額との均衡を考慮します。

> 再建築価額－経過年数に応じる減価の額×70%= 門・塀等の価額

　　ロ．庭園設備

　　　　庭園設備の価額は、次式により計算した金額で評価します。

> 調達価額×70% =庭園設備の価額

（4）借家権

　　借家権の価額は、次のように評価します。

> 自用家屋の価額×借家権割合×賃借割合＝借家権の価額

　　借家権割合は、30%です。

　　なお、借家権自体は、それが取引される慣習のある地域を除き、課税対象としないことになっています。

10　配偶者居住権の評価

 配偶者居住権等はどのように評価するのですか。

A 配偶者居住権が設定された場合、その居住用建物とその敷地については、建物は配偶者居住権と建物の所有権に、また建物の敷地は敷地利用権と土地の所有権に分けて評価します。

《 解 説 》

1．概要

　被相続人が所有していた居住建物とその敷地（土地）について配偶者が配偶者居住権を設定した場合 、その居住建物は、配偶者が取得した「配偶者居住権」と配偶者以外の相続人が取得した「建物の所有権」に、また居住建物の敷地（土地）は、配偶者が取得した「敷地利用権」と配偶者以外の相続人が取得した「土地の所有権」に、それぞれ分けて評価します。この場合、2つに分れた建物の価額の合計額と土地の価額の合計額は、2つに分ける前の「建物の価額」と「土地の価額」に一致します（後記計算例をご参照）。

　なお、配偶者短期居住権は、財産性がないと認められ、評価対象となりません。

2．配偶者居住権等の評価方法

①配偶者居住権の価額

　　配偶者居住権の価額は、相続開始時における配偶者居住権が設定されていない場合の建物の価額から、存続期間満了時の建物の価額（未償却残高）を現在価値に割り戻した価額を控除して計算します。

$$\frac{\text{配偶者居住}}{\text{権の価額}} = \frac{\text{建物の相続税}}{\text{評 価 額}} - \frac{\text{建物の相続税}}{\text{評 価 額}} \times \left\{\frac{\text{耐用年数－経過年数－残存年数}}{\text{耐用年数－経過年数}}\right\} \times \text{複利現価率}$$

注1：「建物の相続税評価額」は、原則として相続開始時の建物の固定資産税評価額です。
注2：「耐用年数」は、耐用年数省令に定める住宅用建物の耐用年数を1.5倍した年数です。
注3：「経過年数」は、建物の新築日から配偶者居住権設定時までの年数（端数は上記注2と同様に6ヵ月以上の端数は1年、6ヵ月未満の端数は切捨て）です。
注4：「残存年数」は、配偶者居住権の存続年数です。存続期間は、その居住権設定時の配偶者の平均余命（労働省の最新の年齢別（満年齢）の完全生命表によります。年数の端数は上記注2と同様に計算）によります。存続期間が遺産分割協議等で定められた場合は、その定められた年数です（居住権設定時の平均余命を上限とします。）。
注5：「複利現価率」は、「存続期間に応じた法定利率による複利現価率」で、令和2年4月1日以後の法定利率は年3%です）。

②建物の所有権の価額

　　建物の所有権の価額は、相続開始時における配偶者居住権が設定されていない場合の建物の価額から配偶者居住権の価額を控除して計算します。

> 建物の所有権の価額＝建物の相続税評価額－配偶者居住権の価額

注：「建物の相続税評価額」と「配偶者居住権の価額」については、①をご参照ください。

③敷地利用権の価額

　　敷地利用権の価額は、相続開始時における配偶者居住権が設定されていない場合の土地の価額から存続期間満了時の土地の価額（相続開始時の価額を現在価値に割戻した価額）を控除して計算します。

> 敷地利用権の価額＝土地の相続税評価額－土地の相続税評価額×複利現価率

注1：「土地の相続税評価額」は、原則として相続開始時点の自用地としての評価額です。
注2：「複利現価率」については、上記①注5をご参照ください。

④土地の所有権の価額

　　土地の所有権の価額は、相続開始時における配偶者居住権が設定されていない場合の土地の価額から敷地利用権の価額を控除して計算します。

> 土地の所有権の価額＝土地の相続税評価額－敷地利用権の価額

注：「土地の相続税評価額」と「敷地利用権の価額」については、上記③をご参照ください。

【建物の耐用年数表、平均余命、複利現価率】

①建物（住宅用）の耐用年数表（抜粋）

構　　　造		耐用年数	左×1.5
木造		22年	33年
木造モルタル		20年	30年
金属造	3mm以下	19年	29年
（住宅・骨格	3mm超〜4mm以下	27年	41年
材肉厚）	4mm超	34年	51年
鉄骨・鉄筋コンクリート		47年	71年

②平均余命（端数処理後）（抜粋）

年齢	男性	女性
65歳	19年	24年
70歳	16年	20年
75歳	12年	16年
80歳	9年	12年
85歳	6年	8年
90歳	4年	6年
95歳	3年	4年

③複利現価率（年3％）（抜粋）

3年・・0.915	4年・・0.888	6年・・0.837	8年・・0.789	9年・・0.766
10年・・0.744	12年・・0.701	15年・・0.642	16年・・0.623	19年・・0.570
20年・・0.554	24年・・0.492	25年・・0.478	27年・・0.450	30年・・0.412

出所：国税庁『「配偶者居住権等の評価に関する質疑応答事例」について（情報）』の参考資料より

【計算例－通常の場合】

《設　例》

　甲さんが死亡し、次の通り遺産分割協議によって、その所有していた居住建物とその敷地は長男が取得し、妻が配偶者居住権を取得した場合、配偶者居住権等の価額はいくらですか。

　1．相続開始日　　　　　　2020年10月10日　　6．建物の構造　　　　　　　　　　　　木造

　2．遺産分割日　　　　　　2020年12月10日　　7．建物の新築日　　　　　　2005年10月10日

　3．分割時の配偶者の年齢　　85歳2カ月　　8．建物(自用)の相続税評価額　1,500万円

　4．平均余命　　　　　　　　　8年　　　　9．土地(自用地)の相続税評価額　7,000万円

　5．配偶者居住権の存続期間　　　終身

《計　算》

①配偶者居住権

　1,500万円－1,500万円×｛(33年－15年[注1]－8年[注2])　／　(33年－15年)｝×0.789[注3]

　＝8,425,000円

②建物の所有権

　　1,500万円－8,425,000円＝6,575,000円

③敷地利用権

　　7,000万円－7,000万円×0.789[注3]＝14,770,000円

④土地の所有権

　　7,000万円－14,770,000円＝55,230,000円

注1：「経過年数」・・15年
　　　(2005年10月10日～2020年12月10日：15年2カ月→15年)
注2：「存続期間」・・8年(平均余命：8年)
注3：「複利原価率(年3%)」・・0.789(存続期間8年)

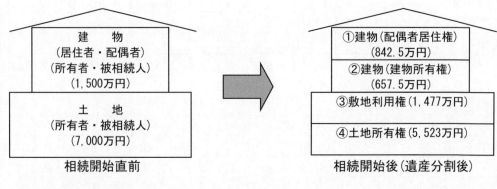

　注：①と③は配偶者が取得し、②と④は長男が取得するものとします。

【計算例 － 建物の共有、建物の一部賃貸の場合】

（1）先の《設例》で、相続開始直前において、建物のみが被相続人2/3、配偶者
　　　1/3の共有であって、建物の被相続人所有部分と土地は長男が取得した場合

・被相続人が相続開始の時に建物を配偶者と共有していた場合は、配偶者居住権
　の成立は認められますが、配偶者以外の者との共有の場合は認められません。

・共有者が配偶者の場合、配偶者居住権の価額の計算上の「建物の相続税評価」
　と敷地利用権の価額を計算する場合の「土地の相続税評価額」は、いずれも被
　相続人の共有持分割合を基に計算します。

　①配偶者居住権

　　　1,500万円×2/3－1,500万円×2/3×10年/18年×0.789＝5,616,667円

　②建物の所有権

　　　1,500万円×2/3－5,616,667円＝4,383,333円

　③敷地利用権

　　　7,000万円×2/3－7,000万円×2/3×0.789＝9,846,667円

　④土地の所有権

　　　7,000万円－9,846,667円＝60,153,333円

（2）先の《設例》で、相続開始時において、建物の一部（床面積200㎡のうち100
　　　㎡）が賃貸用で、建物と土地を長男が取得した場合

・配偶者居住権の価額の計算上の「建物の相続税評価額」と敷地利用権の価額の
　計算上の「土地の相続税評価額」は、賃貸部分を除いた自用部分を基に計算し
　ます。

　①配偶者居住権

　　　1,500万円×100㎡／200㎡－1,500万円×100㎡/200㎡×10年/18年×0.789
　　　＝4,212,500円

　②建物の所有権

　　　1,275万円－4,212,500円＝8,537,500円

　　　注：建物の相続税評価額＝1,500万円×100㎡/200㎡（自用家屋部分）＋1,500万円×100㎡/200㎡×0.7
　　　　　（貸家部分）＝1,275万円

　③敷地利用権の価額

　　　7,000万円×100㎡／200㎡－7,000万円×100㎡/200㎡×0.789＝7,385,000円

　④土地の所有権

　　　6,370万円－7,385,000円＝56,315,000円

　　　注：借地権割合は60％とします。土地の相続税評価額＝7,000万円×100㎡/200㎡（自用地部分）＋
　　　　　7,000万円×100㎡/200㎡×（1－0.6×0.3）（貸家建付地部分）＝6,370万円

11　預貯金・貸付信託の受益証券等の評価

Q 預貯金、貸付信託の受益証券、ゴルフ会員権、生命保険契約に関する権利、家庭用財産、電話加入権は、どのように評価するのですか。

A 定期預金は、預入残高に既経過利息（源泉所得税額控除後）を加算した金額により、また取引相場のあるゴルフ会員権は、原則として取引価格の70%相当額により、それぞれ評価します。

《 解 説 》

（1）預貯金

預貯金の価額は、次のように評価します。

---
①定期預金、定額貯金等

預入残高＋既経過利息（解約利率により計算した利息）－源泉所得税額＝評価額

②普通預金等

①と同じ。ただし、既経過利息の額が少額である場合は、預入残高だけで評価します。

（2）貸付信託の受益証券

貸付信託の受益証券の価額は、次のように評価します。

元本の額＋（既経過収益の額－源泉所得税額）－買取割引料＝評価額

（3）ゴルフ会員権

ゴルフ会員権の価額は、次により評価します。

---
①取引相場のある会員権

　イ．通常の会員権（ロ以外）　　取引価格×70%＝　評価額

　ロ．取引価格に含まれない預託金等がある会員権

　　　　　　　　　　　　　取引価格×70%＋預託金等の評価額＝評価額

②取引相場のない会員権

　イ．株式制の会員権　　　　　株式の価額＝評価額

　ロ．株式制で、かつ預託金等も必要な会員権

　　　　　　　　　　　　　株式の価額＋預託金等の評価額＝評価額

　ハ．預託金制の会員権　　　　預託金等の評価額＝評価額

③プレー権のみの会員権　　　評価しない

（4）生命保険契約に関する権利

　　生命保険契約に関する権利で、相続開始時点でまだ保険事故が発生していないものの価額は、時価（解約返戻金の額）により評価します。

（5）家庭用財産

　　家庭用財産（家財等）の価額は、原則として1個または1組ごとにこれらを新たに調達するとした場合の価額（調達価額）で評価します。ただし、これらの価額が明らかでない場合は、同種のものの小売価額から償却額（減価の額）を控除して評価します。

　　しかし、1個または1組の価額が5万円以下のものは、個々に評価せず、一括して評価してよいことになっています。

（6）電話加入権

　　電話加入権は取引相場のあるものは課税時期における通常の取引価額で評価します。これ以外のものは電話取扱局毎に国税局長の定める標準価額で評価します。東京都における取引相場のある電話加入権以外の加入権の標準価額（令和2年分）は次のとおりです。

1回線あたり　1,500円

12　株式・公社債等の評価

 株式や公社債、証券投資信託の受益証券の評価はどのように行うのですか。

 上場株式は課税時期の取引価格を基準に、また非上場株式は会社の規模等に応じて原則的評価方式その他により、それぞれ評価します。

《 解 説 》

1．株式

（1）上場株式

上場株式の価額は、次の価額のうち最も低い価額によって評価します。

①相続等のあった日の最終価格

②相続等のあった日の属する月の毎日の最終価格の月平均額

③相続等のあった日の属する月の前月の毎日の最終価格の月平均額

④相続等のあった日の属する月の前々月の毎日の最終価格の月平均額

なお、負担付贈与または個人間の対価をともなう取引（売買等）により取得した上場株式の価額は、その株式が上場されている証券取引所の公表する、その取引日の最終価格によって評価します。

（2）気配相場等のある株式

気配相場等のある株式の価額は、おおむね次のように評価します。

①登録銘柄・店頭管理銘柄 ・・・・上場株式に準じた評価方法

②公開途上にある株式 ・・・・・・・公開価格

（3）取引相場のない株式

取引相場のない株式（一般の非上場の同族会社の株式）の価額は、その会社の規模、株主の態様、資産の構成割合等に応じて、次のように評価します。

会社の区分		同族株主等が取得	左以外が取得
特定の評価会社	清算中の会社	清算分配見込金額	配当還元価額
	開業前または休業中の会社	純資産価額	
	開業後3年未満の会社	純資産価額 { 株式特定会社は 簡易評価も可 }	
	比準3要素ゼロの会社		
	土地保有特定会社		
	株式保有特定会社		
	比準2要素ゼロの会社	純資産価額または次式の額との低い方 類似業種比準価額×0.25＋純資産価額×0.75	
一 般 の 評 価 会 社		大会社、中会社、小会社の別により、類似業種比準価額、純資産価額、併用方式の価額	

●取引相場のない株式のうち、一般の評価会社の場合における株式の評価方法

　一般の評価会社の株式は、株式を同族株主等が取得した場合は原則的評価方法により、またそれ以外の人が取得した場合は例外的評価方法により、それぞれ評価します。なお、配当優先の無議決権株式、社債類似株式及び拒否権付株式については、別途評価方法が定められています。

①評価方法の概要

会社規模(注1)		同族株主等(支配株主)が取得した場合 (原則的評価)	左以外 の場合
大会社		・類似業種比準価額　　いずれか ・純資産価額　　　　　低い価額	配当還元価額（例外的評価）
中会社	大	・類似業種価額(注2)×0.90＋純資産価額(注3)×0.10	
	中	・類似業種価額(注2)×0.75＋純資産価額(注3)×0.25	
	小	・類似業種価額(注2)×0.60＋純資産価額(注3)×0.40	
小会社		・純資産価額(注3)　　　　　　　　　　　　　　　　いずれか ・類似業種比準価額×0.50＋純資産価額(注3)×0.50　低い価額	

注1：評価会社の会社規模(大会社、中会社の大、等)の判定は、次の②によります。
　2：類似業種比準価額＞純資産価額　の場合は、純資産価額によります。
　3：議決権割合50%以下の場合は、『純資産価額×80%』とします。

②会社規模の判定

　イ．従業員数が70人以上の会社…大会社
　ロ．従業員数が70人未満の会社…次のAの区分(「総資産価額(帳簿価額)」と「従業員数」とのいずれか下位の区分)とBの区分とのいずれか上位の区分により判定します。

A．直前期末の総資産価額（帳簿価額）および直前期末以前1年間の従業員数

総資産価額（帳簿価額）			従業員数	会社規模と Lの判定	
卸 売 業	小売・サービス業	そ の 他			
20億円以上	15億円以上	15億円以上	35人超	大会社	
4億円以上20億円未満	5億円以上15億円未満	5億円以上15億円未満	35人超	0.90	中会社
2億円以上4億円未満	2億5,000万円以上5億円未満	2億5,000万円以上5億円未満	20人超35人以下	0.75	
7,000万円以上2億円未満	4,000万円以上2億5,000万円未満	5,000万円以上2億5,000万円未満	5人超20人以下	0.60	
7,000万円未満	4,000万円未満	5,000万円未満	5人以下	小会社	

B．直前期末以前1年間の取引金額

卸 売 業	小売業・サービス業	そ の 他	会社規模とLの判定	
30億円以上	20億円以上	15億円以上	大会社	
7億円以上30億円未満	5億円以上20億円未満	4億円以上15億円未満	0.90	中会社
3億5,000万円以上7億円未満	2億5,000万円以上5億円未満	2億円以上4億円未満	0.75	
2億円以上3億5,000万円未満	6,000万円以上2億5,000万円未満	8,000万円以上2億円未満	0.60	
2億円未満	6,000万円未満	8,000万円未満	小会社	

③類似業種比準価額の計算式

$$類似業種比準価額＝A×\frac{\dfrac{ⓑ}{B}+\dfrac{ⓒ}{C}+\dfrac{ⓓ}{D}}{3}×斟酌率_{(大会社0.7、中会社0.6、小会社0.5)}$$

　　A：類似業種の株価(注1)

　　B：課税時期の属する年の類似業種の1株当たりの配当金額(注1)

　　C：課税時期の属する年の類似業種の1株当たりの年利益金額(注1)

　　D：課税時期の属する年の類似業種の1株当たりの純資産価額(注1)

　　ⓑ：評価会社の１株あたりの配当金額(直前期末以前２年間の平均・(記念配当等は除く))

　　ⓒ：評価会社の１株あたりの年利益金額(直前期末以前２年間の平均または１年間の額)

　　ⓓ：評価会社の１株あたりの純資産価額(直前期末の額)(注2)

注：1．A，B，CおよびDの数値は、業種目ごとに国税庁から発表されます。また、Aは、課税時期の属する月の平均株価、その前月の平均株価、その前々月の平均株価、前年の平均株価および課税時期の属する月以前2年間の平均株価のうち最も低い株価によります。

　　2．ⓒは、法人税法上の課税所得金額をベースに固定資産売却益などの非経常的利益を控除して計算します。ⓓは、「資本金等の額＋利益積立金」を「発行済株式総数」で除して計算します。

④純資産価額の計算式

$$純資産価額_{(注1)}＝\frac{A－B－C}{発行済株式数}$$

　　A：相続税評価額による総資産価額

　　B：相続税評価額による負債額

　　C：評価差額に対する法人税等相当額(注2)

注：1．同族株主の議決権割合が50％以下の場合は、この価額の80％で評価します。

　　2．Cの金額は、次のように計算します。

　　　　{(相続税評価額による総資産価額－相続税評価額による負債額)－(帳簿価額による総資産価額－帳簿価額による負債額)}×37％

⑤配当還元価額の計算式

配当還元価額(注1)＝年配当金額(注2)／10％×１株あたり資本金等の額／50円

注：1．配当還元価額が、原則的評価方法による価額を超える場合は、原則的評価等の方法により評価した価額となります。

　　2．年配当金額は、評価会社の直前期末以前２年間の年平均配当金額（１株あたり50円換算）で、記念配当等の臨時的な配当を除外して計算します。

　　　　また、その年配当金額が２円50銭未満または無配の場合は、年配当金額を２円50銭として計算します。

２．公社債の評価

（１）利付公社債

利付公社債の価額は、次のように評価します。

イ．上場利付公社債または売買参考統計値公表銘柄である利付公社債

$$\left\{課税時期の最終価格（または平均値）＋既経過利息－源泉所得税額\right\}×\frac{券面額}{100円}＝評価額$$

ロ．それ以外の利付公社債

$$\left\{発行価額＋既経過利息－源泉所得税額\right\}×\frac{券面額}{100円}＝評価額$$

ハ．個人向け国債

$$額面金額＋既経過利息－源泉所得税額－中途換金調整額＝評価額^{（注）}$$

注：個人向け国債は、課税時期に中途換金した場合に取扱機関から支払を受けることができる価額（この算式により計算した価額）により評価します。

（２）割引公社債

割引公社債の価額は、次のように評価します。

イ．上場割引公社債または売買参考統計値公表銘柄である割引公社債

$$課税時期の最終価格（または平均値）×\frac{券面額}{100円}＝評価額$$

ロ．それ以外の割引公社債

$$\left\{発行価額＋（券面額－発行価額）×\frac{発行日から課税時期までの日数}{発行日から償還期限までの日数}\right\}×\frac{券面額}{100円}＝評価額$$

３．証券投資信託

証券投資信託の受益証券の価額は、次のように評価します。

イ．上場証券投資信託の受益証券

上場株式の評価方法に準じて評価します。

ロ．それ以外の証券投資信託の受益証券

課税時期において解約請求又は買取請求によって証券会社などから支払いを受けることができる金額＝評価額

13　国外財産の評価

 外国にある財産は、どのように評価するのですか。

 国外財産の評価については、財産評価基本通達で定める評価方法により評価します。しかし、この評価方法で評価できないときは、この通達の定めに準じて、または売買実例価額、精通者意見価格等を参酌して評価します。

《 解 説 》

（1）国外財産の評価方法

　　国外財産についても、それを取得した人に相続税の課税対象になる場合があります。この国外財産をどう評価するかですが、その評価方法は財産評価基本通達において次のように定められています。

原　　則	財産評価基本通達に定める評価方法により評価する。
特　　則	この通達の定める評価方法により評価できない場合は、この評価方法に準じて、または売買実例価額、精通者意見価格等を参考に評価する。 　ただし、課税上弊害のない限り、その財産の取得価額をもとにその財産の所在する地域若しくは国におけるその財産と同一種類の財産の一般的な価格傾向に基づき時点修正して求めた価額または課税時期後にその財産を譲渡した場合における譲渡価額をもとに課税時期現在の価額として算出した価額により評価することができる。

　　このように基本的には、国内財産と同様の方法により、いわゆる時価によって評価することになります。ただし、実際に個々の国外財産を評価するとなれば、実務的にかなりの困難をともないます。

　　たとえば、土地の場合は、路線価方式や倍率方式が適用できませんから、「原則として、売買実例価額、地価の公示制度に基づく価格及び鑑定評価額等を参酌して評価します。」（国税庁・質疑応答事例「国外財産の評価－土地の場合」）。

（2）邦貨換算レート

　　国外財産は、円に邦貨換算しなければなりません。

　　このレートについては、原則として納税義務者の取引金融機関（外貨預金等、取引金融機関が特定されている場合は、その取引金融機関）が公表する「対顧客直物電信買相場（ＴＴＢ）」またはこれに準ずる為替相場によります。ただし、先物外国為替契約が締結されており、その財産の為替相場が確定している場合は、その確定している先物相場のレートによります。

　　なお、国外債務については、「対顧客直物売相場（ＴＴＳ）」によります。

第5章

相続開始後の手続

1　相続開始後の手続とスケジュール

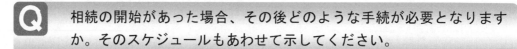

Q 相続の開始があった場合、その後どのような手続が必要となりますか。そのスケジュールもあわせて示してください。

A 相続の開始があった場合、その後、さまざまな手続が必要になります。その手続の内容や手順は、ケースによって異なり、必ずしも同一ではありません。以下では、その主なものと留意点について述べることにします。

《 解 説 》

①死亡届

　人が死亡した場合には、まず市区町村役場に死亡診断書や死体検案書を添付して「死亡届」を提出しなければなりません。提出義務者は、同居親族その他の同居人等で、死亡の事実を知った日から7日以内に死亡地の市区町村長宛てか、被相続人の本籍地または届出人の所在地の市区町村長宛てに届けます(p.186参照)。届け出の際には火葬や埋葬をするための「埋(火)葬許可証交付証」もあわせて提出します。

②通夜・葬式

　通夜や葬儀においては、葬式に要した費用(領収書)をまとめておくことが大切です。領収書は相続税の申告の際にも必要です。また、受け取った香典は、香典帳に記帳するとともにきっちりと管理、保管することが大切です。香典は通常、課税されません。

③被相続人や相続人の戸籍謄本等の取り寄せ

　被相続人の出生時から死亡時までの継続した戸籍謄本(除籍謄本・改製原戸籍謄本)、相続人の戸籍謄本などを取り寄せます。

　これらは、相続人の確認をするために必要であることの他、相続登記、相続税の申告、生命保険金の請求、各種年金の請求、銀行預金や株式等の名義変更、等の手続きの際に提出が必要です。何通必要になるのかをあらかじめよく検討して、余裕をもった通数を取り寄せた方がよいでしょう。

④遺言書の確認

　遺言書の有無を確認する必要があります。自筆証書遺言については、自宅等に保管されていたものを除き、保管制度を利用した自筆証書遺言の有無については、法務局へ照会すれば、その有無が確認できます。そして遺言書の存在が確認できたときは、法務局に対して遺言書の写しの交付の請求や遺言書の閲覧をすることができます。また、公正証書遺言の有無については、公証人役場で確認でき、その存在が確認できたときは、その遺言書の内容について閲覧や謄本の請求ができます。

　自筆証書遺言を自宅等で保管していた場合は、この遺言書の保管者やこれを発見した相続人は、遺言者の相続の開始を知った後、遅滞なく、これを家庭裁判所に提出してその検認を請求しなければなりません(p. 188参照)。もし、これを怠ると過料に処せられます。ただし、上記の保管制度を利用した自筆証書遺言と公正証書遺言については、その必要がありません。

　これらの手続きを経た後に、遺言の内容を実行に移すことになります（p. 48参照）

⑤生命保険金の請求

　被相続人を被保険者とする生命保険に加入していた場合は、生命保険会社に連絡して、死亡保険金の支払請求書の送付を受け、その請求書に必要な書類を添付して死亡保険金の支払い請求をします。また、被相続人が契約者となっている生命保険契約であっても、被相続人自身が被保険者でないものも、生命保険契約の権利が相続税の課税対象となるため、その契約内容の確認が必要です（p. 57参照）。

⑥社会保険関係の手続き

　厚生年金等の受給者であった人が死亡した場合は、年金が後払いであるため未支給の年金があります。そこで、遺族はその年金の支給を受けるために「国民年金・厚生年金保険未支給年金・保険給付請求書」を提出しますが、その請求書には、『年金受給権者死亡届』がセットされていますので、この死亡届も忘れずあわせて提出してください。ただし、日本年金機構にマイナンバーが収録されている人については、死亡届の提出は、原則として不要です。

　国民年金や厚生年金保険、労災保険から遺族給付が受けられる場合は、その請求をします(p. 194参照)。

　なお、夫の死亡に伴い、妻自身の健康保険や年金への加入については次の点に留意して下さい。健康保険の被扶養者であった場合は、妻自身が国民健康保険へ加入するか、健康保険における他の被保険者の被扶養者になるかを選択します。また、国民年金の第3号被保険者であった場合は、第1号被保険者に変更する手続きが必要です。

⑦相続人の確認・相続関係図の作成

　取り寄せた戸籍謄本等によってだれが相続人であるかを確認する必要があります。その確認ができないと、その後の遺産分割協議や遺言書による遺産の引継ぎができません。

　相続人が確認できたら、これをまとめた相続関係図を作成しておくと便利です。特に相続人が多い場合や被相続人が多数の金融機関と取引していたような場合は、法定相続情報証明制度に基づく法定相続情報一覧図(写し)の交付を受けるのがよいでしょう(p.216参照)

⑧遺産の調査

　被相続人の遺産は、債務も含めて相続人に引き継がれます。そこで、被相続人の遺産(債務を含む)を調査して、その証拠書類や関係書類を整える必要があります。また、その際それぞれの遺産の評価を行うことも必要です。この調査と資料収集にかなり手数がかかり、容易でないことが多いようです。遺産分割や相続税の申告等に必要な資料の主なものを掲げておきましたので、参考にしてください(p.185参照)。

⑨預貯金の払戻し制度の利用

　相続開始後に、被相続人に係る葬儀費用や相続人の生活費の支払などのために資金が必要になることがあります。そのような場合でも、従来は遺産分割が終了するまでは、相続人が被相続人の預貯金の払戻しができませんでした。しかし、先般の民法改正により、遺産分割前でも、一定の範囲内で預貯金の払戻しができるようになりましたので、必要な場合にはこの制度を利用するとよいでしょう (p.6参照)。

⑩相続の放棄や限定承認の申述

　相続放棄や限定承認の申述期限は、原則として相続の開始を知った時から3ヶ月以内ですから、注意を要します(p.218, 222参照)。財産よりも債務の方が多額であると、相続放棄や限定承認をしておかないと、相続人の固有財産を持ち出して債務を弁済しなければならなくなります。したがって、遺産の調査は、迅速に、かつ正確に行う必要があります。

⑪所得税の準確定申告

　年の途中で死亡した場合で、その年1月1日から死亡の日までの所得について所得税を納付しなければならない場合は、相続人は相続の開始があったことを知った日の翌日から4ヶ月以内に被相続人の所轄税務署に対して所得税の申告と納税が必要です。またその年分の確定申告書を提出すべき人が、その年の翌年1月1日から3月15日までの間に確定申告書を提出しないで死亡した場合も同様です (p.212参照)。

⑫遺産の分割・相続税額の概算把握

　遺産全体が確認できたら、遺産をどのように分割するかを検討します。遺言があればそれに従い、また遺言がなければ相続人全員の協議によって、遺産をどのように分割するかについて協議します。その場合、相続人の中に未成年者がいる時は、その未成年者のための特別代理人の選任申し立てが必要になります(p.232参照)。

　その際には相続税の申告や納付が必要か、納付が必要であるときは、その納付額はどのくらいか、またその納税方法はどうするか、といった点についても検討しなければなりません(p.85、226参照)。

　遺産分割の協議が整ったら、遺産分割協議書を作成しますが、そこには相続人全員が実印で押印し、印鑑証明書を添付しておくのが通常です(p.22、230参照)。

　もし、協議が整わないときなどは、家庭裁判所の調停や審判を仰ぐことになります(p.244参照)。

⑬遺産の寄付

　最近、遺産を慈善団体等に寄付する人が多く見られます。この遺産の寄付の方法には、大別して被相続人が遺言で遺産を寄付する（遺贈）という方法と相続人が相続や遺贈によって取得した財産を寄付するという方法とがあります。

⑭相続税の申告書の提出と納税

　相続税の申告や納税が必要な場合は、相続の開始があった日の翌日から10ヶ月以内に相続税の申告と納税が必要です(p.76、85参照)。延納や物納をしたい場合は、その申請も合わせて行います。この手続きは、相続人自身が税務署に対して行う必要があります(p.250、254参照)。

⑮相続財産の名義変更

　遺産分割により各相続人に帰属した相続財産については、その名義を相続した人の名義に変更しなければなりません。この名義変更については特に期限は定められていません。しかし、名義変更には相続関係の書類が必要であることなどから、できるだけ早めに済ませた方がよいでしょう(p.258、260参照)。

相続開始後の主な手続とスケジュール

主　な　手　続	期　限	手　続
		─ 相続開始
① 死　　亡　　届	7日以内	─ 埋(火)葬許可証交付証も提出
② 通　夜　・　葬　式		─ 通夜・葬式・葬式費用の記録
③ 戸籍謄本等の取り寄せ		─ 戸籍謄本等を取り寄せ
④ 遺　言　書　の　確　認		─ 公正証書遺言・遺言書保管所で保管の遺言書を除き、検認が必要
⑤ 生命保険金の請求		─ 生命保険会社への請求
⑥ 社会保険の手続き		─ 公的年金受給者の死亡届・年金請求
⑦ 相　続　人　の　確　認		─ 法定相続情報一覧図
⑧ 遺　産　の　調　査		─ 死亡日現在の全財産(債務を含む)
⑨ 預　貯　金　の　仮　払		─ 遺産分割前の払戻し
⑩ 相続放棄・限定承認の申述	3ヶ月以内	─ 家庭裁判所への申述
⑪ 所得税の準確定申告	4ヶ月以内	─ 被相続人の住所管轄の税務署長あて
⑫ 遺産分割・相続税の検討		─ 遺産分割協議書の作成　未成年者のための特別代理人の選任　遺産分割の調停・審判の申立て
⑬ 遺　産　の　寄　付		─ 被相続人の遺贈、相続人の寄付
⑭ 相続税の申告・納付	10ヶ月以内	─ 被相続人の住所の所轄税務署長あて　延納と物納の申請
⑮ 相続財産の名義変更		─ 期限はなし

注：「7日以内」「4ヶ月以内」等の日数や月数は、相続開始後の日数や月数を示します。

相続財産の調査と相続税の申告のための準備・確認書類

1．被相続人・相続人等

被相続人・相続人	確認・提出書類	確認先
被相続人	・戸籍謄本(出生時より死亡時まで) ・履歴書	・市区町村役場等 ・相続人が作成
相 続 人	・戸籍謄本　・印鑑証明書　・住民票 ・相続関係図 ・法定相続情報一覧図	・市区町村役場等 ・相続人が作成 ・法務局(登記所)
被相続人(遺言者)	・遺言書(自筆証書遺言・公正証書遺言で、自宅等で保管中のもの) ・遺言書情報証明書　・遺言書の閲覧	・保管者 ・遺言書保管所(法務局)

2．相続財産

種　　類		確 認・提 出 書 類	書類確認先
土　　　地		・登記事項証明書 ・公図 ・実測図 ・固定資産評価証明書 ・路線価図・評価倍率表 ・住宅地図 ・土地賃貸借契約書(貸地、借地)	・法務局 ・法務局 ・被相続人等 ・都税事務所、市区町村役場等 ・税務署、国税庁ＨＰ ・市販図書 ・保管者
建　　　物		・登記事項証明書 ・固定資産評価証明書 ・賃貸借契約書(貸家)	・法務局 ・市区町村役場等 ・保管者
有価証券	上 場 株 式	・所有株式数証明書 ・預り証 ・株価表	・証券代行会社 ・証券会社 ・日本証券新聞(税務署にあり)
	非 上 場 株 式	・評価対象会社の最近３期分の法人税申告書、決算書 ・会社所有の土地、建物、有価証券の明細	・当該会社 ・当該会社
	公社債・投信等	・残高証明書、預かり書 ・公社債券等 ・価格表	・証券会社 ・保管者 ・日本証券新聞等

種　　　類	確　認・提　出　書　類	書類確認先
預　　貯　　金	・残高証明書 ・預貯金証書・通帳	・金融機関 ・保管者
生　命　保　険　金	・生命保険金支払通知書等 ・保険証券(保険事故発生していないもの)	・保険金受取人、生命保険会社 ・保管者
退　職　金　等	・退職金・弔慰金等支払通知書	・受取人、支払会社
ゴルフ会員権	・会員権証 ・会員権相場表	・保管者、ゴルフ場 ・会員権仲介業者
電　話　加　入　権	・加入局・電話番号	・相続人
その他の財産	・それらの明細・取得日とその価格等	・相続人
借　　入　　金	・借入金残高証明書	・金融機関等
未　　払　　金	・請求書等	・保管者、相手方
葬　式　費　用	・領収書・請求書	・保管者、葬儀社

《死亡届》

（注）品川区の死亡届の様式で一部省略、右側が次ページの死亡診断書になっている。

《死亡診断書》

死亡診断書（死体検案書）

この死亡診断書（死体検案書）は、我が国の死因統計作成の資料としても用いられます。楷書で、できるだけ詳しく書いてください。

記入の注意

氏　　　名			1 男 2 女	生年月日	明治　昭和 大正　平成　　　　　年　　月　　日 （生れてから30日以内に死亡したときは生まれた時刻も書いてください。）午前・午後　　時　　分	
死亡したとき		年　　　　月　　　　日　　　午前・午後　　　時　　　分				

- 生年月日が不詳の場合は、推定年齢をカッコを付して書いてください。
- 夜の12時は「午前０時」、昼の12時は「午後０時」と書いてください。

(12) (13)	死亡したところ 及びその種別	死亡したところの種別	1病院　2診療所　3介護医療院・介護老人保健施設　4助産所　5老人ホーム　6自宅　7その他		
		死亡したところ		番　地 番　　号	
		（死亡したところの種別1～5） 施　設　の　名　称	（　　　　　　　）		

- 「5老人ホーム」は、養護老人ホーム、特別養護老人ホーム、軽費老人ホーム及び有料老人ホームをいいます。
- 死亡したところの種別で「3介護医療院・介護老人保健施設」を選択した場合は、施設の名称に続けて、介護医療院、介護老人保健施設の別をカッコ内に書いてください。

(14)	死亡の原因		（ア）直接死因		発病（発症） 又は受傷から 死亡までの 期間
	◆Ⅰ欄、Ⅱ欄ともに疾患の終末期の状態としての心不全、呼吸不全等は書かないでください	Ⅰ	（イ）（ア）の原因		◆年、月、日等の単位で書いてください ただし、1日未満の場合は、時、分等の単位で書いてください
	◆Ⅰ欄では、最も死亡に影響を与えた傷病名を医学的因果関係の順番で書いてください		（ウ）（イ）の原因		
	◆Ⅰ欄の傷病名の記載は各欄一つにしてください		（エ）（ウ）の原因		
	ただし、欄が不足する場合は（エ）欄に残りを医学的因果関係の順番で書いてください	Ⅱ	直接には死因に関係しないがⅠ欄の傷病経過に影響を及ぼした傷病名等		（例：1年3ヵ月、5時間20分）
		手術	1無　2有 {部位及び主要所見	}手術年月日　　　年　　月　　日	
		解剖	1無　2有 {主要所見		

- 傷病名等は、日本語で書いてください。
- Ⅰ欄では、各傷病について発病の型（例：急性）、病因（例：病原体名）、部位（例：胃噴門部がん）、性状（例：病理組織型）等もできるだけ書いてください。
- 妊娠中の死亡の場合は「妊娠満何週」、また、分娩中の死亡の場合は「妊娠満何週の分娩中」と書いてください。
- 産後42日未満の死亡の場合は「妊娠満何週産後満何日」と書いてください。
- Ⅰ欄及びⅡ欄に関係した手術について、術式又はその診断名と関連のある所見等を書いてください。紹介状や伝聞等による情報についてもカッコして書いてください。

(15)	死因の種類	1病死及び自然死 外因死 { 不慮の外因死 {2交通事故　3転倒・転落　4溺水　5煙、火災及び火焔による傷害} 6窒息　7中毒　8その他} その他及び不詳の外因死 {9自殺　10他殺　11その他及び不詳の外因} 12不詳の死

- 「2交通事故」は、事故発生からの期間にかかわらず、その事故による死亡が該当します。
- 「5煙、火災及び火焔による傷害」は、火災による一酸化炭素中毒、窒息等も含まれます。

(16)	外因死の 追加事項 ◆伝聞又は確定情報の場合でも書いてください	傷害が発生したとき	年　月　日　午前・午後　時　分	傷害が発生したところ	都道 府県 市　区 郡　町村
		傷害が発生したところの種別	1住居　2工場及び建築現場　3道路　4その他（　　）		
		手段及び状況			

- 「1住居」とは、住宅、庭等をいい、老人ホーム等の居住施設は含まれません。
- 傷害がどういう状況で起こったかを具体的に書いてください。

(17)	生後1年未満で 病死した場合の 追加事項	出生時体重 　　　　グラム	単胎・多胎の別 1単胎　2多胎（　子中第　子）	妊娠週数 満　　週
		妊娠・分娩時における母体の病態又は異状 1無　2有　　　　3不詳	母の生年月日 　　年　　月　　日	前回までの妊娠の結果 出生児　　　人 死産児　　　胎 （妊娠満22週以後に限る）

- 妊娠週数は、最終月経、基礎体温、超音波計測等により推定し、できるだけ正確に書いてください。
- 母子健康手帳等を参考に書いてください。

(18)	その他特に付言すべきことがら	

(19)	上記のとおり診断（検案）する 〔病院、診療所、介護医療院若しくは介護老人保健施設等の名称及び所在地又は医師の住所〕	診断（検案）年月日　令和　　年　　月　　日 本診断書（検案書）発行年月日　令和　　年　　月　　日 　　　　　　　　　　　　　　　　　番地 　　　　　　　　　　　　　　　　　番　　号
	（氏名）　　　医師	印

2　遺言者の死亡

Q 自筆証書遺言書に係る遺言者が死亡した場合の手続きについて教えて下さい。

A 自宅などで保管していたものは検認手続きが必要で、また保管制度を利用していたものは遺言内容の確認が必要です。

《 解 説 》

（1）検認の申立手続

　　遺言書（保管制度利用の自筆証書遺言書や公正証書遺言書を除く）の保管者またはこれを発見した相続人は、遺言者の死亡を知った後、遅滞なくこれを家庭裁判所に提出して検認の請求をしなければなりません。

①申立てに当たって必要なもの

　　①申立書 ･･････p.190の様式をご参照ください。

　　②収入印紙 ･････遺言書１通につき800円

　　③郵便切手 ･････実費相当分

　　④添付書類 ･････遺言者の戸籍謄本などの書類を添付してください。

②申立人

　　遺言書の保管者または遺言書を発見した相続人です。

③申立の時期

　　遺言者の死亡を知った後、遅滞なく申し立てる必要があります。

④申立書の提出先

　　遺言者の最後の住所地を管轄する家庭裁判所です。

⑤申立後の手続

　　申立書が提出されると検認期日が定められ、その日に遺言書原本および遺言者の自筆を証する書面を提出します。また、封印のある遺言書は、相続人またはその代理人の立会いのもとに開封します。遺言書の検認がされたときは、申請により家庭裁判所から検認済証明書が付された遺言書原本が返還されます。

（2）自筆証書遺言書保管制度に係る遺言者の死亡

イ．遺言書の保管の確認

　　死亡した人（遺言者）の相続人、遺言執行者等または受遺者等は、全国どこの遺言書保管所に対しても、必要書類を添付して遺言書保管事実証明書の交付申請をして、特定の遺言者の、自分を相続人、遺言執行者等又は受遺者等とする遺言書が保管されているかどうかの確認をすることができます。

　　その証明書の手数料は、1通につき800円です。

　　遺言書保管所からは、遺言書が保管されていれば「遺言書が保管されている旨」が、また遺言書が保管されていなければ「保管されていない旨」が記載された遺言書保管事実証明書が交付されます。

ロ．遺言書の内容の確認

　　遺言書が遺言書保管所に保管されていることが確認できた場合には、相続人等は、遺言書情報証明書の交付請求や遺言書の閲覧によって、遺言書の内容を確認することができます。

《遺言書情報証明書の交付請求》

　　全国どの遺言書保管所に対しても、必要書類を提出して遺言書情報証明書の交付申請を行うことができます。その証明書の手数料は、1通につき1,400円です。

　　遺言書保管所からは、遺言書の画像データを含む遺言書情報証明書（次ページ参照）が交付され、これによって遺言書の内容を確認できます。ただし、遺言書原本は交付されません。

　　この証明書は、自筆証書遺言書として不動産の相続登記や相続預貯金の払戻しや名義変更等の相続手続きに利用することができます。自筆証書遺言書は、遺言者について相続開始した後に、原則として家庭裁判所の検認が必要ですが、遺言書保管所に保管されていた遺言書については、その必要はありません。

　　なお、相続人等がこの証明書の交付を受けると、遺言書保管所の遺言書保管官は、その相続人等以外の相続人等に対して遺言書を保管している旨を通知することになっています。

《遺言書の閲覧》

　　相続人等は、遺言書の閲覧を請求して、遺言書保管所に保管されている遺言書の内容を次のいずれかの方法で閲覧・確認することもできます。

- ・モニターによる閲覧・・全国どの遺言書保管所でも、閲覧できます。この手数料は、1回につき1,400円です。
- ・遺言書原本の閲覧・・遺言書の原本が保管されている遺言書保管所でのみ、閲覧できます。この手数料は、1回につき1,700円です。

《家事審判申立書（遺言書の検認・記入例）》

受付印	家 事 審 判 申 立 書　事件名（　　遺言書の検認　　）
	（この欄に申立手数料として1件について800円分の収入印紙を貼ってください。） 印　紙 （貼った印紙に押印しないでください。） （注意）登記手数料としての収入印紙を納付する場合は，登記手数料としての収入印紙は貼らずにそのまま提出してください。

収入印紙	円
予納郵便切手	円
予納収入印紙	円

| 準口頭 | | 関連事件番号　平成・令和　　　年（家　　）第　　　　　号 |

| ○○　家庭裁判所
御中
令和 ○年 ○月 ○日 | 申　立　人
（又は法定代理人など）
の 記 名 押 印 | 甲　野　一　郎　㊞ |

| 添付書類 | ※　標準的な申立添付書類については，裁判所ウェブサイトの「手続の概要と申立ての方法」のページ内の「申立てに必要な書類」欄を御覧ください。 |

申 立 人	本　籍 （国籍）	（戸籍の添付が必要とされていない申立ての場合は，記入する必要はありません。） ○○　都道府県　○○市○○町○丁目○番地
	住　所	〒 ○○○ - ○○○○　　電話 ○○○（○○○）○○○○ ○○県○○市○○町○丁目○番○号　　（　　　　方）
	連絡先	〒　-　　電話　（　　　） （注：住所で確実に連絡ができるときは記入しないでください。）　（　　方）
	フリガナ 氏　名	コ ウ ノ　イ チ ロ ウ 甲　野　一　郎	昭和平成令和 ○年 ○月 ○日生（　○○　歳）
	職　業	会 社 員

※ 遺 言 者	本　籍 （国籍）	（戸籍の添付が必要とされていない申立ての場合は，記入する必要はありません。） ○○　都道府県　○○市○○町○丁目○○番地
	最後の 住　所	〒　-　　電話　（　　　） 申立人の住所と同じ　　（　　方）
	連絡先	〒　-　　電話　（　　　）　（　　方）
	フリガナ 氏　名	コ ウ ノ　タ ロ ウ 甲　野　太　郎	昭和平成令和 ○年 ○月 ○日生（　　　歳）
	職　業	

（注）　太枠の中だけ記入してください。
※の部分は，申立人，法定代理人，成年被後見人となるべき者，不在者，共同相続人，被相続人等の区別を記入してください。

別表第一（1/ **2**）

（注）次頁は省略

《遺言書保管事実証明書（見本）》

遺言書保管事実証明書

請求人	
資格	☑相続人　□相続人以外
氏名又は名称	遺言　一郎
住所	○○県○○市○○町○丁目○番地○
遺言者	
氏名	遺言　太郎
出生の年月日	昭和○年○月○日
遺言書	
作成の年月日	令和2年7月10日
遺言書が保管されている遺言書保管所の名称	○○法務局
保管番号	H0101-202007-100

　　上記の遺言者の申請に係る遺言書が遺言書保管所に保管され，上記のとおり遺言書保管ファイルに記録されていることを証明する。

令和3年7月10日
○○法務局

遺言書保管官
法務　三郎

整理番号　ア000001　　　　　　　　　　　　　　　　　　　　1／1

出所：法務省ホームページ「遺言書情報証明書及び遺言書保管事実証明書について」の「見本1（請求人の資格が「相続人」で，遺言書が保管されている場合)」

3　相続と健康保険の給付

 相続が発生した場合、健康保険からはどんな給付が受けられますか。

 健康保険の被保険者が業務外の病気等で死亡した場合は埋葬料（費）、国民健康保険の加入者が死亡した場合は葬祭費が支給されます。

《 解 説 》

（1）健康保険（協会けんぽ）の埋葬料

　　健康保険の被保険者が業務外の事由で死亡した場合には、埋葬料が支給されます。なお、業務上や通勤途上で死亡したときは、労災保険からの給付となります。

①受けられる人

　　死亡した健康保険の被保険者によって生計が維持されていた人（被扶養者など）

②支給額

> 5万円

③受給手続

　　『健康保険被保険者埋葬料（費）支給申請書』に、健康保険被保険者証と次の書類を添付して協会けんぽ支部または健康保険組合に提出します。

　　死亡に関する証明書類 … 埋葬許可証の写し、死亡診断書、事業主の証明書等のいずれか（保険者によって異なります）

④埋葬費

　　①の埋葬料を受けられる人がいない場合は、埋葬を行った人に埋葬費が支給されます。

> 埋葬に要した費用相当額（5万円の範囲内）

（2）国民健康保険の葬祭費

　　国民健康保険の加入者が死亡した場合には葬祭費が支給されます。

①受けられる人

　　喪主または現実に葬儀を行った人

②支給額

　　市区町村によって異なります。東京23区では7万円です。

③受給手続

　　『国民健康保険葬祭費支給申請書』に葬儀に要した領収書を添付して、市区役所や町村役場に提出します。

《健康保険被保険者家族埋葬料支給申請書》

健康保険　被保険者／家　族　**埋葬料（費）** 支給申請書　　**1** / 2 ページ　被保険者記入用　埋

記入方法および添付書類等については、「健康保険 被保険者 家族 埋葬料（費）支給申請書 記入の手引き」をご確認ください。

申請書は、黒のボールペン等を使用し、楷書で枠内に丁寧にご記入ください。　記入見本 0 1 2 3 4 5 6 7 8 9 ｱ ｲ ｳ

被保険者情報 ※

被保険者証の （左づめ）	記号	番号	生年月日　年　月　日 1.昭和 2.平成 3.令和

氏名・印　（フリガナ）　印　自署の場合は押印を省略できます。

住所　〒　　都道府県

電話番号（日中の連絡先）※ハイフン除く　TEL

振込先指定口座 ※

金融機関名称　（銀行 金庫 信組 農協 漁協 その他（　））　（本店 支店 代理店 出張所 本店営業部 本所 支所）

預金種別　1.普通　3.別段　2.当座　4.通知　　口座番号　左づめでご記入ください。

口座名義　▼カタカナ（姓と名の間は1マス空けてご記入ください。濁点（゛）、半濁点（゜）は1字としてご記入ください。）

口座名義の区分　1. 被保険者（申請者）　2. 代理人

「2」の場合は必ず記入・押印ください。（押印省略不可）

受取代理人の欄

本申請に基づく給付金に関する受領を下記の代理人に委任します。

被保険者（申請者）　氏名・印　印　　　　年　月　日　1.平成　2.令和

住所　「被保険者情報」の住所と同じ

代理人（口座名義人）　〒　　TEL（ハイフン除く）

住所　（フリガナ）　氏名・印　印

被保険者（申請者）との関係

「被保険者・事業主記入用」は2ページに続きます。≫≫≫

※ご注意ください

被保険者が亡くなられての申請の場合、「被保険者証の記号・番号」と「生年月日」は被保険者の情報をご記入ください。「氏名・印」、「住所」、「電話番号」「振込先指定口座」は実際に申請される方の情報をご記入ください。

被保険者のマイナンバー記載欄

被保険者証の記号番号がご不明の場合にご記入ください。

記入した場合は、本人確認書類及び貼付台紙の添付が必要となります。（詳細は「記入の手引き」をご覧ください。）▶

社会保険労務士の提出代行者名記載欄　印

受付日付印　（2020.9）

様式番号　6 3 1 1 6 7　　協会使用欄　1

全国健康保険協会　協会けんぽ　　1/2

（注）次頁は省略

4　相続と国民年金・厚生年金の給付

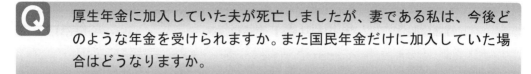

Q 厚生年金に加入していた夫が死亡しましたが、妻である私は、今後どのような年金を受けられますか。また国民年金だけに加入していた場合はどうなりますか。

A 夫が厚生年金に加入していた場合は、妻などに厚生年金から遺族厚生年金が支給され、国民年金からは遺族基礎年金が支給されることもあります。また、国民年金だけに加入していた場合は、遺族基礎年金などが支給されます。なお、以下の年金額は令和2年4月からの分です。

《 解 説 》

（1）厚生年金に加入していた場合

　　厚生年金への加入者は、同時に国民年金にも加入しています。したがって、厚生年金に加入している人が死亡した場合は、条件がそろえば両方から遺族年金が支給されます。

①遺族厚生年金

イ．死亡した人の要件

　　厚生年金に加入していた人が死亡した場合など、次のようなときに、遺族厚生年金が支給されます。

①被保険者期間中に死亡したとき（保険料納付期間が3分の2以上であること^(注)等が必要。②の場合も同様）

　　注：ただし、令和8年3月31日までは、65才未満で、かつ死亡直近1年間に保険料の滞納がなければ、これを要しません。

②退職後、被保険者期間中に初診日がある病気・ケガにより初診日から5年以内に死亡したとき

③1級・2級の障害厚生年金を受けている人が死亡したとき

④老齢厚生年金の受給資格期間が25年以上の人が死亡したとき

⑤老齢厚生年金を受けている人が死亡したとき

ロ．受給資格者

　　死亡した人によって生計を維持されていた人（ただし、年収850万円未満の人）で、次の順位で受給資格があります。

　　　①配偶者・子　②父母　③孫　④祖父母

　　なお、子・孫は、死亡時点で、18歳未満で婚姻していなければ、18歳になった

年度の年度末（3月31日）まで支給されます。ただし、1・2級の障害者は20歳未満でかつ婚姻していなければ20歳になるまで支給されます。また、夫・父母・祖父母は、死亡当時で55歳以上の者に限られ、実際の支給は60歳からです。妻は、死亡当時の年齢を問いません。ただし、受給権を取得した時の年齢が30歳未満でかつ、18歳未満の子のいない妻の支給期間は5年間に制限されます。

18歳未満の子のいる配偶者や18歳未満の子等には、遺族基礎年金も支給されます。

ハ．年金額

遺族厚生年金の額は、次式により計算した額です。

平均標準報酬月額×乗率×被保険者期間の月数×3/4

注：計算の詳細は省略します。

ニ．中高齢の寡婦加算

夫の死亡当時40歳以上65歳未満で子のない妻や、子が18歳になって遺族基礎年金を受けられなくなった妻は、40歳から65歳未満の間、中高齢の寡婦加算があります。ただし、夫の厚生年金の被保険者期間が原則として20年以上あることが必要です。

加算額＝586,300円（遺族基礎年金の額×3/4）

ホ．経過的寡婦加算

妻が65歳になると、妻は老齢基礎年金が受けられますから、中高齢の寡婦加算はなくなります。しかし、昭和31年4月1日以前生まれの人には、年金額の低下をカバーするため、65歳以降、経過的寡婦加算があります。

加算額＝生年月日に応じた額（19,567円から586,300円）

ヘ．老齢厚生年金等との併給調整

厚生年金の被保険者期間のある妻が、夫が死亡したため遺族厚生年金を受けられるようになった場合は、年金の併給調整が行われます。

②遺族基礎年金

厚生年金や国民年金のみに加入していた夫が死亡した場合は、一定要件を満たせば国民年金から遺族基礎年金が支給されます。詳細は次項（2）をご参照下さい。

（2）国民年金にのみ加入していた場合

国民年金の被保険者（第3号被保険者を除く）が死亡した場合は、遺族基礎年金または寡婦年金、死亡一時金が支給されます。

①遺族基礎年金

イ．死亡した人の要件

国民年金に加入していた人が死亡した場合など、次のようなときに遺族基礎年金が支給されます。

①国民年金の加入者が死亡したとき（保険料の納付期間が３分の２以上であること等が必要。②の場合も同じ）

②国民年金への加入をやめた人で、60歳以上65歳未満の人が死亡したとき

③老齢基礎年金の受給資格期間が25年以上である人が死亡したとき

④老齢基礎年金を受けている人が死亡したとき

ロ．受給資格者

　　死亡した人によって生計を維持されていた次の人（ただし、年収850万円未満の人に限る）に支給されます。

①子のある配偶者

②子

　　ただし、子は18歳未満（1、2級の障害者は20歳未満）の者に限ります。18歳または20歳に達した年度の年度末（3月31日）まで支給されます。

ハ．年金額

妻の場合	子１人 …	1,006,600円
	子２人 …	1,231,500円（第３子以降1人につき75,000円）
子の場合	1人 …	781,700円
	2人 …	1,006,600円（3人目以降1人につき75,000円）

②寡婦年金

　　国民年金の第１号被保険者の夫が死亡した時点で遺族基礎年金が受けられない場合は、寡婦年金が受けられます。

イ．死亡した夫の要件

　　次のすべての要件を満たすようなときに支給されます。

①夫が老齢基礎年金や障害基礎年金を受けたことがないこと

②第１号被保険者としての加入期間（保険料納付期間と保険料免除期間）が10年以上あること

ロ．受給資格者

　　妻は次のすべての要件を満たしていれば、60歳から65歳の間支給されます。

①夫との婚姻期間が10年以上あること

②夫によって生計を維持されていたこと

ハ．年金額

夫が受けられるはずであった老齢基礎年金額×3/4

③死亡一時金

　　国民年金の第１号被保険者が死亡し、遺族基礎年金を受けられない場合は、死亡一時金を受けられます。

イ．死亡した人の要件

　次のすべての要件を満たすようなときに支給されます。

① 国民年金の第1号被保険者として保険料を3年以上納付したこと

② 老齢基礎年金や障害基礎年金を受けたことがないこと

ロ．受給資格

　死亡した人と生計を一にしていた遺族に支給されます。ただし、妻が、寡婦年金と死亡一時金の両方の受給資格がある場合は、選択によりどちらかが支給されます。

ハ．支給額

　死亡一時金の額は、死亡した人の国民年金の保険料納付期間に応じて支給されます。

> 金額＝120,000円から320,000円

（3）年金の請求手続

①遺族厚生年金

　遺族基礎年金と遺族厚生年金の併給が受けられる人や遺族厚生年金のみを受けられる人は、『国民年金・厚生年金保険・船員保険遺族給付裁定請求書』に、死亡した人の年金手帳、戸籍の謄本、死亡診断書、請求する人の課税（非課税）証明書等を添付して年金事務所へ提出します。この場合、厚生年金保険加入中の死亡の場合は事業所の所轄年金事務所、また資格喪失後は住所地の所轄年金事務所です。

②遺族基礎年金

　遺族基礎年金のみを受けられる人は、『国民年金遺族基礎年金裁定請求書』に、死亡した人の年金手帳、戸籍の謄本、請求する人の課税（非課税）証明書等を添付して住所地の市区役所、町村役場へ提出します。

（4）遺族年金は非課税

　厚生年金や国民年金から支給される遺族年金（遺族厚生年金、遺族基礎年金等）は、相続発生時の相続税や毎年の年金受取時の所得税・住民税は一切課税されません。

夫の死亡と年金

・**厚生年金に加入の夫が死亡した場合**
厚生年金 ──────▶ 遺族厚生年金　配偶者や子（18歳未満の者等）などに支給
国民年金──────▶ 遺族基礎年金　18歳未満の子がいる妻または18歳未満の子等に支給
・**国民年金にのみ加入の夫が死亡した場合**
▶ 遺族基礎年金　18歳未満の子がいる妻または18歳未満の子等に支給
国民年金────▶ 寡婦年金　　　遺族基礎年金の受給資格なく、被保険者期間10年以上、 　　　　　　　　　　　　　　　　婚姻10年以上、老齢基礎年金等を受給せず死亡したとき
▶ 死亡一時金　遺族基礎年金の受給資格なく、被保険者期間3年以上、 　　　　　　　　　　　　　　　　老齢年金等を受給せず死亡したときに支給

（5）未支給年金の請求

　　年金は、年6回に分けて前月までの2ケ月分が支給され、また死亡等で受給権が消滅した場合は、その死亡した月分までの年金が支払われます。したがって、年金を受給していた人が死亡したときは、通常1ケ月分以上の未支給年金があります。その請求は、「未支給年金・未支払給付金請求書」を年金事務所等に提出して行います。

　　この年金は、遺族の一時所得として所得税と住民税の課税対象となります。

夫（老齢厚生年金を受給中）が死亡した場合に受けられる年金

《 設 例 》

　　夫（66歳、昭和29年5月生まれ、老齢厚生年金受給中）が死亡し、家族は妻（59歳、国民年金に加入中、厚生年金の加入歴なし）だけの場合、今後、妻はどのような年金が受け取れますか。

《 回 答 》

1．夫の年金受給権の消滅

　　　夫の死亡にともない、老齢厚生年金は受けられなくなります。

2．妻の年金

①59歳まで

　　　夫の老齢厚生年金が受けられなくなって、これが遺族厚生年金（中高齢寡婦加算あり）に切り替わります。この遺族厚生年金の年金額は、原則として夫の老齢厚生年金（報酬比例部分）の3/4相当額です。

②60歳以上～64歳まで

　　　遺族厚生年金（中高齢寡婦加算あり）と妻自身の老齢基礎年金（繰上げ支給分）とのうちいずれか一方のみ支給され、妻が任意に選択できます。

③65歳以上

　　　妻が65歳になると、妻自身の老齢基礎年金が受けられるようになります。この場合、両方の年金は併給（いずれも支給）されます。

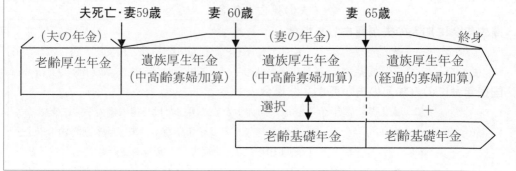

《国民年金・厚生年金保険遺族給付裁定請求書》

年金請求書（国民年金・厚生年金保険遺族給付）　様式第105号
〔遺族基礎年金・特例遺族年金・遺族厚生年金〕

届書コード			届書
7	3	1	

○□□ のなかに必要事項をご記入ください。（◆印欄には、なにも記入しないでください。）
○黒インクのボールペンでご記入ください。鉛筆や、摩擦に伴う温度変化等により消色するインクを用いたペンまたはボールペンは、使用しないでください。
○フリガナはカタカナでご記入ください。
○請求者自ら署名する場合は、請求者の押印は不要です。

二次元コード

⑨ 実施機関等

受付年月日

年金コード		
1	4	

死亡した方

❶ 基礎年金番号

❷ 生年月日　明・大・昭・平　　年　　月　　日

氏名　（フリガナ）（氏）（名）　性別　1. 男　2. 女

基礎年金番号が交付されていない方は、❸欄に個人番号をご記入ください。
基礎年金番号（10桁）で届出する場合は左詰めでご記入ください。

❸ 個人番号（または基礎年金番号）

⑤ 記録不要制度						送信	⑥ 作成原因
（厚年）（船員）	（国年）	（国共）	（地共）	（私学）			01 02

⑦ 進達番号　　⑧ 別紙区分　　⑩ 船 籍 加　　⑪ 追 無

⑫未保 ⑬支保 ⑭受給権者数 ⑮展期 ⑯基加 ⑰沖縄 ⑱旧令

請求者

❹ 生年月日　明・大・昭・平・令　　年　　月　　日

❶❾氏名　（フリガナ）（氏）（名）　印　❷⓿続柄　性別　◆ 1. 男　2. 女

❷❶ 住所の郵便番号　❷❷ 住所　（フリガナ）　市区町村

＊電話番号1 （　）-（　）-（　）　＊電話番号2 （　）-（　）-（　）

社会保険労務士の提出代行者印　印

＊日中に連絡が取れる電話番号（携帯も可）をご記入ください。
＊予備の電話番号（携帯も可）があればご記入ください。

＊請求者が2名以上のときは、そのうちの1人について、この請求書にご記入ください。
　その他の方については、「年金請求書（国民年金・厚生年金保険遺族給付）（別紙）」（様式第106号）に記入し、この年金請求書に添えてください。
＊個人番号（マイナンバー）については、10ページをご確認ください。

年金送金先

年金受取機関
1．金融機関（ゆうちょ銀行を除く）
2．ゆうちょ銀行（郵便局）

（フリガナ）　口座名義人氏名　（氏）（名）

金融機関　❷❹金融機関コード ❷❻支店コード （フリガナ）　銀行金庫信組農協信連信漁連漁協　（フリガナ）　本店支店出張所本所支所　❷❼預金種別 1. 普通 2. 当座　❷❽口座番号（左詰めで記入）

ゆうちょ銀行　❷❸貯金通帳の口座番号　記号（左詰めで記入）　番号（右詰めで記入）

金融機関またはゆうちょ銀行の証明※　貯蓄預金口座または貯蓄貯金口座への振込みはできません。

請求者の氏名フリガナと口座名義人氏名フリガナが同じであることをご確認ください。　印

❷❺支払局コード	0	1	0	1	6	0

※通帳等の写し（金融機関名、支店名、口座名義人氏名フリガナ、口座番号の面）を添付する場合、証明は不要です。

加算額の対象者または加給金の対象者

氏名　（フリガナ）（氏）（名）　❷❾生年月日 昭平令　年　月　日　障害の状態に ある・ない　◆❷❾歳　連続欄

個人番号

氏名　（フリガナ）（氏）（名）　❷❾生年月日 昭平令　年　月　日　障害の状態に ある・ない　◆❷❾歳

個人番号

X線フィルムの送付　有・無　　枚

X線フィルムの返送　年　月　日

＊3人目以降は余白等にご記入ください。

1

（注）次頁以降は省略

《国民年金・厚生年金保険等の受給権者死亡届》

様式第515号

国民年金・厚生年金保険・船員保険・共済年金・年金生活者支援給付金

受給権者死亡届（報告書）

※基礎年金番号(10桁)で届出する場合は左詰めでご記入ください。

死亡した受給権者

❶ 個人番号（または基礎年金番号）および年金コード
個人番号（または基礎年金番号）　年金コード（複数請求する場合は右の欄に記入）

❷ 生年月日　明治・大正・昭和・平成・令和　年　月　日

⑦ （フリガナ）　氏名(氏)　(名)

❸ 死亡した年月日　昭和・平成・令和　年　月　日　送信

届出者

④ （フリガナ）　氏名(氏)　(名)　印　⑤続柄　※続柄

❼ 郵便番号　—　⑦ 電話番号　—　—

※❻ 未支給有無

⑧ （フリガナ）　※住所コード　住所　市区町村　送信

◎ 未支給の年金・給付金を請求できない方は、死亡届（報告書）のみ記入してください。

◎ 死亡届のみを提出される方の添付書類
1．死亡した受給権者の死亡の事実を明らかにすることができる書類
（個人番号（マイナンバー）が収録されている方については不要です）
・住民票除票（コピー不可）
・戸籍抄本
・死亡診断書（コピー可）　などのうち、いずれかの書類
2．死亡した受給権者の年金証書
年金証書を添付できない方は、その事由について以下の項目に○印を記入してください。

(事由)
ア．廃棄しました。　（　年　月　日）
イ．見つかりませんでした。今後見つけた場合は必ず廃棄します。
ウ．その他（　）

⑰ 備考

市区町村受付年月日　　実施機関等受付年月日

令和　年　月　日　提出
年金事務所記入欄
※遺族給付同時請求　有・無
※未支給請求　有・無

《国民年金・厚生年金保険等の未支給年金・未支払給付金請求書》

国民年金・厚生年金保険・船員保険・共済年金・年金生活者支援給付金

様式第514号

未支給年金・未支払給付金請求書

※基礎年金番号（10桁）で届出する場合は左詰めで記入してください。

二次元コード

45	46	48	【職員記入欄】死亡した方が年金生活者支援給付金を受けられていた場合は右欄に☑	

死亡された方

死亡した受給権者

❶ 個人番号（または基礎年金番号）および年金コード

個人番号（または基礎年金番号）

年金コード（申告・消去する場合はこの欄に記入）

❷ 生 年 月 日　　明治・大正・昭和・平成・令和　　年　　月　　日

⑦ （フリガナ）
氏　　　名　（氏）　　　　　　　（名）

❸ 死亡した年月日　昖昭和・平成・令和　　年　　月　　日

◆ 死亡した方が厚生年金保険・船員保険・統合共済の年金以外に共済組合等で支給する共済年金も受給していた場合、あわせて共済の未支給年金（未済の給付）の請求を希望しますか。※共済年金と国民（基礎）年金の受けている方は、別途共済組合等に請求が必要です。　　はい・いいえ

◎◎◎「個人番号または基礎年金番号・年金コードが不明なときは、年金事務所の窓口でご相談ください。

請求される方

④ （フリガナ）
氏　名（氏）　　　　　（名）　　　　　㊞　　❺続柄　　※続柄

❼ 郵 便 番 号　　　　　ｲ 電 話 番 号

❽ （フリガナ）※住所コード
住　所　　　市区町村

個人番号　　　←請求される方の個人番号（マイナンバー）をご記入ください。

請求者

❾ 年 金 受 取 機 関
1.金融機関（ゆうちょ銀行を除く）
2.ゆうちょ銀行（郵便局）

（フリガナ）
口座名義人氏　名

	金融機関コード	支店コード	（フリガナ）	銀行・金庫・信組・農協・信連・信漁連・信用組合	本店・支店・出張所・本所・支所	預金種別	口座番号（左詰めで記入）
金融機関	※	※				1.普通 2.当座	

年金送金先

ゆうちょ銀行

貯 金 通 帳 の 口 座 番 号
記号（左詰めで記入）　　番号（右詰で記入）

支払局コード　※

金融機関またはゆうちょ銀行の証明　※
請求者の氏名フリガナと口座名義人氏名フリガナが同じであることを確認してください。
印

㋑ 受給権者の死亡当時、受給権者と生計を同じくしていた次のような人がいましたか。

配偶者	子	父 母	孫	祖 父 母	兄弟姉妹	その他3親等内の親族
いる・いない	いる・いない	いる・いない	いる・いない	いる・いない	いる・いない	いる・いない

㋒ 死亡した方が三共済（JR、NTT、JT）・農林共済年金に関する共済年金を受けていた場合に記入してください。
死亡者からみて、あなたは相続人ですか。
（相続人の場合には、続柄についても記入してください。）　　はい・いいえ　（続柄　　）

㋓ 備　　　考

請求される方で、その配偶者または子の場合

㋔ 別世帯となっていることについての理由書
次の理由により、住民票上、世帯が別となっているが、受給権者の死亡当時、その者と生計を同じくしていたことを申し立てます。
（該当の理由に〇印をつけてください。）

請求書氏名　　　　　　　　　　　㊞

理　由
1. 受給権者の死亡当時、同じ住所に二世帯で住んでいたため。
（請求者が配偶者または子である場合であって、住民票上、世帯が別であったが、住所が同じであったとき。）
2. 受給権者の死亡当時は、同じ世帯であったが、世帯主の死亡により、世帯主が変更されたため。

死亡した受給権者と請求者の住所が住民票上異なっているが、生計を同じくしていた場合は「別居していることについての理由書」などが必要となります。用紙が必要な方は「ねんきんダイヤル」またはお近くの年金事務所などにお問い合わせください。
詳しくは5ページの「生計同一に関する添付書類一覧表」をご覧ください。

市区町村受付年月日

実施機関等受付年月日

令和　　年　　月　　日　提出

年 金 事 務 所 記 入 欄	
※遺族給付同時請求	有・無
※死亡届の添付	有・無

5　交通事故と損害賠償金・労災保険等の給付

Q 夫が仕事中に交通事故で死亡しましたので、自賠責保険の保険金を受け取ることになりました。この場合、労災保険の保険給付はどうなりますか。また、課税関係は生じますか。

A 自動車事故が第三者の行為によって引き起こされた場合、自賠責保険と第三者に対する損害賠償と労災保険の給付との調整が行われます。これらを受け取った遺族には相続税や所得税などが課税されません。

《 解 説 》

（1）第三者行為災害による損害賠償と社会保険

　　交通事故などで死亡またはケガを負った場合、その事故などが第三者が加害者となって引き起こされたもの(社会保険では「第三者行為災害」という)であるときは、そのほとんどが不法行為に該当するため、被害者やその遺族がその第三者に対して民法上の損害賠償を請求することができます。

　　一方、社会保険においては、必要な要件を満たしていれば、労災保険や厚生年金保険から遺族給付などが行われます。

　　更に、交通事故災害の場合は、加害者の損害賠償を肩代わりする自動車損害賠償責任保険(自賠責保険)の保険金を受けることができます。

　　同一の災害について損害賠償(自賠責保険を含む)と社会保険の給付をそれぞれ受けられることとすると、実際の損害額以上にてん補されることもあり不合理です。そこで、このような場合は、重複しないように損害賠償と社会保険の給付との調整が行われます。

（2）自動車事故と労災保険

①損害賠償と労災保険の保険給付との調整

　　交通事故等の業務災害や通勤災害で死亡した場合、遺族は、加害者から損害賠償やそれを肩代わりする自賠責保険の保険金を受け取り、他方では労災保険の保険給付も受けられます。この両者間の調整は、次のように「求償」と保険給付の「控除」という方法で調整を行います。

　　控除・・・同一の事由について加害者からの損害賠償や自賠責保険の保険金の方が、先に支払われたときは、労災保険では保険給付額から損害賠償等を受けた額

を控除した差額を支給します。

　したがって、損害賠償等の額の方が所定の保険給付の額よりも多い場合は、保険給付は行われません。

　求償・・・これとは反対に、労災保険の保険給付が先に行われたときは、その価額を限度として、政府は加害者や自賠責保険に対して求償、すなわち直接賠償請求を行います。

②自賠責保険と労災保険の給付

　労災保険では、事故で死亡した遺族にすみやかに損害（損失）をてん補されるように、原則として自賠責保険の保険金の支払いの方を労災保険の保険給付よりも先に行うこととしています。したがって、自賠責保険から支払われた限度まで労災保険の給付は、控除されることになります。

　ただし、受給者が希望すれば、労災保険の給付を先に受けることもできます。

③第三者行為災害の手続

　自動車事故等の第三者行為災害について保険給付を受けるには、保険給付の請求と共に、「第三者行為災害届」(p.204参照)を被災者の所属する事業所を管轄する労働基準監督署に提出しなければなりません。

　この災害届には、交通事故証明書または交通事故発生届、念書(p.205参照)、示談書の謄本、自賠責保険等の損害賠償金支払証明書または保険金支払通知書、死亡診断書または死体検案書および戸籍謄本の添付が必要です。

（3）自動車事故と厚生年金保険

　自動車事故の場合に、厚生年金保険から遺族給付が行われたときも、保険者はその給付した価額の範囲内で、加害者側に求償、すなわち損害賠償の請求を行います。

　なお、労災保険の場合と同様に、第三者行為事故状況届を年金事務所に提出します。

（4）損害賠償金等は非課税

　事故で死亡した人の遺族の受け取る損害賠償金や自賠責保険金は、相続税や所得税などの課税関係は生じません。もっとも、交通事故等でケガを負って、生前に加害者側に損害賠償の請求を行い、その金額も確定していた場合において、その被害者が支払いを受ける前に死亡したようなときは、その確定した請求金額は相続財産（未収入金）として相続税が課税されます。

《第三者行為災害届》

(届その1)

第三者行為災害届（業務災害・通勤災害）
（交通事故・交通事故以外）

令和　　　年　　　月　　　日

労働者災害補償保険法施行規則第22条の規定により届け出ます。

署受付日付

保険給付請求権者

住　所

郵便番号（　　　－　　　）

フリガナ

氏　名　　　　　　　　　　㊞

労働基準監督署長　殿

電　話　（自宅）　　　　－　　　　－
　　　　（携帯）　　　　－　　　　－

1　第一当事者(被災者)

フリガナ

氏　名　　　　　　　　（男・女）　生年月日　　年　　月　　日（　　歳）

住　所

職　種

2　第一当事者(被災者)の所属事業場

労働保険番号

府　県	所　掌	管　轄	基　幹　番　号					枝　番　号	

名称　　　　　　　　　　　　　　電話　　　－　　　－

所在地　　　　　　　　　　　　　　　　　　郵便番号　　　－

代表者　（役職）　　　　　　　　担当者　（所属部課名）

　　　　（氏名）　　　　　　　　　　　　　（氏名）

3　災害発生日

日時　　　　　年　　月　　日　　午前・午後　　　時　　　分頃

場所

4　第二当事者　（相手方）

氏名　　　　　　　　（　　歳）　電話（自宅）　　－　　－
　　　　　　　　　　　　　　　　　（携帯）　　－　　－

住所　　　　　　　　　　　　　　　　　　郵便番号　　　－

第二当事者（相手方）が業務中であった場合

所属事業場名称　　　　　　　　　電　話　　　－　　　－

所在地　　　　　　　　　　　　　　　　　　郵便番号　　　－

代表者（役職）　　　　　　　　（氏名）

5　災害調査を行った警察署又は派出所の名称

　　　　　　　　　警察署　　　　　係（派出所）

6　災害発生の事実の現認者(5の災害調査を行った警察署又は派出所がない場合に記入してください)

氏名　　　　　　　　（　　歳）　電話（自宅）　　－　　－
　　　　　　　　　　　　　　　　　（携帯）　　－　　－

住所　　　　　　　　　　　　　　　　　　郵便番号　　　－

7　あなたの運転していた車両(あなたが運転者の場合にのみ記入してください)

車種	大・中・普・特・自二・軽自・原付自		登録番号（車両番号）			
運転者	有	免許の種類	免許証番号	資格取得	有効期限	免許の条件
の免許	無			年　月　日	年　月　日まで	

(注) 次頁以降は省略

— 204 —

《念書》

様式第1号

念　書（兼同意書）

災害発生年月日	年　月　日	災害発生場所	
第一当事者(被災者)氏名		第二当事者(相手方)氏名	

1　上記災害に関して、労災保険給付を請求するに当たり以下の事項を遵守することを誓約します。
　　(1)　相手方と示談や和解（裁判上・外の両方を含む。以下同じ。）を行おうとする場合は必ず前もって貴職に連絡します。
　　(2)　相手方に白紙委任状を渡しません。
　　(3)　相手方から金品を受けたときは、受領の年月日、内容、金額（評価額）を漏れなく、かつ遅滞なく貴職に連絡します。

2　上記災害に関して、私が相手方と行った示談や和解の内容によっては、労災保険給付を受けられない場合や、受領した労災保険給付の返納を求められる場合があることについては承知しました。

3　上記災害に関して、私が労災保険給付を受けた場合には、私の有する損害賠償請求権及び保険会社等（相手方もしくは私が損害賠償請求できる者が加入する自動車保険・自賠責保険会社（共済）等をいう。以下同じ。）に対する被害者請求権を、政府が労災保険給付の価額の限度で取得し、損害賠償金を受領することについては承知しました。

4　上記災害に関して、相手方、又は相手方が加入している保険会社等から、労災保険に先立ち、労災保険と同一の事由に基づく損害賠償金の支払を受けている場合、労災保険が給付すべき額から、私が受領した損害賠償金の額を差し引いて、更に労災保険より給付すべき額がある場合のみ、労災保険が給付されることについて、承知しました。

5　上記災害に関して、私が労災保険の請求と相手方が加入している自賠責保険又は自賠責共済（以下「自賠責保険等」という。）に対する被害者請求の両方を行い、かつ、労災保険に先行して労災保険と同一の事由の損害項目について、自賠責保険等からの支払を希望する旨の意思表示を行った場合の取扱いにつき、以下の事項に同意します。
　　(1)　労災保険と同一の事由の損害項目について、自賠責保険等からの支払が完了するまでの間は、労災保険の支給が行われないこと。
　　(2)　自賠責保険等からの支払に時間を要する等の事情が生じたことから、自賠責保険等からの支払に先行して労災保険の給付を希望する場合には、必ず貴職及び自賠責保険等の担当者に対してその旨の連絡を行うこと。

6　上記災害に関して、私の個人情報及びこの念書（兼同意書）の取扱いにつき、以下の事項に同意します。
　　(1)　貴職が、私の労災保険の請求、決定及び給付（その見込みを含む。）の状況等について、私が保険金請求権を有する人身傷害補償保険取扱会社に対して提供すること。
　　(2)　貴職が、私の労災保険の給付及び上記3の業務に関して必要な事項（保険会社等から受けた金品の有無及びその金額・内訳（その見込みを含む。）等）について、保険会社等から提供を受けること。
　　(3)　貴職が、私の労災保険の給付及び上記3の業務に関して必要な事項（保険給付額の算出基礎となる資料等）について、保険会社等に対して提供すること。
　　(4)　この念書（兼同意書）をもって（2）に掲げる事項に対応する保険会社等への同意を含むこと。
　　(5)　この念書（兼同意書）を保険会社等へ提示すること。

令和　　年　　月　　日

　　　　　　　労働基準監督署長　殿

　　　　　　　　　　請求権者の住所 _____

　　　　　　　　　　　　　　氏名 _____ 印
　　　　　　　　　　　　　　（※請求権者の氏名は請求権者が自署してください。）

6　相続と生命保険金の課税

 被相続人の死亡にともない相続人等が受け取る生命保険金や個人年金は、相続税がかかるのですか。

 被相続人の死亡によって生命保険金が支払われた場合には、すべて相続税がかかるわけではなく、所得税や贈与税が課税されることもあります。また、死亡年金の受給に関する権利には相続税等が、また毎年の年金に所得税が課税されます。

《　解　説　》

（1）死亡保険金を受取った場合

　　個人が契約している生命保険会社との生命保険契約やかんぽ生命との簡易生命保険契約、損害保険会社との損害保険契約等に基づいて被保険者たる被相続人の死亡によって契約上の保険金受取人が死亡保険金を受取った場合、その受取人に対して相続税などが課税されます。

　　その課税関係は、その保険契約にかかる保険料をだれが負担していたかによって異なります。すなわち、保険料負担者が被相続人の場合は相続税、保険料負担者が保険金受取人の場合は所得税および住民税、保険料負担者が被相続人または保険金受取人以外の人の場合は贈与税が課税されます。これを例示しますと次の通りです。

死亡保険金の課税

ケース	被相続人（被保険者）	保険料負担者	保険金受取人	課税関係
イ	父	父	母	相続税
ロ	父	子	子	所得税、住民税
ハ	父	子	母	贈与税

①被相続人が保険料負担者のとき

　　イのケースは、みなし相続財産として相続税の課税対象となります。受取人が相続人のときは相続により、また受取人が相続人以外の人のときは遺贈により、それぞれ取得したものとされます。

　　この場合の課税対象金額は、原則として受け取った死亡保険金の全額ですが、相続人が受取った場合は、法定相続人1人あたり500万円が非課税とされます（p.58参照）。

②受取人が保険料負担者のとき

　　ロのケースは所得税の課税対象となります。次式のように一時所得として保険差

益から50万円を控除した額の1/2の額が総合課税されます。保険差益の1/2だけ課税されるため、実質的な税負担率は最高でも27.5％（所得税の最高税率45％と住民税の税率10％の半分）となります。

> 総合される一時所得の金額＝（死亡保険金額－支払保険料－50万円）×1/2

③被相続人または受取人以外が保険料負担者のとき

　ハのケースは贈与税の課税対象となります（p.106参照）。贈与税（暦年課税）の税額は、１年間に贈与を受けた財産（ただし、非課税財産を除く）の合計額を課税価格として次のように計算します。

> （贈与財産の合計額－基礎控除額110万円）×税率　－　控除額＝贈与税額
> 　　　　　　　　　　　　　　　　　　└─贈与税速算表─┘

　贈与税の負担率については、他に贈与を受けていたかどうかによって違ってきますが、一般に、贈与税の税負担率は極めて高く、贈与税の課税を受けるのは、不利な場合が多いようです。贈与税が課税されるような契約形態は、避けた方がよいでしょう。

死亡保険金を受け取った場合の課税関係の計算例

《 設　例 》

（保険契約の内容）　　　被保険者　父、契約者　父、保険料負担者　子（50歳）

　　　　　　　　　　　死亡保険金　2,000万円、既支払保険料　500万円

　父が死亡した場合、保険金受取人が子または母のときの課税関係はどうなりますか。

《 計　算 》

　１．保険金受取人が子のとき

　　この場合は、上記のロに該当するので、子に一時所得として課税され、725万円が他の所得と総合されて所得税と住民税が課税されます。

　　　（保険金）　　　（支払保険料）　　（特別控除）　　　　（総合される一時所得）

　　　（2,000万円　－　500万円　－　50万円）×1/2＝　725万円

　２．保険金受取人が母のとき

　　この場合は、上記ハに該当するので、母に贈与税が課税されます。仮に本年中に他に贈与で取得した財産がなくても、695万円もの税負担となります。

　　　（保険金）　　（基礎控除）　　┌─（速算表）─┐　　（贈与税額）

　　　（2,000万円－110万円）×　50%　－　250万円＝695万円

（2）保険事故が発生していない場合

①生命保険契約の権利の相続

　　　被相続人が保険料負担者である生命保険契約等において、被相続人が死亡して
も次のように被相続人が被保険者でないケースでは死亡保険金は支払われません。

ケース	被相続人	保険契約者	保険料負担者	被保険者	保険金受取人
イ	父	父	父	母	父
ロ	父	子	父	母	子

　　　この場合、保険金は支払われませんが、被相続人が保険料を負担しており、相
続開始時点で仮に保険契約を解約したとすると、解約返戻金が支払われますから、
その契約については財産価値が認められます。そこで、この保険契約に関する権
利は、それを引き継いだ人（新しい契約者）に相続税が課税されます。

　　　ただし、いわゆる掛捨て保険を除きます。

　　　イのケースは、父の本来の相続財産として相続人が遺産分割協議を行って、相
続人の誰かがその権利を取得することになります。ロのケースは、契約者である
子がその権利を相続により取得したものとみなされます。

　　　なお、個人年金保険契約を締結していて、年金の支払開始前に保険料負担者が
死亡した場合も、以上と同様に課税されます。

②生命保険契約の権利の評価

　　　生命保険契約の権利の価額は、時価（解約返戻金の額）により評価します。

　　　　　時価（解約返戻金の額）＝生命保険契約の権利の価額

（３）個人年金保険で年金を受取る場合

①年金受給権の取得

　　　人の死亡を年金給付事由とする生命保険契約に基づく年金(以下「死亡年金」という)の支払いを受けることとなった場合や保証期間付き生命保険年金の受取人が保証期間内に死亡したため継続受取人が年金(以下「保証年金」という)を受け取ることとなった場合は、その年金の継続受取人が年金受給権を相続等または贈与で取得したものとして相続税や贈与税が課税されます。

ケース	被相続人	保険料負担者		年金受取人		課税関係
	（被保険者）	死亡年金	保証年金	死亡年金	保証年金	
イ	父	父	父	子	父→母	相続税
ロ	父	子	子	母	父→母	贈与税

　　　注：「父→母」は、年金受取人が父死亡により母になったことを示す。

　　　なお、年金受給権の価額については、原則として次のように評価します。

　Ａ．確定年金の場合

　　　次のうちいずれか多い金額

　　　a.解約返戻金の金額　b.一時金の金額　c.予定利率による金額

　Ｂ．終身年金の場合

　　　次のうちいずれか多い金額

　　　a.解約返戻金の金額

　　　b.一時金の金額

　　　c.1年間の年金額×平均余命に応ずる予定利率の複利年金現価率

　Ｃ．保証期間付終身年金の場合

　　　次のうちいずれか多い金額

　　　a.保証期間の残存期間を確定年金としてＡ.で計算した金額

　　　b.同確定年金としてＢ.で計算した金額

②年金は雑所得

　　　年金の受取人が毎年受取る年金については、原則として雑所得となり、総合課税されて所得税と住民税の課税対象とはなります。ただし、年金支給初年分は全額非課税、２年目以降は課税部分が階段状に増加していく方法により計算します。具体的には、雑所得の金額は、課税部分の年金収入金額からそれに対応する保険料又掛金の額を控除して計算します。

7　相続と退職金の課税

 被相続人の死亡にともない、勤務していた会社から遺族が受けた死亡退職金は、相続税がかかるのですか。

 被相続人の死亡によって勤務していた会社等から退職金等が支払われた場合には、相続税や所得税が課税されます。また、弔慰金等は原則として課税されませんが、課税対象となる場合もあります。

《 解 説 》

（1）退職一時金を受け取った場合

　　会社等に勤めていた人が在職中に死亡し、その遺族に退職一時金が支給された場合は、その支給確定時期等によって課税関係が異なります。

退職一時金の課税

ケース	退 職 時 期	支給確定時期	課 税 関 係	
①	生前退職および死亡退職	死亡後3年以内	相 続 税	みなし相続財産
②	生前退職および死亡退職	死亡後3年超経過後	所 得 税	一時所得
③	生前退職	死 亡 前	相 続 税	相続財産（未受給額）

①みなし相続財産となるとき

　　被相続人の死亡によって、被相続人の生前退職または死亡退職により被相続人に支給されるべき退職金で、その支給額が、被相続人の死亡後3年以内に確定したものを相続人等が取得した場合には、その退職金は相続または遺贈によって取得したものとみなされて相続税が課税されます。

　　この場合、相続人が取得した退職金については、法定相続人1人につき500万円までの部分が非課税となります（p.59参照）。

②一時所得となるとき

　　次に、被相続人の死亡によって、被相続人の生前退職または死亡退職により被相続人に支給されるべき退職金で、その支給額が、被相続人の死亡後3年を経過してから確定したものを相続人等が取得した場合には、その退職金は一時所得としてその相続人等に所得税および住民税が課税されます。相続税は課税されません。

③本来の相続財産となるとき

　　被相続人が生前退職していた場合で、その退職金の額はすでに確定していたけれども、相続開始時点では未受給であったものは、みなし相続財産ではなく、未

収金という本来の相続財産として相続税が課税されます。ただし、この本来の相続財産については（①）のように法定相続人１人当たり500万円の非課税規定の適用はありません。

（２）退職金と弔慰金等の区分

上記（（１）－①）の退職金とは、退職金、退職手当金、慰労金その他これらに準ずる給与のことであり、その名義のいかんを問わず、退職にともない支給されるものです。通常の金銭により支給されるもののほか、現物で支給されるものも含まれますし、また、一時金によって支給されるものの他、年金その他の定期金で支給されるものも含まれます。

ただし、被相続人の死亡によって、受け取る弔慰金、花輪代、葬祭料などは、通常、課税されません。

しかし、これらの名義によって受け取るものでも、死亡後３年以内に支給が確定したものは、その実質が退職金に該当すれば、退職金として相続税が課税されます。そして、実質的に退職金に該当する部分を除き、一定金額を超える部分の金額は、その実質が退職金に該当しなくても、退職金として取り扱うこととされます。

弔慰金や花輪代等の取扱い

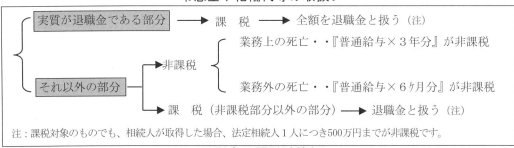

注：課税対象のものでも、相続人が取得した場合、法定相続人１人につき500万円までが非課税です。

弔慰金の課税計算例

《 設 例 》

会社員の甲さんは、病気で死亡し、その１ケ月後に会社から退職金規程による死亡退職金1,500万円と弔慰金250万円（実質的に退職金部分はない）を遺族が受取りました。

なお、甲さんは業務上の死亡ではなく、普通給与の月額は30万円です。

《 計 算 》

①弔慰金　　実質が退職金とは思われませんので、普通給与の６ケ月分が非課税、残額が退職金となります。

250万円－ 30万円×６＝ 70万円…退職金とみなされます。

②相続税の課税対象額

退職金1,500万円＋みなし退職金70万円＝1,570万円

注：相続人が取得した場合、法定相続人１人につき500万円までが非課税です。

8　相続開始と所得税・住民税

 相続が開始された場合、被相続人に係る所得税や住民税の申告と納付、また相続財産を取得した相続人の所得税や住民税はどのようになるのですか。

 確定申告書を提出すべき人が、年の途中で死亡した場合、その相続人は、相続の開始があったことを知った日の翌日から4ヶ月以内に被相続人に係る確定申告書を提出しなければなりません。また、相続財産については、それを取得した相続人には所得税や住民税は課税されません。

《 解 説 》

（1）被相続人に係る所得税と住民税

①納付確定済の所得税や住民税

　　相続開始時点において、すでに納付義務の確定している所得税や住民税は、相続人が相続放棄や限定承認をしない限り、当然に相続人がこれを承継することになります。この所得税や住民税は、これを承継した相続人の相続税の計算上、債務控除の対象となります。

②所得税の準確定申告と還付申告

イ．所得税の準確定申告

　　次のいずれかに、又はいずれにも該当する場合は、相続人が、相続の開始があったことを知った日の翌日から4ヶ月以内に被相続人に係る所得税の確定申告書を提出しなければなりません。これを一般に準確定申告といいます。

・確定申告書を提出すべき人が、その年の翌年1月1日から3月15日までの間にその確定申告書を提出しないで死亡した場合
・年の途中で死亡した人が、その死亡した年の1月1日から死亡の日までの分について、確定申告しなければならない人に該当する場合

　　なお、この場合の確定申告書には、「所得税の確定申告書付表（兼相続人の代表指定届書）」（p.215参照）を添付しなければなりません。また、この確定申告書は、相続人が2人以上いる場合は、相続人の全員が連署した1枚の申告書で提出することができます。

　　準確定申告により納付すべき所得税額は、納付する相続人の相続税の計算上、債務控除の対象となります。

ロ．所得税の還付申告

　次のいずれかにまたは、いずれにも該当する場合は、相続人が被相続人の所得税の還付を受けるための還付申告書を提出することができます。その期限についての定めはありません。

> ・還付を受けるための申告をすることができる人が、その年の翌年1月1日以後にその申告をしないで死亡した場合
> ・年の途中で死亡した人が、その死亡した年の1月1日から死亡の日までの分について、還付を受けるための申告をすることができる人に該当する場合

　この還付申告に係る還付税額は、相続税の計算上、相続税の課税財産となります。

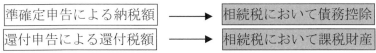

```
準確定申告による納税額 ──→ 相続税において債務控除
還付申告による還付税額 ──→ 相続税において課税財産
```

ハ．住民税

　死亡した年分の所得に対しては、住民税は課税されません。それは、その年度分の住民税は、その年1月1日が賦課期日とされているからです。たとえば、令和3年中に死亡した場合、令和4年度分の住民税は令和3年分の所得を課税対象としますが、令和4年1月1日現在において、生存していないため、令和4年度分の住民税は課税されないためです。

準確定申告の期限

《 設 例 》
　甲さんは、令和3年2月10日に死亡し、その相続人は同日、相続の開始があったことを知りました。同人の令和2年分の所得税の確定申告をする義務がありましたが、その確定申告をしないまま死亡しました。また、令和3年分（令和3年1月1日～同年2月10日）についても確定申告をする義務があります。

《申告期限》
　所得税については、令和2年分、令和3年分ともに令和3年6月10日が準確定申告の期限となります。
　住民税については、令和3年度分は課税されますが、令和4年度分は課税されません。

令和3.2.10　　　　　　　　　　令和3.6.10
　　　　└───4ヶ月以内───┘
死亡　　　　　　　　　　　　　　期限

（2）相続財産を取得した人の所得税と住民税

①所得税・住民税は非課税

　　相続人等の相続や遺贈による所得は、相続税の課税対象となり、所得税は非課税とされます。したがって、この相続人等が財産を取得した年分の所得税の確定申告をする場合は、この財産を取得したことは除いて行えばよいわけです。

　　もっとも、この取得した財産を運用したり売却して所得が生じたときは、その所得について所得税がかかり、確定申告しなければならないこともあります。

②配偶者控除や扶養控除への影響

　　相続人が納税者（被相続人）の配偶者や扶養親族であった場合、その相続人が相続や遺贈によって財産を取得したとき、所得税や住民税において配偶者控除や扶養控除が受けられるでしょうか。

　　配偶者控除や扶養控除の対象となる人を控除対象配偶者または控除対象扶養親族といいます。これらの対象者になれるのは、合計所得金額が48万円以下の人です。この合計所得金額には、所得税の非課税所得、源泉分離課税の対象となる所得又は源泉分離課税を選択した所得、申告不要制度の適用を受けた所得などは含みません。

　　相続や遺贈により取得したことによる所得は、所得税や住民税では非課税所得ですから、配偶者控除や扶養控除の適用に影響はありません。ただし、財産の取得後に財産の売却や運用によって売却益や運用益を得たときは、その内容や金額によっては、これらの控除が受けられなくなることもあります。

相続財産と所得税

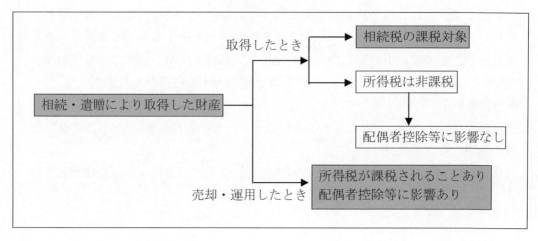

《死亡した者の＿＿＿年分の所得税の確定申告書付表》

死亡した者の＿＿＿年分の所得税及び復興特別所得税の確定申告書付表
（兼相続人の代表者指定届出書）

（受付印）

1	死亡した者の住所・氏名等					
住所	（〒　－　）	氏名	フリガナ	死亡年月日	平成 令和　　年　月　日	

2	死亡した者の納める税金又は還付される税金	［第3期分の税額］［還付される税金のときは頭部に△印を付けてください。］		円…A

3	相続人等の代表者の指定	［代表者を指定されるときは、右にその代表者の氏名を書いてください。］	相続人等の代表者の氏名	

4	限定承認の有無	［相続人等が限定承認をしているときは、右の「限定承認」の文字を○で囲んでください。］	限定承認

5 相続人等に関する事項					
	(1) 住所	（〒　－　）	（〒　－　）	（〒　－　）	（〒　－　）
	(2) 氏名	フリガナ　　　㊞	フリガナ　　　㊞	フリガナ　　　㊞	フリガナ　　　㊞
	(3) 個人番号				
	(4) 職業及び被相続人との続柄	職業　　続柄	職業　　続柄	職業　　続柄	職業　　続柄
	(5) 生年月日	明・大・昭・平・令　　年　月　日	明・大・昭・平・令　　年　月　日	明・大・昭・平・令　　年　月　日	明・大・昭・平・令　　年　月　日
	(6) 電話番号	－　－	－　－	－　－	－　－
	(7) 相続分…B	法定・指定 ————	法定・指定 ————	法定・指定 ————	法定・指定 ————
	(8) 相続財産の価額	円	円	円	円

6 納める税金等	各人の納付税額 A×B （Aが黒字のとき）（各人の100円未満の端数切捨て）	00 円	00 円	00 円	00 円
	各人の還付金額 （Aが赤字のとき）（各人の1円未満の端数切捨て）	円	円	円	円

7 還付される税金の受取場所	振込みを希望する場合 銀行等の預金口座に	銀行名等	銀　行 金庫・組合 農協・漁協	銀　行 金庫・組合 農協・漁協	銀　行 金庫・組合 農協・漁協	銀　行 金庫・組合 農協・漁協
		支店名等	本店・支店 出張所 本所・支所	本店・支店 出張所 本所・支所	本店・支店 出張所 本所・支所	本店・支店 出張所 本所・支所
		預金の種類	預金	預金	預金	預金
		口座番号				
	希望する場合 ゆうちょ銀行の貯金口座に振込みを 郵便局等の窓口受取りを希望する場合	貯金口座の記号番号	－	－	－	－
		郵便局名等				

(注)　「5　相続人等に関する事項」以降については、相続を放棄した人は記入の必要はありません。

税務署整理欄	整理番号	0		0		0		0	
	番号確認　身元確認		□ 済 □ 未済		□ 済 □ 未済		□ 済 □ 未済		□ 済 □ 未済

一連番号

○この付表は、申告書と一緒に提出してください。

9　法定相続情報証明制度

 法定相続情報証明制度（以下、「本制度」という）とはどのような制度ですか。

 この制度により法務局から交付された法定相続情報一覧図の写しは、不動産の相続登記などの相続手続きに利用でき、便利です。

《 解 説 》

1．本制度の概要

　　かつては、相続が開始された場合、被相続人の不動産の相続登記や預貯金などの名義変更手続き等の際に、被相続人の戸籍謄本などの書類一式（束）をそれぞれの取扱い窓口ごとに順番に提出する必要があり、その手続きの完了までに時間を要しました。これが不動産の所有者不明問題や空き家問題の一因ともなっているとの指摘もあり、本制度が新設され、平成29年5月29日からその運用が開始されています。

　　本制度を利用して法務局から交付された「法定相続情報一覧図の写し」を利用すれば、戸籍謄本などの一式を提出せずに不動産の相続登記や預貯金の払戻しその他の相続手続きを行うことができるため、事務負担が軽減されるようになりました。特に、被相続人が、多数の銀行や証券会社等と取引していたような場合には、この制度の利用が便利です。

2．本制度の手続き

①必要書類の収集

　　法定相続情報一覧図は、原則として相続人が作成しますので、その作成をするため書類の収集が必要です。主たるものとして被相続人の戸除籍謄本、被相続人の住民票の除票、相続人の戸籍謄抄本は必須書類です。その他に相続人の住民票の写しや被相続人の戸籍の附票などが必要になることもあります。

②法定相続情報一覧図の作成

　　被相続人と戸籍の記載に基づいて、法定相続人の一覧図を作成します。この記載例は、次ページのとおりです。

③法務局（登記所）への申出

　　申出書に必要事項を記載の上、上記①の書類と②の一覧図を合わせて法務局に一覧図の保管と交付の申出をします。この申出のできる人は、相続人やその親族のほか、相続人の代理人である弁護士、司法書士、税理士等の一定の有資格者に限られます。

　　申出をする法務局は、次の地を管轄するいずれかの法務局です。

　・被相続人の本籍地
　・被相続人の最後の住所地
　・申出人の住所地
　・被相続人名義の不動産の所在地

④法務局での保管と写しの交付

　その申出後、法務局では書類の誤り等がないかどうかを確認した上で、提出された一覧図を保管するとともに、法務局の認証文が付された一覧図の写しが交付されます、

　そしてこの一覧図の写しは、その後、5年間必要な都度、再交付を受けられます。なお、申出や写しの交付請求の手数料は、かかりません。

法定相続情報一覧図の様式・記載例

別紙2

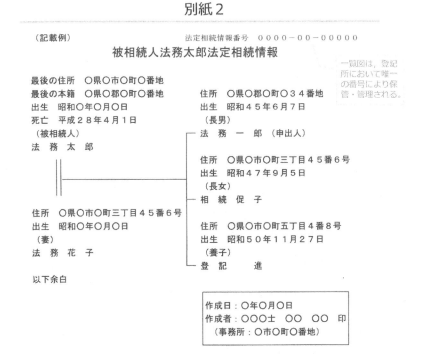

✓　法定相続情報一覧図の写しは，偽造防止措置の施された専用紙で作成される。

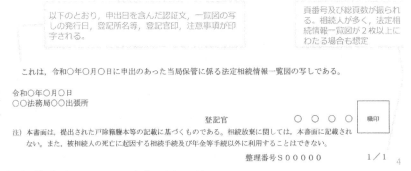

出所：法務局ホームページ「法定相続情報証明制度について（PDF形式）」より

10　相続放棄の申述の手続

Q 相続放棄の具体的な手続について、教えてください。

A 相続の放棄をするには、原則として、相続開始があったことを知ったときから3ヶ月以内に家庭裁判所に相続放棄の申述をしなければなりません。

《 解 説 》

　相続人となった人が、相続の放棄をしようとするときは、原則として自己のために相続の開始があったことを知ったときから3ヶ月以内に家庭裁判所にその旨の申述をしなければなりません。

（1）申述に当たって必要なもの

　① 申述書・・・・・・・・・次ページの様式をご参照ください。

　② 収入印紙・・・・・・・1人につき800円（申述書に貼付）

　③ 郵便切手・・・・・・・実費相当分

　④ 添付書類・・・・・・・後記（p.221参照）の書類を添付してください。

（2）申述人

　申述人は、相続放棄しようとする相続人です。

（3）申述書の提出先

　申述書の提出先は、相続開始地（被相続人の最後の住所地）を管轄する家庭裁判所です。

　なお、原則として自己のために相続の開始があったことを知った時から3ヶ月以内に家庭裁判所に申述書が提出（郵送の場合は必着）されないと、申述書は受理されませんから、注意を要します。

（4）申述書提出後の手続

　家庭裁判所では、この審理のために申述人に対して一定の事柄を書面で照会したり、直接たずねたりする場合があります。そして、申述書が受理されると、受理通知書が交付されます。また申述人が申請すれば、家庭裁判所から申述受理証明書が交付されます。

《相続放棄申述書（記入例）》

記入例1　申述人が成人の場合

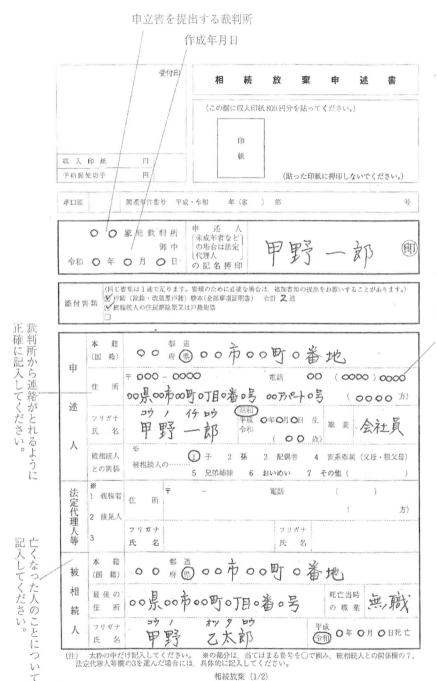

(注) 次ページ②に続く

②前ページ《相続放棄申述書（記入例）》の続き

申　　述　　の　　趣　　旨
相　続　の　放　棄　を　す　る　。

申　　述　　の　　理　　由

※　相続の開始を知った日………平成・(令和)　◯年　◯月　◯日

　①　被相続人死亡の当日　　　　　3　先順位者の相続放棄を知った日

　2　死亡の通知をうけた日　　　　4　その他（　　　　　　　　　　　　　）

放　棄　の　理　由	相　続　財　産　の　概　略
※ 1　被相続人から生前に贈与を受けている。 2　生活が安定している。 3　遺産が少ない。 4　遺産を分散させたくない。 ⑤　債務超過のため。 6　その他	資 産 農　地……約＿＿＿平方メートル　現　金 　　　　　　　　　　　　　　　　　預貯金……約＿＿＿万円 山　林……約＿＿＿平方メートル　有価証券……約 *100* 万円 宅　地……約＿＿＿平方メートル 建　物……約 *20* 平方メートル 負　　債………………………………約 *1,000* 万円

（注）　太枠の中だけ記入してください。　※の部分は、当てはまる番号を◯で囲み、申述の理由欄の4，放棄
　　　　の理由欄の6を選んだ場合には、（　　）内に具体的に記入してください。

（縦書き注記）亡くなった人が残した財産（負債を含む。）について記入してください。

1～5に該当しないときは
ここに記入してください。

相続放棄申述に必要な添付書類

申　述　人　の　区　分	必要な添付書類
配　偶　者	・被相続人の死亡の記載のある戸籍謄本 ・申述人（配偶者）の現在の戸籍謄本
第1順位(子)	・被相続人の死亡の記載のある戸籍謄本 ・申述人(子)の現在の戸籍謄本
第2順位(直系尊属)	・被相続人の出生時から死亡時までの継続した戸籍謄本 ・申述人(直系尊属)の現在の戸籍謄本 ・子で既に死亡している人がいるときはその子の出生時から死亡時までの継続した戸籍謄本
第3順位(兄弟姉妹)	・被相続人の出生時から死亡時までの継続した戸籍謄本 ・申述人（兄弟姉妹）の現在の戸籍謄本 ・子で既に死亡している人がいるときはその子の出生時から死亡時までの継続した戸籍謄本 ・被相続人の直系尊属で、既に死亡している人がいる場合は、その人の死亡の記載のある戸籍謄本

1. 戸籍謄本(改製原戸籍謄本、除籍謄本を含む。以下同じ)

注：1. 申述人が第2順位または第3順位のときは、それぞれ先順位者がいる場合は、その相続放棄が受理されていないとできません。
2. 相続人のうちに代襲相続人が含まれる場合は、代襲者と本来の相続人の続柄を示す戸籍謄本および本来の相続人が死亡した記載のある戸籍謄本も必要です。
3. 申述人が未成年者および被後見人の場合は、法定代理人である親権者や後見人、あるいは特別代理人の選任審判書謄本および戸籍謄本が必要な場合があります。

2．被相続人の住民票除票または戸籍の附票

11　限定承認の申述の手続

　限定承認の申述の手続はどのように行うのですか。

　限定承認の申述書は、相続人の全員が相続開始を知ったときから3ヶ月以内に被相続人の最後の住所地を管轄をする家庭裁判所に提出します。

《 解 説 》

　限定承認とは、相続人の相続によって得た財産の限度においてのみ被相続人の債務の負担を受継ぐという相続の承認方法です。

（１）申述に当たって必要なもの

　　①申述書……『家事審判申立書』に必要事項を記入します。

　　②収入印紙…800円（申立書に貼付）

　　③郵便切手…実費相当分

　　④添付書類…後記（p.224参照）の書類を添付してください。

（２）申述人

　　申述人は相続人全員です。共同相続人のうち相続の放棄をした人がいる場合には、残った相続人の全員です。

（３）申述期間

　　相続開始を知ったときから３ヶ月以内です。

（４）申述書の提出先

　　被相続人の相続開始地（最後の住所地）を管轄する家庭裁判所です。

（５）申述後の手続

　① 家庭裁判所の受理

　　家庭裁判所では、申述が方式にかなっており、その人の真意に基づくものであることを確認後、受理します。この場合、申述人が数人あるときは、家庭裁判所は相続人の中から相続財産管理人を選任します。

　②相続財産の清算

　　限定承認した人または相続財産管理人が、相続財産の管理および清算を行います。

《家事審判申立書（相続の限定承認・記入例）》

受付印	家事審判申立書 事件名（ 相続の限定承認 ）

（この欄に申立手数料として1件について800円分の収入印紙を貼ってください。）

印　紙

（貼った印紙に押印しないでください。）

（注意）登記手数料としての収入印紙を納付する場合は，登記手数料としての収入印紙は貼らずにそのまま提出してください。

収入印紙	円
予納郵便切手	円
予納収入印紙	円

準口頭		関連事件番号　平成・令和　　　年（家　　　）第　　　　　　　　　号

○○ 家庭裁判所 御中 令和○年○月○日	申立人 （又は法定代理人など） の記名押印	甲　野　一　郎　㊞ 甲　野　二　郎　㊞

添付書類	※ 標準的な申立添付書類については，裁判所ウェブサイトの「手続の概要と申立ての方法」のページ内の「申立てに必要な書類」欄を御覧ください。

申立人（申述人）

本籍 (国籍)	（戸籍の添付が必要とされていない申立ての場合は，記入する必要はありません。） 都道府県 ○○ 府県 ○○市○○町○丁目○番地
住所	〒 ○○○ － ○○○○　　　電話 ○○○（○○○）○○○○ ○○県○○市○○町○丁目○○番○○号 （　　　　　方）
連絡先	〒　　－　　　　　　電話　（　　）（注：住所で確実に連絡ができるときは記入しないでください。） （　　　　　方）
フリガナ 氏名	コウノ　イチロウ 甲　野　一　郎	昭和・平成・令和 ○年○月○日生 （○○歳）
職業	会社員

申述人（※）

本籍 (国籍)	（戸籍の添付が必要とされていない申立ての場合は，記入する必要はありません。） 都道府県 申述人一郎の本籍と同じ
最後の住所	〒 ○○○ － ○○○○　　　電話 ○○○（○○○）○○○○ ○○県○○市○○町○丁目○番○号○○マンション○○○号室 （　　　　　方）
連絡先	〒　　－　　　　　　電話　（　　）（　　） （　　　　　方）
フリガナ 氏名	コウノ　ジロウ 甲　野　二　郎	昭和・平成・令和 ○年○月○日生 （○○歳）
職業	会社員

（注）　太枠の中だけ記入してください。

※の部分は，申立人，法定代理人，成年被後見人となるべき者，不在者，共同相続人，被相続人等の区別を記入してください。

別表第一（1/2）

（注）次頁は省略

限定承認の申述に必要な添付書類

1．戸籍謄本(改製原戸籍謄本、除籍謄本を含む、以下同じ)	
申述人の区分	戸籍謄本
(配偶者)と第 1 順位(子)	・被相続人の出生時から死亡時までの継続した戸籍謄本 ・申述人の現在の戸籍謄本 ・子で既に死亡している人がいるときはその子の出生時から死亡時までの継続した戸籍謄本
(配偶者)と第 2 順位(直系尊属)	・被相続人の出生時から死亡時までの継続した戸籍謄本 ・申述人の現在の戸籍謄本 ・子で既に死亡している人がいるときはその子の出生時から死亡時までの継続した戸籍謄本 ・直系尊属で既に死亡している人がいるときはその直系尊属の死亡の記載のある戸籍謄本
(配偶者)と第 3 順位(兄弟姉妹)	・被相続人の出生時から死亡時までの継続した戸籍謄本 ・申述人の戸籍謄本 ・子で既に死亡している人がいるときはその子の出生時から死亡時までの継続した戸籍謄本 ・父母の出生時から死亡時までの継続した戸籍謄本 ・直系尊属の死亡の記載のある戸籍謄本 ・兄弟姉妹で既に死亡している人がいるときはその兄弟姉妹の出生時から死亡時までの戸籍の謄本

注：1. 相続人のうちに代襲相続人(孫や甥姪)が含まれている場合は、代襲者と本来の相続人(被代襲者・子や兄弟姉妹)の続柄を示す戸籍謄本および本来の相続人が死亡した記載のある戸籍謄本も必要です。
　　2. 申述人が未成年者および被後見人の場合は、法定代理人である親権者や後見人の戸籍謄本も必要になります。
　　3. 共同相続人の中に相続放棄の申述をした人がいる場合は、その人の申述受理通知書または申述受理証明書などの書面も添付します。

2．被相続人の住民票除票または戸籍の附票

3．財産目録（被相続人の資産・負債の内容を記載したものです。）

【 参 考 】
限定承認と所得税・相続税

1．被相続人の譲渡所得等の課税

　限定承認した場合において、被相続人の遺産に山林や土地建物等の山林所得や譲渡所得の基因となる資産があった場合には、相続開始時に被相続人から相続人に対してその時の時価（通常の取引価格）でこれらの資産の譲渡があったものとみなして被相続人に譲渡所得税が課税されます。したがって、相続人はこれらの所得について準確定申告する必要があります。

　それは、これらの資産について被相続人が保有していた期間中のキャピタルゲインは被相続人の所得として清算し、その所得税を他の債務と合わせて被相続人の債務とすることによって、その債務の額が財産の額を超えている場合には、限定承認の効果としてその超える部分の債務を切り捨てさせようとするものです。その超える部分の所得税の納付は必要ありません。

　なお、長期所有（所有期間 5 年超）の土地建物等の場合の譲渡所得の金額とその税額計算は、一般の場合には次のように行います。

> 譲渡収入金額（時価相当額）－取得費＝課税長期譲渡所得金額
> 課税長期譲渡所得金額×15％＝所得税額（別途、復興所得税0.315％）

　注　死亡した翌年の 1 月 1 日現在に生存していない為、住民税は課税されません（p.213参照）。

　この結果、相続人が相続後に債務の清算のためにこれらの資産を売却した時は、相続後のキャピタルゲインにつき、課税されます。ただし、実際にはキャピタルゲインはほとんど発生していないため、売却による税額の負担はほとんどありません。

2．相続税の課税

　限定承認をした場合の相続税の課税は、原則的には通常の場合と変わりません。相続税の課税価格は、次のように計算します。

　この計算において、「本来の相続財産」の価額は、通常の評価方法で計算した額であり、上記のみなし譲渡の対象となった財産も、たとえば土地ならば路線価等で計算し、みなし譲渡に係る所得税を計算したときの時価ではありません。また、「みなし譲渡の所得税」は、上記のみなし譲渡として準確定申告したものの所得税です。

　限定承認の場合は、通常、課税価格の合計額が遺産に係る基礎控除額以下となるでしょうから、その場合には相続税は課税されず、原則として相続税の申告も必要ありません。

12　相続財産と相続税額の概算把握の方法

 夫が死亡しましたが、相続税が課税されるかどうかが心配です。遺産の総額と税額がどの位か、見当をつけたいのですが…

 相続税を計算するには遺産の相続税評価額の把握がまず必要です。その大雑把な計算は、次ページの計算表に記入すればできます。相続税額の概算も把握できます。

《 解 説 》

　相続財産と相続税額の概算の見当をつけるためのものとして、簡単な相続財産と税額の計算表を作成しましたので、計算してみてください。

「**1. 相続財産の概算計算表**」は次のように記入します。

　　「計算方法」欄の（　）に数字を記入　⟶　「計算方法」欄の算式通りに計算　⟶
　　「評価額」欄に記入　⟶　財産と債務の差額「（C）純財産」を計算

番号	種　類	記　入　方　法　と　留　意　点
①	自 宅 敷 地	（　）に更地の時価相場を記入。0.8は掛け目。0.2は小規模宅地の減額後の課税価格への算入割合。路線価は、公示価格の80％程度の水準
②	貸家建付地	（　）に更地の時価相場を記入。商業地・住宅地とも約0.8で同じとした
③	貸 宅 地	（　）に更地の時価相場を記入。借地権割合を商業地70％、住宅地60％とした
④	借 地 権	③に同じ
⑤	自 用 家 屋	固定資産税評価額は、固定資産税の納税通知書に記載されている例が多い
⑥	貸 家	⑤に同じ
⑦⑧	上 場 株 式	時価相場は新聞で確認
⑨	非上場株式	簿価純資産価額で計算。（　）に最近時点の決算書・貸借対照表から記入
⑩	公 社 債	（　）に額面を記入
⑪	預 貯 金	（　）に残高、額面金額を記入
⑫	現 金	（　）に残高を記入
⑬	ゴルフ会員権	（　）に相場を記入。評価額は時価相場×0.7(原則)
⑭	生 命 保 険 金	（　）に受取金額を記入。相続人1人当たり500万円まで非課税
⑮	死 亡 退 職 金	⑭に同じ
⑯	そ の 他	その他の財産の時価を記入
⑰	葬 式 費 用	香典返し等は含まれず
⑱	借 入 金	団体信用保険付の住宅ローンは、控除できない

1．相続財産の概算計算表

（単位：万円）

番号	種 類	計 算 方 法	評価額
【　財　　　産　】		（ Ａ ）（＝①～⑯までの合計額）	
①	自 宅 敷 地	時価（　　　　）万円×0.8×0.2	
②	貸家建付地	時価（　　　　）万円×0.8× 0.8	
③	貸 宅 地	時価（　　　　）万円×0.8×0.3(商業地)，0.4(住宅地)	
④	借 地 権	時価（　　　　）万円×0.8×0.7(商業地)、0.6(住宅地)	
⑤	自 用 家 屋	固定資産税評価額（　　　　）万円×1.0	
⑥	貸　　　家	固定資産税評価額（　　　　）万円×0.7	
⑦	上 場 株 式	時価相場（　　　）円×（　　　　）株（持株数）	
⑧	上 場 株 式	時価相場（　　　）円×（　　　　）株（持株数）	
⑨	非上場株式	会社のB/S純資産勘定（　　）万円÷（　　）株(発行済株式総数)×（　　　）株(持株数)	
⑩	公 社 債	額面金額（　　　　）万円	
⑪	預 貯 金	残高・額面（　　　　）万円	
⑫	現　　　金	手持現金（　　　　）万円	
⑬	ゴルフ会員権	相場（　　　　）万円×0.7	
⑭	生 命 保 険 金	受取金額（　　　）万円－500万円×法定相続人の数（　）	
⑮	死 亡 退 職 金	受取金額（　　　）万円－500万円×法定相続人の数（　）	
⑯	そ の 他	（　　　　）万円（家財・書画骨董・その他の時価）	
【　債　　　務　】		（ Ｂ ）（＝⑰＋⑱）	
⑰	葬 式 費 用	（　　　　）万円 ・香典返し、法要の費用等は含まず	
⑱	借 入 金	（　　　　）万円	
【　純　財　産　】		（ Ｃ ）{＝（Ａ）－（Ｂ）}	

2．遺産に係る基礎控除額

3,000万円＋600万円×（　　　）人（法定相続人の数）＝（　　　）万円（Ｄ）

3．概算相続税額

　（Ｃ）の金額が（Ｄ）の金額以内であれば、相続税は課税されません。（Ｃ）の金額が（Ｄ）の金額を超える場合は、（Ｃ）の金額をもとに「相続税早見表」(p.74)にあてはめると、相続人全員の相続税の概算が把握できます。

13　遺産の寄付

 遺産を公益法人等に寄付する方法とその寄付に伴う相続税などの取扱いについて教えて下さい。

 遺産を公益法人等に寄付する方法としては、被相続人が遺贈によって寄付する方法と相続人が相続した遺産そのものを寄付する方法とがあります。

《 解 説 》

1．被相続人による遺贈

①遺贈による寄付

　　これは、被相続人（遺言者）が、遺言書に自分の財産の全部又は一部を公益法人等に対して遺贈する旨を記述しておき、遺言者に相続が開始したときは、遺言執行者が遺言内容を執行し、遺贈の目的財産をその公益法人等に引渡すものです。

②相続税等の課税

　　持分の定めのない法人が遺贈を受けた場合、その法人には、原則として相続税や法人税はかかりません。ただし、その遺贈が遺贈者の親族等の相続税の負担が不当に減少する結果となると認められ場合には、その法人を個人とみなして相続税が課税されます。持分の定めのない法人とは、例えば社会福祉法人や学校法人、非営利型一般社団（又は財団）法人、ＮＰＯ法人など、一般の公益法人はこれに該当するケースが多いでしょう。

③留意点

　　この遺贈に関しては、次の点に留意してください。

　イ．遺留分を侵害しないこと

　　　遺留分を侵害するような遺贈は、相続開始後にその法人と相続人とのトラブル発生が予想され、好ましくありません。遺留分を侵害しないように留意すべきです。

　ロ．特定遺贈とすること

　　　包括遺贈の受遺者は相続人と同じ地位になるため、遺贈の方法としては、包括遺贈は不適切で、現預金などの特定遺贈が好ましいでしょう。

　ハ．相手先との事前の打ち合わせをすること

　　　遺言者は、どのような先にどのような財産を遺贈したいのか、生前に遺贈の相手先と事前打ち合わせをしておくことが必要です。相手先のニーズに合致しない遺贈は、相手先がその遺産の受入れをしないことにもなります。また土地建物の遺贈は、相手先がその土地建物の活用方法を検討する必要があることや、原則として、時価で譲渡したものとしてみなし譲渡所得課税があることから、留意してください（ただし、国税庁長官の承認を受ければ譲渡所得課税はありません）。

２．相続人による遺産の寄付

①遺産の寄付

　　これは、相続人が、相続等により取得した被相続人の遺産そのものを公益法人等に寄付するものです。

②相続税等の課税

　　相続等によって取得した財産を、相続税の申告期限までに国、地方公共団体、特定の公益法人又は認定ＮＰＯ法人に寄付した場合、その寄付した財産は、相続税において非課税財産とされます。ただし、公益法人等が寄付（贈与）を受けることによって、贈与者やその親族等の相続税等の負担が不当に減少する結果になると認められる場合には、非課税財産とはなりません。この場合の特定の公益法人とは、教育や科学の振興などに貢献することが著しいと認められる、公益を目的とする事業を行う法人で、具体的には独立行政法人や社会福祉法人、公益社団（または財団）法人、学校法人などで、寄付時点においてすでに設立されているものに限定されています。

　　また、財産を取得した特定の公益法人や認定ＮＰＯ法人には、相続税や法人税は課されません。

　　なお、上記以外の法人（会社等）に遺産を寄付した場合は、寄付した人の相続税において非課税財産とはならず、財産を取得した法人には法人税が課されます。

③留意点

　　相続人が遺産を寄付する場合は、次の点に留意して下さい。

イ．上記の特定の公益法人などに寄付した場合は、寄付金控除の対象となる法人であれば、寄付した人の所得税や住民税において、寄付金控除などの適用が受けられます。

ロ．寄付を受けた日から2年を経過した日までに、特定の公益法人などに該当しないこととなった場合や特定の公益法人などが寄付を受けた財産を公益を目的とする事業の用に供していない場合には相続税の非課税の適用はありません。

ハ．特定の公益法人などに寄付した財産が、不動産や株式などの場合には、寄付した相続人が不動産や株式を時価で譲渡したとしてみなし譲渡所得が課税されることがありますので、留意してください（ただし、国税庁長官の承認を受ければ譲渡所得課税はありません）

14　遺産分割協議の具体的進め方

 遺産分割協議は具体的にどのように進めたらよいのですか。

 遺産分割協議にあたっては、さまざまな観点からの慎重な検討が必要です。

《 解 説 》

（1）遺産分割の方法

　　遺産分割は、遺言による定めがあれば原則としてこれに従い、これがなければ、共同相続人及び包括受遺者の全員による協議により分割します。この場合には、共同相続人の全員が合意すれば、必ずしも法定相続分に従って分割する必要はありません。もし、この協議が整わなかったり、協議できないときは、家庭裁判所の調停・審判によって分割します(p. 22、244参照)。

（2）遺産分割協議にあたっての検討事項

①遺産分割協議の期限

　　遺産分割協議の期限については、特に法定されていません。しかし、いつまでも未分割の状態であると、その後の手続きがかえって複雑になったり、相続税の課税上で不利になることがありますから、特別な事情がない限り、できるだけ早めに済ませた方がよいでしょう。

　　相続税では、小規模宅地等の評価減や配偶者の税額軽減の特例は、原則として相続税の申告期限までに遺産の分割がなされて実際に取得した財産だけが、その適用を受けられます。相続税の申告期限後に分割協議がまとまり、それにより取得した財産についても、そのまとまった段階でこれら特例の適用を受けられることもありますが、早めに分割協議を終えて、適用を受けた方がよいでしょう。

②　具体的な遺産分割方法

　　具体的な遺産分割方法には、次の3通りがあります。

イ．現物分割

　　個々の遺産をそのまま各相続人に分割する方法です。たとえば、『この土地は甲に、この預金は乙に』、という分割方法であり、最も一般的な方法です。

ロ．換価分割

　　遺産を換価(処分)して金銭で分割する方法です。これは、現物分割が難しいような場合に行われることがあります。

ハ．代償分割

これは、共同相続人のうち特定の相続人に遺産の現物を相続させる代わりに、他の相続人に対して債務を負担するという方法です。例えば、「相続人甲は不動産の全部を相続する代わりに、相続人乙に対して自己の現金××万円を支払う」というような分割方法です（p. 248参照）。

③被相続人の意思と相続人の状況

遺産分割にあたって、遺言がなくても被相続人が生前にどのような遺産分割を望んでいたか、その意思が明確になっていればその意思はできるだけ尊重すべきでしょう。また、各相続人、特に配偶者の面からは、その年齢や今後の生活その他の事情も考慮して分割する必要があります。

④相続税の特例等の活用

相続税では、配偶者の税額軽減や小規模宅地等の評価減などの特別な取り扱いが設けられています。遺産分割にあたっては、これら取り扱いを活用すれば、相続税の負担上で有利になります。もっとも、配偶者が多額の固有財産を所有しているような場合は、配偶者の税額軽減の適用をフルに受けると、次の相続（第2次相続）の時点での相続人がかえって多額の相続税を負担しなければならないことがあります。次の相続（第2次相続）のことも考慮する必要があるのです。

⑤特別寄与料

民法（相続法）の改正により新設された特別寄与者の特別寄与料の制度に基づき、特別寄与料の請求をしたい親族の有無を確認する必要があります。もし、この請求をしたい親族がいる場合は、原則として相続人との協議によってその支払の可否とその額を決めますが、その協議がまとまらない場合は、特別寄与者が家庭裁判所へ協議に代わる処分を請求することになります。

⑥未分割と相続税

相続税は、原則として相続の開始のあった日の翌日から10ヶ月以内に申告し、かつ納付しなければなりません。しかし、その期限までに遺産分割協議が成立せず、期限までに遺産が未分割の場合は、相続人が法定相続分に応じて遺産を取得したものとして、本来の相続税の申告期限までに相続税の申告と納付をしなければなりません。その後、遺産の分割協議が成立した段階で、相続税について修正申告または更正等の請求を行って税額の清算を行います。

⑦遺産分割のやり直し

遺産分割協議に瑕疵がなく有効に成立して遺産を分割した後に、遺産分割協議をやり直して遺産を再配分した場合は、それによって取得した財産は、贈与で取得したものとして贈与税が課税されますから、注意が必要です。

注：遺産分割に当っての財産の評価についてはp. 142を参照ください。

15　未成年者と特別代理人の選任申立の手続

 母と子（未成年者）が共同相続人である場合、遺産分割の協議にあたり、この子のために特別代理人の選任が必要ですが、その手続はどのように行うのですか。

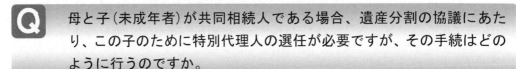 親権者（または後見人）や利害関係人が家庭裁判所へ特別代理人の選任の申立てを行ない、家庭裁判所で選任してもらいます。

《 解 説 》

　未成年者が法律行為をするには法定代理人（親権者または後見人）が代理しなければなりません。遺産分割協議の場合も同様です。しかし、たとえば、夫が死亡した場合に、その妻と未成年の子がいずれも相続人であるとき、その妻と未成年の子の間で相互の利益が相反しますから、妻はその子を代理することはできません。そこで、利益が害される子のために特別代理人の選任が必要になります。そして、妻とその選任された特別代理人との間で遺産分割協議をすることになります。

（1）申立人

　親権者（または後見人）です。また、利害関係人も申し立てできます。

（2）申立に当たって必要なもの

①申　　立　　書‥‥次ページ以下の様式を参照ください
②収　入　印　紙‥‥子（又は被後見人）1人につき800円（申立書に貼付）
③郵　便　切　手‥‥実費相当分
④添　付　書　類‥‥p.235の書類を添付してください

（3）申立書の提出先

　子（または被後見人）の住所地を管轄する家庭裁判所です。

（4）申立後の手続

　家庭裁判所では、申立てについて審理を行って、特別代理人を選任します。
　この特別代理人は、申立書に適当と思われる候補者の氏名等を記載することになっていますが、通常は、親族の中から適当な人になってもらうことが多いようです。

《特別代理人選任申立書（遺産分割協議・記入例)》

記入例2　遺産分割の協議の場合

申立書を提出する裁判所（未成年者の住所地の家庭裁判所）

作成年月日

受付印	**特 別 代 理 人 選 任 申 立 書**
	（この欄に収入印紙800円分を貼ってください。）
	印紙
収入印紙　　　　円 予納郵便切手　　　円	（貼った印紙に押印しないでください。）

準口頭	関連事件番号　平成・令和　　年（家　　）第　　　　号

平日の日中に連絡のつく番号を記入してください。（携帯電話でも構いません。）

裁判所から連絡がとれるように正確に記入してください。

○○ 家庭裁判所 御中 令和 ○年 ○月 ○日	申立人の 記名押印	甲野花子 ㊞

添付書類	（同じ書類は1通で足ります。審理のために必要な場合は、追加書類の提出をお願いすることがあります。） ☑未成年者の戸籍謄本（全部事項証明書） ☑親権者又は未成年後見人の戸籍謄本（全部事項証明書） ☑特別代理人候補者の住民票又は戸籍附票 ☑利益相反に関する資料（遺産分割協議書案、契約書案等） □（利害関係人からの申立ての場合）利害関係を証する資料 □

申 立 人	住　所	〒○○○-○○○○　　　　電話　○○（○○○○）○○○○ ○○県○○市○○町○丁目○番○号○○アパート○号（　　方）
	フリガナ 氏　名	コウノ ハナコ 甲野花子 昭和・平成・令和 ○年○月○日生（○○歳）| 職業 なし
	フリガナ 氏　名	昭和・平成・令和　年　月　日生（　歳）| 職業
	未成年者 との関係	※　1 父母　　2 父　　③ 母　　4 後見人　　5 利害関係人

未 成 年 者	本　籍 （国籍）	都道 府県 ○○県 ○○市○○町○番地
	住　所	〒　　　　　　　　　　　電話　（　　） 申立人の住所と同じ（　　方）
	フリガナ 氏　名	コウノ ジロウ 甲野次郎 平成・令和 ○年○月○日生（○○歳）
	職業 又は 在校名	○○中学校

（注）　太枠の中だけ記入してください。　※の部分は、当てはまる番号を○で囲んでください。

特代 (1/2)

（注）次ページ②に続く

②前ページ《特別代理人選任申立書（遺産分割協議・記入例)》の続き

申　立　て　の　趣　旨
特 別 代 理 人 の 選 任 を 求 め る 。

申　立　て　の　理　由	
利益相反する者	利 益 相 反 行 為 の 内 容
※ ① 親権者と未成年者との間で利益が相反する。	※ ① 被相続人と　甲野　太郎　の遺産を分割するため 2 被相続人と　　　　　の相続を放棄するため 3 身分関係存否確定の調停・訴訟の申立てをするため 4 未成年者の所有する物件に　1 抵当権　を設定するため　2 根抵当権 5 その他 (　　　　　　　　)
2 同一親権に服する他の子と未成年者との間で利益が相反する。	
3 後見人と未成年者との間で利益が相反する。	
4 その他 (　　　　　)	(その詳細) 申立人の夫、未成年者の父である被相続人 乙太郎の遺産につき、遺産分割の 協議をするため。

特別代理人候補者	住　所	〒 ○○○-○○○○　　　　電話　○○ (○○○○) ○○○○ ○○県○○市○○町○丁目○番○号　　(○○○○方)
	フリガナ 氏　名	オツ ノ サブロウ 乙野三郎　昭和 ○年○月○日生 平成　(○○歳)　職業 会社員
	未成年者との関係	母方の叔父

(注) 太枠の中だけ記入してください。　※の部分については，当てはまる番号を○で囲み，利益相反する者欄の4及び利益相反行為の内容欄の5を選んだ場合には，(　) 内に具体的に記入してください。

当該利益相反行為について利害関係がない人で，
特別代理人として適当と思われる方を記入してください。

特代 (2/2)

特別代理人の申立てに必要な添付書類

１．未成年者の戸籍謄本(全部事項証明書)

２．親権者又は未成年後見人の戸籍謄本(同　上)

３．特別代理人候補者の住民票又は戸籍附票

４．遺産分割協議書案などの利益相反に関する資料

　　事案により、上記以外の資料が必要な場合があります。

《参 考》

＊親権者と子の利益が相反する行為(利益相反行為)の代表例

　①夫が死亡し、妻と未成年者が遺産分割協議をする行為(本ケース)

　②複数の未成年者の法定代理人として遺産分割協議をする行為

　③相続人である母(又は父)が未成年者についてのみ相続放棄の申述をする行為

　④同一の親権に服する未成年者の一部の者だけ相続の放棄の申述をする行為

　⑤後見人が１５歳未満の被後見人と養子縁組をする行為、など

16　相続人が海外居住者である場合の手続

 相続人（日本国籍を有する人）のうちに海外に居住している人がいる場合には、住民票や印鑑証明書がとれませんが、どうすればよいでしょうか。

在外公館（日本大使館、総領事館）で住民票に代わる「在留証明書」や印鑑証明書に代わる「署名（および拇印）証明書」の交付を受けてください。

《 解 説 》

（1）相続人が海外居住者である場合の問題点

　　日本国籍を有する相続人が相続税の申告書を提出したり、相続不動産等の相続登記等を行う際には、その人の住民票や印鑑証明書を添付しなければなりません。しかし、海外居住者は、通常、住民票や印鑑証明書を発行してもらえませんので、在外公館（大使館、総領事館）でこれらに代わる書類として在留証明書や署名（拇印）証明書の交付を受ける必要があります。

　　これらの証明書の交付を受けるための手続き等の概要は、次のとおりです。

（2）在留証明書

　　在留証明書は、海外居住者がその国のどこに住所を有しているかを証明するものです。

①証明を受けられる人

　　証明を受けられるのは、日本国籍を有し（二重国籍を含む）、原則として現地にすでに3カ月以上滞在し、現在居住している人です。（現地の居住先が確定した場合には、速やかに所轄の在外公館に「在留届」を提出する必要があります。）

②必要書類

　　・日本国籍を有していることおよび本人確認ができる書類（有効な日本国旅券等）

　　・住所が確認できる文書（現地の官公署が発行する滞在許可証や運転免許証等）

　　・滞在開始時期（期間）を確認できるもの（家屋の賃貸契約書等）、等

③在留証明書の申請者

　　在留証明書は、在外公館に証明を必要とする本人が公館へ申請する必要がありますが、やむを得ない場合にはその代理人が申請することもできます。手数料は、1通につき邦貨1,200円相当の現金（現地通貨）です。

④在留証明書の様式

　　在留証明書の様式見本は、(p.238) のとおりです。

（3）署名（および拇印）証明書

　　署名（および拇印）証明書は、海外居住者が日本の印鑑証明に代わるものとして日本での手続きのために、申請者の署名（および拇印）が確かに領事の面前でなされたことを証明するものです。

①証明を受けられる人

　　証明を受けられるのは、日本国籍を有する人です。

②必要書類

- ・日本国籍を有していることを確認できる書類（有効な日本国旅券等）
- ・「形式１」による証明を希望するときは、日本から送付された署名（および拇印）すべき書類、等

③署名（および拇印）証明書の申請者

　　署名（または拇印）証明書は、在外公館に証明を必要とする本人が出向くことが必要で、その代理人が申請することはできません。それは、領事の面前で署名（または拇印）を行うことが必要であるからです。手数料は、１通につき邦貨1,700円相当の現金（現地通貨）です。

④　署名（および拇印）証明の方法

　　署名（および拇印）証明の方法には、形式１と形式２があります。

- ・形式１……在外公館の発行証明書と申請者が領事の面前で署名した文書を綴り合わせて割印をするものです。この場合、例えば、申請者は、遺産分割協議書などの書類に事前に署名せずに持参し、領事の面前で署名（および拇印）をすることに留意する必要があります。他の日本国内に住所を有する相続人については、事前に署名しても差支えありません。
- ・形式２……申請者の署名を単独で証明するものです（p.239参照）。

　　なお、いずれの形式がよいかは、その証明書の提出先に確認しておく必要があります。遺産分割協議書などは、通常、形式1によっているようです。

⑤戸籍謄本の取得

　　日本国籍を有する海外居住者は、相続手続きなどに必要な戸籍謄本については、本籍地の市区町村役場に請求すれば取得することができます。

海外居住者に必要な書類

注：被相続人が外国人である場合の手続きは、p.78を参照

《在留証明願（形式1：現住所の証明）の記入例》

形式 1

在 留 証 明 願

令和　　　年　　　月　　　日

在ニューヨーク日本国総領事　殿

申請者氏名 証明書を 使う人	外務 太郎		生 年 月 日	大 ・ 昭 昭 ・ 令	35 年 3 月 22 日
代 理 人 氏 名 （※1）			申請者との関係 （※1）		
申請者の 本籍地 （※2）	東京	都・道 府・県	千代田区霞が関2丁目2番地 （市区郡以下を記入してください。※2）		
提出理由	不動産登録手続		提出先	東京法務局	

私（申請者）が現在、下記の住所に在住していることを証明してください。

申請者（代理人）署名　　外務　太郎

現 住 所	日 本 語	アメリカ合衆国ニューヨーク州ニューヨーク市パーク街299番地
	外 国 語	299 Park Avenue, New York, NY 10171, U.S.A.
	上記の場所に住所（又は居所）を 定めた年月日（※2）	（ 令和 ・ 平成 ・ 昭和 ）　　　　年　　　月

（※1）本人申請の場合は記入不要です。
（※2）申請理由が恩給、年金受給手続きのとき、及び提出先が同欄の記載を必要としないときは記入を省略することが
　　　　できます。

この欄には記入しないでください。

在 留 証 明

証 第　　　　　　号

上記申請者の在留の事実を証明します。

令 和　　　年　　　月　　　日

（ 手 数 料 ：　　　　　）

（注）在ニューヨーク日本国総領事館の在留証明（形式1：現住所の証明）申請書及び記入例

《署名（および拇印）証明申請書の記入例》

（見本）

署 名（お よ び 拇 印）証 明 申 請 書

2013 年 11 月 XX 日

在ニューヨーク日本国総領事　殿

以下の目的のため私の署名（及び拇印）証明を申請します。

●必要な証明形式（「形式1」または「形式2」）にチェックを入れてください。

☑ 「形式 1」(貼付型)	☑ 「形式 2」(単独型)
署名をする必要のある書類に、申請人が署名したことを証明する形式です。お手持ちの書類に、大使館(総領事館)の証明が貼付されます。	市区町村役場で発行される印鑑証明のように申請人の署名および拇印であることを、一枚の証明書として発行します。
必要通数　　X 通	必要通数　　X 通
合 計　XX 通	

申請人氏名	(※読みやすい字体で原則として戸籍上の氏名を記入してください。)　　証明 花子
アルファベット	Hanako SHOMEI
生年月日 (大・明 昭・平)	45年 3月 22日　日本旅券番号　MA0000000
現住所 外国語：	299 Park Avenue, New York, NY10171, U.S.A

私は、日本の住民登録を、　〔 抹消しています。 〕〔 ~~抹消していません。~~ 〕

住民登録市区町村役場名：　(都・道 府・県)　　　(郡)　(市・区 町・村)　　抹消していない場合

使用目的	(遺産分割協議書への署名、不動産登記、車の名義変更、銀行手続き等)　不動産登記
提出先	(○○法務局、○○運輸支局、○○銀行、司法書士、行政書士等)　XXX法務局
日本の住民登録(印鑑登録)を抹消していない方の場合、提出先関係機関が、日本国大使館(総領事館)の証明を要求していますか？	有　　無✕
連絡先	(自宅・勤務先・携帯)　　212-XXX-XXXX
備 考	

申請人署名　　XXXXXX

(注) 在ニューヨーク日本国総領事館の署名証明申請書の記入例

17　相続人の中に認知症の人がいる場合の手続

 相続人の中に認知症の人がいる場合、遺産分割手続はどのように進めればいいのでしょうか？

 当該相続人の認知症の程度にもよりますが、認知症の方について家庭裁判所で成年後見人（または保佐人や補助人）を選任してもらい、その者と遺産分割の手続を進めていく必要があります。

《 解 説 》

1　認知症と遺産分割協議

　遺産分割協議も法律行為であり、有効な遺産分割協議を行うためには相続人に意思能力が必要とされ、意思能力を欠いた者による遺産分割協議は無効となります。

　認知症といっても程度は様々で、認知症の程度が重い場合には、そもそも適切な意思を表明できず、事実上、遺産分割の協議をすること自体困難な場合があります。また、認知症の程度が比較的軽度だと思って認知症の方を含めて遺産分割協議をしたものの、後になって、本人あるいは他の相続人から意思能力の欠如による遺産分割協議の無効を主張され、遺産分割協議の成立を巡る争いが生じる可能性もあります。

　そこで、相続人の中に認知症により意思能力に疑問がある相続人が存在する場合には、後日の紛争を防止するためにも、以下の「成年後見制度」の利用を検討する必要があります。

2　成年後見制度の概要

　成年後見制度とは、認知症、知的障害、精神障害などによって物事を判断する能力が十分ではない方について、その方（＝本人）の権利を守る援助者を選ぶことで本人を法律的に支援する制度で、大きく分けると「法定後見制度」と「任意後見制度」の2つがあります。

3　法定後見制度

　法定後見制度は、家庭裁判所の審判により開始されるもので、家庭裁判所によって選ばれた援助者（成年後見人・保佐人・補助人）が、本人の利益を考えながら、本人を代理して契約などの法律行為をしたり、本人が自分で法律行為をするときに同意を与えたり、本人が同意を得ないでしてしまった不利益な行為を後から取り消したりすることによって、本人を法律的に保護・支援します。本人と取引をしようとする相手方としては、本人について援助者の適切な関与を得ないと、本人と有効な法律行為をすることができないことになります。

　法定後見制度は、判断能力の程度など本人の事情に応じて「成年後見」「保佐」「補助」の３つの類型に分かれています。

　①成年後見

　　成年後見とは、判断能力を常に欠いている方を対象にした場合で、家庭裁判所が後見開始の審判をするとともに、本人を援助する者として成年後見人を選任します。

　　後見開始の審判を受けた本人は、日用品の購入などの日常生活に関する行為以外の行為を単独ではできなくなる一方で、成年後見人は、本人の財産を管理するとともに、広範な代理権及び取消権を有します。

　②保佐

　　保佐とは、判断能力が著しく不十分な方を対象にした場合で、家庭裁判所が保佐開始の審判をするとともに、本人を援助する者として保佐人を選任します。

　　保佐開始の審判を受けた本人は、一定の重要な行為を単独ではできなくなる一方で、保佐人が、本人が一定の重要な行為を行う際に、本人がしようとすることに同意し、本人が単独でやってしまったことを取り消す権限が与えられます。

　③補助

　　補助とは、判断能力が不十分な方を対象にした場合で、家庭裁判所が補助開始の審判をするとともに、本人を援助する者として補助人を選任します。

　　補助人は、本人が望む一定の事項についてのみ、保佐人と同様、同意権、取消権、代理権を有します。

4　任意後見制度

　任意後見制度は、本人に十分な判断能力があるうちに、本人が、将来判断能力が不十分な状態になった場合に備えて、あらかじめ自らが選んだ代理人（任意後見人）に、自分の生活、療養看護、財産管理に関する事務について代理権を与える契約（任意後見契約）を、公証人の作成する公正証書によって結んでおくものです。

　任意後見制度は、本人自らが、将来に備えて結んでおく契約ですから、本人の判断能力が不十分な状態になってしまってからは利用できません。その場合は、前記の法定後見制度のみが利用できることになります。

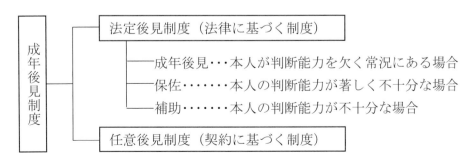

18　法定後見制度の手続

 Q　法定後見制度を利用するためにはどのような手続が必要ですか。

A　家庭裁判所に対し、後見等開始の審判の申立てをする必要があります。

《 解 説 》

　法定後見制度を利用するためには、家庭裁判所に後見開始等の審判の申立てをする必要があります。

　申立ての方法や手続きは以下のとおりです。

（1）申立をする裁判所（管轄）

　後見等開始の審判申立ては、本人の住所地（住民登録をしている場所）を管轄する家庭裁判所に対して行います。

（2）申立ができる人

　本人、配偶者、四親等内の親族、検察官などが申立てをすることができます（民法第7条）。

（3）申立に必要な主な書類

必要書類	入手先
①申立書類 ・申立書 ・申立事情説明書 ・親族関係図 ・本人の財産目録及びその資料 ・本人の収支状況報告書及びその資料 ・後見人等候補者事情説明書	各地の家庭裁判所の窓口（家庭裁判所のホームページでも書式をダウンロードできます）
②戸籍謄本（全部事項証明書） ・本人	各地方自治体の窓口
③住民票又は戸籍附票 ・本人及び後見人等候補者	各地方自治体の窓口
④登記されていないことの証明書 ・本人	東京法務局
⑤診断書及び診断書付票	本人の主治医により作成 　（書式は家庭裁判所）
⑥本人の健康状態に関する資料 　（介護保険認定書、療育手帳などの写し）	

※各書類は、原則として、作成後3か月以内のものが必要です。

（4）申立に掛かる費用（東京家庭裁判所の場合）

> 収入印紙‥‥‥3,400円（内訳：申立手数料800円、登記手数料2,600円）
>
> 郵便切手‥‥‥後見申立て3,270円、保佐・補助申立て4,210円
>
> ＊その他、本人の判断能力について鑑定が必要な場合には、別途鑑定費用（10万円〜20万円程度）が必要となります。

（5）手続に要する期間

　申立てから、後見等開始の審判がなされるまでに要する期間は、概ね2か月から3か月くらいかかるようです。また、申立てに必要な書類の準備にも手間と時間がかかり、申立ての準備だけでも1か月程度はかかるものと考えられます。このように、成年後見制度を利用する場合、準備の開始から後見等開始の審判がなされるまで、3〜4か月程度の期間がかかることを見ておくことが必要です。

《その他留意すべき点》

①　成年後見人等になる人

　後見等開始の審判を申立てる時には、あらかじめ成年後見人等の候補者を決めて申立てを行います。親族の方を候補者に挙げるケースが多いようですが、家庭裁判所は、本人が必要とする支援内容等の事情を考慮して、最も適切だと考える者を選任します。審判申立ての際に親族を成年後見人等の候補者として挙げた場合でも、その候補者以外の者が選任されることもあります。弁護士、司法書士等の法律の専門職が選任されるケースもあります。

②　成年後見人等の任期

　成年後見制度は、認知症となった方が所有する不動産を売却する必要が生じたり、遺産分割協議が必要だが相続人の中に認知症の方が含まれている等の事情をきっかけとして利用されるケースが一般的です。しかし、成年後見人等になった方の職務は、申立てのきっかけとなった当初の目的（不動産の売買や遺産分割協議等）を果たしたからといって終了するものではなく、その後も本人が判断能力を取り戻したり、亡くなるまでその職務は続きます。したがって、親族の方が成年後見人等を引き受けようと考える場合、成年後見人等の職務を果たすことが可能かどうか長期的な視野でよく検討する必要があります。親族の中で引き受けることができる方がいない場合には、専門家（弁護士、司法書士等）に相談してみると良いでしょう。

19　遺産分割（調停・審判）の申立の手続

 遺産分割（調停・審判）の申立ての手続について教えてください。

 遺産分割の協議の調整がつかない場合は、各共同相続人は家庭裁判所に対して遺産分割の調停または審判の申立てをすることができます。

《　解　説　》

　被相続人が死亡した場合に相続人が数人いるときは、その共同相続人の間でいつでも被相続人の遺産を分割することができます。

　しかし、この遺産分割について、共同相続人の間で協議が整わない場合や分割協議をすることができない場合は、各共同相続人は家庭裁判所に対し遺産分割の調停または審判の申立てをすることができます。調停の申し立てをするのが、一般的です（実務上は、まず調停で当事者間の話し合いを経て、まとまらなかった場合に審判に移行するという運用がとられています）。

（1）申立に当たって必要なもの

　　　① 申立書‥‥‥‥‥次ページ以下の様式をご参照ください。

　　　② 収入印紙‥‥‥‥被相続人1人につき1,200円（申立書に貼付）

　　　③ 郵便切手‥‥‥‥実費相当分

　　　④ 添付書類‥‥‥‥後記(p.247参照)の書類を添付してください。

（2）申立人

　　申立人は、共同相続人や包括受遺者等です。

（3）申立書の提出先

　　申立書の提出先は、相手方のうちの一人の住所地を管轄する家庭裁判所または当事者が合意で定めた家庭裁判所です。また、審判の申立てをする場合は、相続開始地（被相続人の最後の住所地）を管轄する家庭裁判所です。

（4）申立後の手続

　　家庭裁判所では、審理するために事前に申立人や相手方に一定の事情につき書面による照会や、直接たずねることがあります。調停の申立てがあった場合、調停委員会が申立人と相手方の双方から事情等を聴き、双方が納得のいく適切な遺産分割ができるよう話し合いを進めます。調停が不成立になった場合には自動的に審判手続が開始されます。

《遺産分割（調停・審判）の申立書・同添付書類の記入例》

記入例　被相続人の長女が共同相続人を相手に遺産分割を求める場合

申立書を提出する裁判所

作成年月日

この申立書の写しは，法律の定めるところにより，申立ての内容を知らせるため，相手方に送付されます。

受付印	遺産分割 ☑ 調停　□ 審判　申立書
	（この欄に申立て1件あたり収入印紙1,200円分を貼ってください。）
	印紙
収入印紙　　円 予納郵便切手　　円	（貼った印紙に押印しないでください。）

○○ ○○ 家庭裁判所 御中 令和 ○年 ○月 ○日	申　立　人 （又は法定代理人など） の記名押印	乙野　春子　㊞

添付書類	（審理のために必要な場合は，追加書類の提出をお願いすることがあります。） ☑ 戸籍（除籍・改製原戸籍）謄本（全部事項証明書）合計 ○ 通 ☑ 住民票又は戸籍附票 合計 ○ 通　　☑ 不動産登記事項証明書 合計 ○ 通 ☑ 固定資産評価証明書 合計 ○ 通　　☑ 預貯金通帳写し又は残高証明書 合計 ○ 通 ☑ 有価証券写し 合計 ○ 通	準口頭

当　事　者	別紙当事者目録記載のとおり		
被相続人	最後の住所	○○都道府県○○市○○町○号	
	フリガナ 氏　名	コウヤマ　タロウ 甲山　太郎	平成・令和 ○年 ○月 ○日死亡

申　立　て　の　趣　旨
☑ 被相続人の遺産の全部の分割の（☑ 調停 ／ □ 審判）を求める。
□ 被相続人の遺産のうち，別紙遺産目録記載の次の遺産の分割の（□ 調停 ／ □ 審判）を求める。※1 　　【土地】　　　　　　　　　　　【建物】 　　【現金，預・貯金，株式等】

申　立　て　の　理　由	
遺産の種類及び内容	別紙遺産目録記載のとおり
特　別　受　益 ※2	☑ 有　／　□ 無　／　□ 不明
事前の遺産の一部分割 ※3	☑ 有　／　□ 無　／　□ 不明
事前の預貯金債権の行使 ※4	☑ 有　／　□ 無　／　□ 不明
申　立　て　の　動　機	☑ 分割の方法が決まらない。 □ 相続人の資格に争いがある。 □ 遺産の範囲に争いがある。 □ その他（　　　　　　　　　　　　　　　　　　　　　）

（注）太枠の中だけ記入してください。□の部分は該当するものにチェックしてください。
※1　一部の分割を求める場合は，分割の対象とする各遺産目録記載の遺産の番号を記入してください。
※2　被相続人から生前に贈与を受けている等特別な利益を受けている者の有無を選択してください。「有」を選択した場合には，遺産目録のほかに，特別受益目録を作成の上，別紙として添付してください。
※3　この申立てまでにした被相続人の遺産の一部の分割の有無を選択してください。「有」を選択した場合には，遺産目録のほかに，分割済遺産目録を作成の上，別紙として添付してください。
※4　相続開始時からこの申立てまでに各共同相続人が民法909条の2に基づいて単独でした預貯金債権の行使の有無を選択してください。「有」を選択した場合には，遺産目録【現金，預・貯金，株式等】に記載されている当該預貯金債権の欄の備考欄に権利行使の内容を記入してください。

遺産（1/ ）

（注）次ページ②に続く

②前ページ《遺産分割（調停・審判）の申立書・同添付書類等の記入例》の続き

申立書の写しは相手方に送付されますので，あらかじめご了承ください。

裁判所から連絡がとれるように正確に記入してください。ご不明な点があれば，申立書を提出される裁判所にお問い合わせください。

申立人と相手方（申立人以外の共同相続人全員）の区別を明らかにした上，該当する者全員を記入してください。

不動産の登記事項証明書（不動産登記簿謄本）の記載のとおり記入してください。

遺産の全部（不明なもの及び分割済遺産目録に記載するものは除く。）を記入してください。

> この申立書の写しは，法律の定めるところにより，申立ての内容を知らせるため，相手方に送付されます。

当　事　者　目　録

☑申立人 □相手方	住所	〒000-0000　○○県○○市○○町○丁目○番○号　○○アパート○号		（　　　　方）
	フリガナ 氏名	オツノ ハルコ 乙野 春子	大正 ⦿昭和 平成 令和	○年○月○日生 （○○歳）
	被相続人との続柄	長女		
□申立人 ☑相手方	住所	〒000-0000　○○県○○市○○町○番○号		（　　　　方）
	フリガナ 氏名	コウヤマ ハナコ 甲山 花子	大正 ⦿昭和 平成 令和	○年○月○日生 （○○歳）
	被相続人との続柄	妻		
□申立人 ☑相手方	住所	〒000-0000　○○県○○市○○町○丁目○番○号		（　　　　方）
	フリガナ 氏名	コウヤマ ナツオ 甲山 夏夫	大正 ⦿昭和 平成 令和	○年○月○日生 （○○歳）
	被相続人との続柄	長男		
	住所	〒　-		

遺　産　目　録（□特別受益目録，□分割済遺産目録）

【土地】

番号	所　在	地番	地目	地積 平方メートル	備考
1	○○県○○市○○町	○○	宅地	200 00	建物1の敷地
2	○○県○○市○○町○丁目	○○	宅地	650 00	建物2の敷地（持分）相続人ナツ・相手方甲が取得 2分の1

（注）次頁以降は省略

遺産分割調停の申し立てに必要な添付書類

	必要書類	資料の対象・内容等	資料の請求先
戸籍関係	戸籍謄本 (注1)	相続人全員	【戸籍関係，戸籍の附票】 本籍地の市区町村役場戸籍担当係（本籍地，戸籍の筆頭者又は戸主で特定）
	戸籍謄本（除籍謄本・改製原戸籍謄本）	被相続人の出生から死亡までの間の連続した全戸籍 (注2)	
	戸籍の附票または住民票 (注1)	相続人全員 (注3)	
	戸籍の附票または住民票除票	被相続人 (注3)	【住民票関係】 住所地の市区町村役場住民登録担当係
遺産関係	登記事項証明書または登記簿謄本 (注1)	土地・建物（賃借物件も必要）	最寄りの法務局の不動産登記部門
	土地の公図、建物の平面図	図面を保管している場合	
	固定資産評価証明書（最新年度）	土地・建物	物件所在地の都・県税事務所又は市区町村役場
	借地権，借家権を証明する文書（写）	賃貸借契約書写しおよび賃借中の土地・建物の登記事項証明書	
	預貯金残高証明書または通帳等（写）	相続人であれば，金融機関に申請して残高証明書を取得できます	預入先銀行などの金融機関
	株式，社債，投資信託等の内容を示す文書（写）	証書・証券の写し又は残高証明書等の現状・存在の分かるもの	証券会社，保険会社，金融機関等
	遺言書（写）	自筆証書遺言（検認済証明書付き等）、公正証書遺言書があり、その写しを入手できる場合	検認した家庭裁判所、記録保管の公証役場
	遺産分割協議書（写）	作成されている場合。協議不成立に終わったものでも必要となります	
	相続分譲渡や相続放棄がされている場合（写）	相続分譲渡証書および印鑑証明書、相続放棄受理証明書	相続放棄受理証明書は相続放棄手続きをした家庭裁判所
	相続税申告書（写）	相続税申告書および修正申告書の写しを保管している場合	

注1：原則として３ヶ月以内に発行されたもの
注2：相続人の範囲や死亡の前後によっては，更に必要な戸籍がある場合があります
注3：個人番号（マイナンバー）の記載がないもの

20　代償分割と相続税

　父が死亡しましたが、その遺産は長男がすべて相続し、その代わりに長男が二男と長女に現金を支払うことにしました。この場合の相続税はどのようになりますか。

このような遺産分割の方法を代償分割といい、遺産分割協議書にはその内容を明確に記載しておく必要があります。また、代償財産の交付を受けた相続人は、その代償財産を相続で取得したものと取扱われます。

《 解 説 》

（1）代償分割とは

　　遺産分割の方法のうち代償分割とは、共同相続人のうち特定の人に遺産の現物を取得させる代わりとして、その相続人が他の相続人に対して債務を負担することで、実質的に遺産分割の実を上げようとするものです。

（2）遺産分割協議書への記載

　　共同相続人の全員による遺産分割協議を行った結果、代償分割することを決定した場合は、遺産分割協議書の中に、たとえば次のような記載が必要です。

> 1．相続人甲は、下記財産を取得する代償として、他の相続人乙および丙に対してれぞれ現金3,000万円也を令和○○年○○月○○日までに支払うものとする。
>
> 記
>
> 東京都××区××町×丁目××番××号　　　宅地　300㎡

（3）代償分割と相続税

　　代償分割が行われた場合の相続税の課税価格は、つぎのとおりです。

相　続　人	相続税の課税価格
代償財産を交付した相続人	相続等で取得した現物の財産の価額－代償財産の価額
代償財産の交付を受けた人	相続等で取得した現物の財産の価額＋代償財産の価額

　　代償財産の価額は、原則として負担した債務（代償債務）の相続時の相続税評価額です。しかし、代償分割が時価ベースで行われていること等から次のような申告をした場合にはそれが認められます。

①　相続人全員の協議により、その価額を下記②の算式に準じて合理的と認められる方法により計算して申告した場合は、それが認められます。

②　①以外の場合で、代償分割の対象となった財産が特定され、かつ代償債務の額が、その財産の代償分割時の通常の取引価額をもとに決定されているときには、下記算式により申告した場合は、それが認められます。

（代償債務の額）× $\dfrac{代償分割の対象財産の相続開始時の相続税評価額}{代償分割の対象財産の代償分割時の通常の取引価額}$

代償分割があった場合の相続税の課税価格の計算

《 設 例 》
　父の遺産は自宅（相続税評価額8,000万円、通常の取引価額1億円）のみで、これを長男が相続し、その代わりとして長男は、二男と長女にそれぞれ現金4,000万円および3,000万円を支払うことにしました。

《 計 算 》
　上記（3）－②の方法を採用した場合は次のようになります。
●各人の課税価格　二男　4,000万円×（8,000万円／1億円）＝3,200万円
　　　　　　　　　長女　3,000万円×（8,000万円／1億円）＝2,400万円
　　　　　　　　　長男　8,000万円－（3,200万円＋2,400万円）
　　　　　　　　　　　　＝2,400万円
　　　　　　　　　課税価格の合計額＝8,000万円

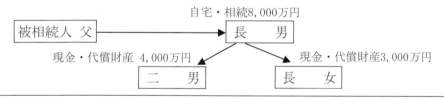

（4）代償財産が自己固有の土地建物等である場合
　　代償分割により負担する債務の履行として土地建物等を与えた場合は、次の点に注意が必要です。
①土地建物等を交付した人
　　代償財産が自己の固有の土地建物等である場合、代償分割により負担した債務を履行するために資産を移転したわけですから、その履行時の通常の取引価額で資産を譲渡したこととなり、譲渡所得が課税されます。
　　上記設例の場合は、代償財産が現金ですから譲渡所得課税はありません。
②土地建物等の交付を受けた人
　　代償財産とし土地建物等の交付を受けた人は、その履行時に通常の取引価額によりその土地建物等を取得したものとされます。

21　相続税の延納申請手続

　相続税の延納申請の手続は、どのように行うのですか。

　延納申請書は、納期限または納付すべき日までに、担保提供関係書類を添えて、税務署長宛に提出しなければなりません。

《 解 説 》

（1）延納申請書の提出期限

　　延納したい場合には、相続税の納期限または納付すべき日までに、延納申請書のほか、金銭納付困難理由書（p.257参照）などの申請書別紙および担保提供関係書類を被相続人の死亡の時における住所地を所轄する税務署長に提出しなければなりません。

　　担保提供関係書類を提出期限までに提出できない場合は、届出により最長6ヶ月の延長が認められます（延納の要件については、p.87参照）。

（2）提出書類の訂正・担保の変更等

　　提出された延納申請書等について、記載の不備や不足書類があったときは書類の訂正や不足書類の追加提出が求められ、また提供された担保について、調査した結果、担保の変更や追加提供が求められることがあります。

（3）許可または却下

　　延納申請された場合、税務署長は原則として延納申請期限から3ヶ月以内に許可または却下することになっています。ただし、延納担保の状況等によって最長6ヶ月まで延長できます。許可された場合は、延納許可通知書が申請者に送付されます。

（4）特定物納制度（延納から物納への変更）

　　延納を選択した納税者が、その後の資力の変化等により、延納条件を変更しても延納の継続が困難となった場合は、相続税の申告期限から10年以内の申請により、その納付を困難とする金額（納期未到来の分に限る）の範囲内で延納から物納への変更ができます。これを特定物納といいます。

　　なお、特定物納が許可されても、特定物納申請中の期間については、当初の延納条件による延納利子税を納付しなければなりません。

相続税の延納手続の概要

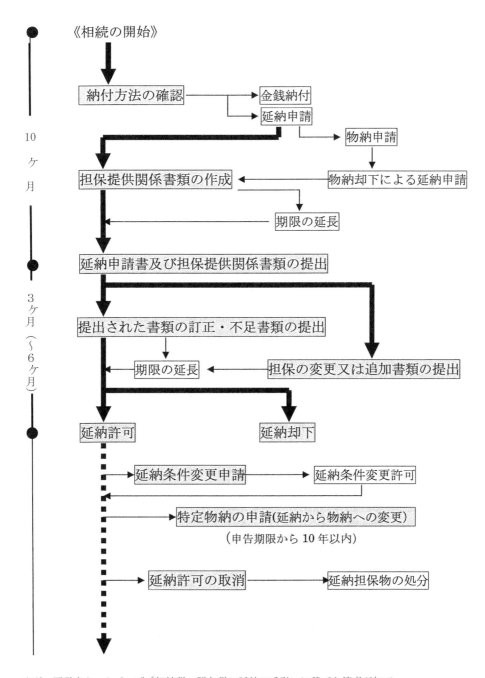

出所：国税庁ホームページ「相続税・贈与税の延納の手引」に基づき筆者が加工

《相続税延納申請書》

①

相 続 税 延 納 申 請 書

税務署
収受印

税務署長殿　　　　　　（〒　　　　）

令和　年　月　日　　　　住　所 _____

フリガナ
氏　名　　　　　　　　　　　　　　　　㊞

法人番号												

職　業 _____　　電　話 _____

下記のとおり相続税の延納を申請します。

記

1　延納申請税額

① 納付すべき相続税額	円
② ①のうち物納申請税額	
③ ①のうち納税猶予をする税額	
④ 差引（①－②－③）	
⑤ ④のうち現金で納付する税額	
⑥ 延納申請税額（④－⑤）	

2　金銭で納付することを困難とする理由

別紙「金銭納付を困難とする理由書」のとおり。

3　不動産等の割合

区　分		課税相続財産の価額（③の税額がある場合には農業投資価格等によります。）	割　合
割合の判定	立木の価額	⑦	⑩（⑦／⑨）（端数処理不要） 0.
	不動産等（⑦を含む。）の価額	⑧	⑪（⑧／⑨）（端数処理不要） 0.
	全体の課税相続財産の価額	⑨	
割合の計算	立木の価額	⑫（千円未満の端数切捨て） ,000	⑮（小数点第3位未満切り上げ） 0.
	不動産等（⑦を含む。）の価額	⑬（千円未満の端数切捨て） ,000	⑯（小数点第3位未満切り上げ）⑬／⑭ 0.
	全体の課税相続財産の価額	⑭（千円未満の端数切捨て） ,000	

作成税理士署名押印
事務所所在地
電話番号

4　延納申請税額の内訳

			5 延納申請年数	6 利子税の割合
不動産等の割合（⑪）が75%以上の場合	不動産等に係る延納相続税額	⑰（100円未満端数切り上げ）〔④×⑯と⑥とのいずれか少ない方の金額〕 00	（最高）20年以内	3.6
	動産等に係る延納相続税額	⑱（⑥－⑰）	（最高）10年以内	5.4
不動産等の割合（⑪）が50%以上75%未満の場合	不動産等に係る延納相続税額	⑲（100円未満端数切り上げ）〔④×⑯と⑥とのいずれか少ない方の金額〕 00	（最高）15年以内	3.6
	動産等に係る延納相続税額	⑳（⑥－⑲）	（最高）10年以内	5.4
不動産等の割合（⑪）が50%未満の場合	立木に係る延納相続税額	㉑（100円未満端数切り上げ）〔④×⑮と⑥とのいずれか少ない方の金額〕 00	（最高）5年以内	4.8
	その他の財産に係る延納相続税額	㉒（⑥－㉑）	（最高）5年以内	6.0

7　不動産等の財産の明細　　別紙不動産等の財産の明細書のとおり

㊞

8　担　保　　別紙目録のとおり

税務署整理欄	郵　送　等　年　月　日	担当者印
	令和　年　月　日	

（注）次ページ②に続く

②前ページ《相続税の延納申請書》の続き

9　分納税額、分納期限及び分納税額の計算の明細

㉓ 期　　間	分　納　期　限	延納相続税額の分納税額 （1,000円未満の端数が生ずる場合には 端数金額は第1回に含めます。）		分納税額計 （㉔＋㉕）
		㉔ 不動産等又は立木に 係る税額 （⑰÷「5」欄の年数）、 （⑲÷「5」欄の年数）又は （㉑÷「5」欄の年数）	㉕ 動産等又はその他の 財産に係る税額 （⑱÷「5」欄の年数）、 （⑳÷「5」欄の年数）又は （㉒÷「5」欄の年数）	
第 1 回	令和　　年　　月　　日	円	円	円
第 2 回	年　　月　　日	，000	，000	，000
第 3 回	年　　月　　日	，000	，000	，000
第 4 回	年　　月　　日	，000	，000	，000
第 5 回	年　　月　　日	，000	，000	，000
第 6 回	年　　月　　日	，000	，000	，000
第 7 回	年　　月　　日	，000	，000	，000
第 8 回	年　　月　　日	，000	，000	，000
第 9 回	年　　月　　日	，000	，000	，000
第10回	年　　月　　日	，000	，000	，000
第11回	年　　月　　日	，000		，000
第12回	年　　月　　日	，000		，000
第13回	年　　月　　日	，000		，000
第14回	年　　月　　日	，000		，000
第15回	年　　月　　日	，000		，000
第16回	年　　月　　日	，000		，000
第17回	年　　月　　日	，000		，000
第18回	年　　月　　日	，000		，000
第19回	年　　月　　日	，000		，000
第20回	年　　月　　日	，000		，000
計		⑰、⑲又は㉑の金額	⑱、⑳又は㉒の金額	（⑥の金額）

10　その他参考事項

右の欄の該当の箇所を○で囲み住所氏名及び年月日を記入してください。	被相続人、遺贈者	（住所）			
		（氏名）			
	相 続 開 始 ・ 遺 贈 年 月 日		令和　　年　　月　　日		
	申告（期限内、期限後、修正）、更正、決定年月日		令和　　年　　月　　日		
	納 期 限		令和　　年　　月　　日		
物納申請の却下に係る延納申請である場合は、当該却下に係る「相続税物納却下通知書」の日付及び番号			平成 令和	第　　号 年　　月　　日	
担保が保証人（法人）の保証である場合は、保証人である法人の延納許可申請日の直前に終了した事業年度に係る法人税申告書の提出先及び提出日			令和　　年　　月　　日	税務署	

（注）次頁以降は省略

22　相続税の物納申請手続

 相続税の物納申請手続は、どのように行うのですか。

 相続税の物納申請書は、納期限または納付すべき日までに、納税地の税務署長に提出しなければなりません。その申請書には、物納財産の種類に応じた関係書類を添えて提出しなければなりません。

《 解 説 》

（1）物納申請書の提出期限

　　物納したい場合は、納期限または納付すべき日までに、物納申請書のほか、金銭納付困難理由書などの申請書別紙および物納手続関係書類を被相続人の死亡の時における住所地を所轄する税務署長に提出しなければなりません。

　　物納手続関係書類を提出期限までに提出できない場合は、届け出により最長１年の延長ができます。ただし、延長した期間については、利子税の納付が必要です。

（2）提出書類の訂正等

　　提出された物納申請書等について、記載の不備や不足書類があったときは、書類の訂正や書類の追加提出が求められることがあります。この訂正等を求める通知書を受けた日の翌日から、原則として20日以内に訂正等をしなければ物納申請は取り下げたものとみなされますので、注意を要します。

（3）物納の許可または却下

　　物納申請がされた場合、原則として物納申請期限から３ヶ月以内に許可または却下することになっています。ただし、申請財産の状況によっては、最長９ヶ月まで延長されます。

　　①　**物納許可**　物納が許可された場合は、物納許可通知書が申請者に送付されます。

　　②　**物納却下**　物納が却下された場合は、納期限の翌日から却下の日までの期間までは利子税、却下の日の翌日から本税を完納するまでの期間は延滞税がかかりますので、本税とともに納付する必要があります。

　　〈延納申請〉　却下理由が「金銭納付困難理由がない」場合は、却下された日から20日以内であれば物納から延納への変更ができます。

　　〈**物納再申請**〉　却下理由が「管理処分不適格な財産」の場合は、却下された日から20日以内であれば、１回限りで、他の財産による物納の再申請ができます。

相続税の物納手続の概要

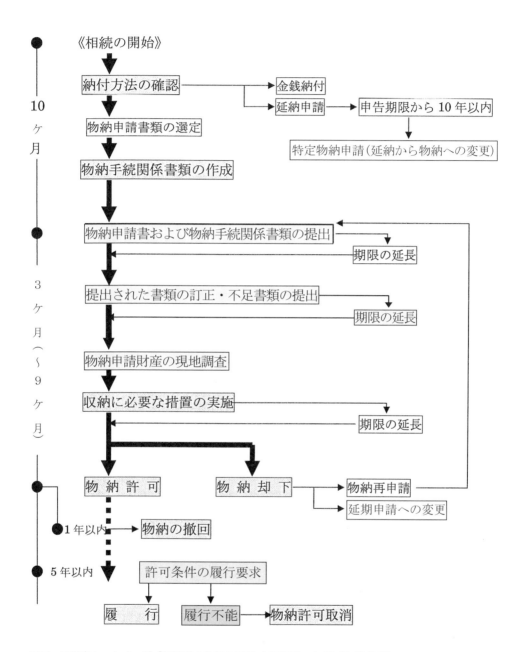

出所：国税庁ホームページ「相続税の物納の手引（手続編）」に基づき筆者が加工

《相続税物納申請書》

相 続 税 物 納 申 請 書

税務署
収受印

税務署長殿
令和　　年　　月　　日

（〒　　－　　）

住 所 _____
フリガナ
氏 名 _____ 印

法人番号													

職 業 _____　　電 話 _____

下記のとおり相続税の物納を申請します。

記

1　物納申請税額

① 相 続 税 額		円
同上のうち	②現金で納付する税額	
	③延納を求めようとする税額	
	④納税猶予を受ける税額	
	⑤物納を求めようとする税額 （①－（②+③+④））	

2　延納によっても金銭で納付する
　ことを困難とする理由

（物納ができるのは、延納によっても金銭で納付することが困難な範囲に限ります。）

別紙「金銭納付を困難とする理由書」のとおり。

（作成　税理士　事務所所在地　電話番号　署名押印）

3　物納に充てようとする財産

別紙目録のとおり。

4　物納財産の順位によらない場合等の事由

別紙「物納劣後財産等を物納に充てる理由書」のとおり。

※　該当がない場合は、二重線で抹消してください。

5　その他参考事項

右の欄の該当の箇所を○で囲み住所氏名及び年月日を記入してください。	被相続人、遺贈者	（住所）			
		（氏名）			
	相 続 開 始　　遺 贈 年 月 日	令和	年	月	日
	申告（期限内、期限後、修正）、更正、決定年月日	令和	年	月	日
	納　　期　　限	令和	年	月	日
納税地の指定を受けた場合のその指定された納税地					
物納申請の却下に係る再申請である場合は、当該却下に係る「相続税物納却下通知書」の日付及び番号		令和	第　　号 年　月　日		
物納申請財産が非上場株式である場合は、非上場株式に係る法人の物納許可申請の日前2年間に終了した事業年度の法人税申告書の提出先及び提出日		① 令和　年　月　日 ② 令和　年　月　日	税務署 税務署		

税務署 整理欄	郵 送 等 年 月 日	担当者印
	令和　年　月　日	

（注）次頁以降は省略

《金銭納付を困難とする理由書》

金銭納付を困難とする理由書

（相続税延納・物納申請用）

令和　　年　　月　　日

税務署長　殿

住　所　＿＿＿＿＿＿＿＿＿＿＿＿＿

氏　名　＿＿＿＿＿＿＿＿＿＿＿㊞

令和　　年　　月　　日付相続（被相続人　　　　　　　）に係る相続税の納付については、

納期限までに一時に納付することが困難であり　、その納付困難な金額は次の表の計算のとおり
延納によっても金銭で納付することが困難であり、であることを申し出ます。

1	納付すべき相続税額（相続税申告書第1表㉔の金額）		A	円
2	納期限（又は納付すべき日）までに納付することができる金額		B	円
3	延納許可限度額	【A-B】	C	円
4	延納によって納付することができる金額		D	円
5	物納許可限度額	【C-D】	E	円

2 納期限（又は納付すべき日）までに納付することができる金額の計算	(1)　相続した現金・預貯金等	（イ＋ロ－ハ）	【　　　　円】	
	イ　現金・預貯金（相続税申告書第15表の金額）	（　　　　円）		
	ロ　換価の容易な財産（相続税申告書第11表・第15表該当の金額）	（　　　　円）		
	ハ　支払費用等	（　　　　円）		
	内訳　相続債務（相続税申告書第15表の金額）	［　　　　円］		
	葬式費用（相続税申告書第15表の金額）	［　　　　円］		
	その他（支払内容：　　　　）	［　　　　円］		
	（支払内容：　　　　）	［　　　　円］		
	(2)　納税者固有の現金・預貯金等	（イ＋ロ＋ハ）	【　　　　円】	
	イ　現金	（　　　　円）	←裏面①の金額	
	ロ　預貯金	（　　　　円）	←裏面②の金額	
	ハ　換価の容易な財産	（　　　　円）	←裏面③の金額	
	(3)　生活費及び事業経費	（イ＋ロ）	【　　　　円】	
	イ　当面の生活費（3月分） 　　うち申請者が負担する額	（　　　　円）	←裏面⑪の金額×3/12	
	ロ　当面の事業経費	（　　　　円）	←裏面⑭の金額×1/12	
	Bへ記載する	【(1)＋(2)－(3)】	B	【　　　　円】

4 延納によって納付することができる金額の計算	(1)　経常収支による納税資金 　　（イ×延納年数（最長20年））＋ロ	【　　　　円】		
	イ　裏面④－（裏面⑪＋裏面⑭）	（　　　　円）		
	ロ　上記2 (3)の金額	（　　　　円）		
	(2)　臨時的収入	【　　　　円】	←裏面⑮の金額	
	(3)　臨時的支出	【　　　　円】	←裏面⑯の金額	
	Dへ記載する	【(1)＋(2)－(3)】	D	円

添付資料
□　前年の確定申告書(写)・収支内訳書(写)
□　前年の源泉徴収票(写)
□　その他（　　　　　　　　　　　　　　　　　　　　　）

（注）裏面は省略

23　相続不動産の相続登記

 土地など不動産を相続や遺贈で取得した相続人が、所有者の名義を相続人に変更するには、どのような手続が必要ですか。

 相続人が数人いる場合の不動産の相続登記の方法は、共同相続登記をし、その後遺産分割登記をする方法と、共同相続登記はせずに、相続登記だけで済ます方法とがあります。通常は、費用と手間を考えて後者の手続をすることが多いようです。

《 解 説 》

（1）相続財産の名義変更

　相続財産を取得した人は、その財産の名義を被相続人から財産を取得した人に変更しなければなりません。名義変更をすべき期限については、特に定められていません。いつまでも被相続人のままにしておくと、二次相続が発生し相続関係者が増える等の不都合が発生しますから、できるだけ早く変更手続きを済ませるのがよいでしょう(p.260参照)。

（2）不動産の相続登記（遺言書がない場合の登記）

　相続が開始されると、被相続人の有していたすべての財産上の権利・義務は相続人に引き継がれます。その場合、例えば、被相続人が不動産を所有し、その所有権の登記をしていた場合は、これを相続で取得した人の名義にするための相続による所有権の移転登記をする必要があります。

　相続人のためにする不動産の権利の移転登記を、一般に「相続登記」と呼んでいます。

　この相続人が数人いる場合の相続登記の方法には、次の2つがあります。

①共同相続登記を行ない、次いで遺産分割登記をする方法

　　イ．共同相続登記

　　　共同相続人全員の法定相続分による登記です。

　　ロ．遺産分割登記

　　　共同相続人による遺産分割協議が整った時点で、その遺産分割により不動産を取得したその特定の相続人の単独名義にする登記です。

②相続登記のみで済ます方法

　　共同相続登記はせず、遺産分割協議が整った時点で、被相続人からその不動産を相続で取得した特定の相続人の名義に直接所有権を移転する方法です。

　なお、通常は、同一物件に対して2回も登記をする手間や費用などを考慮して、①ではなく、②の手続きをする場合が多いようです。

不動産の相続登記

（3）不動産の相続登記（遺言書がある場合の登記）

　被相続人の遺言がある場合は、この遺言書の内容に従って「遺贈」又は「相続」を登記原因とする登記を行います。この登記に際しては、遺言書情報証明書や公正証書遺言以外の遺言の場合は、家庭裁判所の検認済のものが必要です。

（4）登録免許税

①相続登記に係る登録免許税の税額

登 記 の 種 類	登録免許税の税額
相続による所有権移転	不動産の価格×0.4％
遺贈による所有権移転(注)	不動産の価格×２％

注：相続人に対する遺贈の場合の税率は0.4％（相続と同じ）になります。

②相続登記に係る登録免許税の免税措置

　最近、不動産の登記名義人（所有者）が死亡した場合、所有権の相続登記（移転登記）をしないまま放置するケースが増え、社会問題化していることに鑑みて、平成30年4月1日から令和3年3月31日までの間、相続登記促進の観点から次の登記に係る登録免許税が免除されることになっています。(注)

　　・個人が相続により取得した土地の所有権移転登記を受ける前に死亡した場合、その個人をその土地の所有権の登記名義人とするために受ける登記

＜具体例＞

　甲が死亡して、甲所有の土地を相続人乙が相続により取得した場合において、その相続登記を未了のまま乙が死亡してその土地を乙の相続人の丙が相続により取得したとき、その土地の所有者を丙とするためには、まず甲から乙への相続登記をしなければならず、その登記に係る登録免許税が免税となります。

　　　　甲　→　乙　→　丙

　(注)「令和３年度税制改正の大綱のポイント（p.274）」参照
　　　改正により免税措置は令和4年3月31日まで1年間延長になります。

24　相続預金等の名義変更

 相続した預金や上場株式等の名義変更はどのようにするのですか。

 相続で取得した預金や株式等の名義変更の手続は、各金融機関等によって若干の差異はあります。名義変更の期限については、特に定められていませんが、できるだけ早目に手続を済ませるのがよいでしょう。

《 解 説 》

（1）預　　金

　　銀行預金の名義変更手続きは、各金融機関によって書式や提出書類に差異があるようです。金融機関に対しておおむね次のような書類を提出して手続きを行います。

①相続届（各金融機関所定のもの）

②被相続人の除籍謄本（戸籍謄本）または、法定相続情報一覧図

③遺産分割協議書（各相続人が実印を捺印したもの）および相続人全員の戸籍謄本と印鑑証明書、遺言書（公正証書遺言以外は検認済のもの）または家庭裁判所の調停調書・審判書　等

（2）上場株式

　　証券会社を通して証券保管振替機構（いわゆる「ほふり」）に預託されているかどうかにより、手続きが異なります。

①証券保管振替機構に預託されている場合

　　この場合は、既に被相続人名義の一般口座を開設してある証券会社に対して次の書類を提出して、その一般口座の株式をそのまま、証券会社の相続人名義の一般口座に振替えます。したがって、相続人が証券会社に一般口座を開設していない場合は、予め相続人名義の一般口座を開設しておくことが必要になります。

イ．口座振替依頼書（証券会社により書式や名称は異なる）

ロ．被相続人の除籍謄本（戸籍謄本）または、法定相続情報一覧図

ハ．遺産分割協議書（各相続人が実印で押印したもの）及び相続人全員の戸籍謄本・印鑑証明書、遺言書（公正証書遺言書以外のものは検認済のもの）又は家庭裁判所の調停調書・審判書　など

　なお、被相続人の特定口座の株式を相続人の特定口座に振替えできますし、また一定要件を満たせば、被相続人の一般口座の株式を相続人の特定口座に振替えることもできます。

②証券保管振替機構に預託されていない場合

　この場合は、その株主（被相続人）の株主権確保のために、既に株式の発行会社によって信託銀行等に開設され、管理されている被相続人名義の特別口座の株式を証券会社の相続人名義の一般口座に振替えます。したがって、相続人が証券会社に一般口座を開設していない場合は、予め相続人名義の一般口座を開設しておくことが必要になります。

　この場合に必要な書類は、おおむね上記①と同様です。

　ただし、その被相続人の特別口座の株式を、信託銀行等に相続人名義の特別口座を開設してそこに振替えることはできません。

（3）自動車

　自動車は、次の書類を陸運局事務所に提出します。

①自動車検査証

②車庫証明

③遺産分割協議書(各相続人が実印を捺印したもの)および相続人全員の戸籍謄本と印鑑証明書、遺言書(公正証書遺言以外は検認済のもの)または家庭裁判所の調停調書・審判書

25　相続財産の売却と取得費加算の特例

 相続財産を売却した場合は、譲渡所得金額の計算上、取得費加算の特例があるとのことです。どのような特例ですか。

 相続財産を相続税の申告期限の翌日以降3年以内に譲渡した場合は、相続税額のうち一定金額を取得費に加算することができます。

《　解　説　》

（1）取得費加算の特例

　　相続または遺贈によって取得した財産（相続財産）を相続開始の日の翌日から、相続税の申告期限の翌日以降3年以内に譲渡した場合には、譲渡所得金額の計算上、その譲渡した資産の取得費は、通常の計算による取得費にその人の相続税額のうち一定額が加算できます。

　　《算式（平成27年1月1日以後の場合）》

$$加算額 = 譲渡者の相続税額 \times \frac{譲渡資産の相続税評価額}{譲渡者の相続税の課税価格（債務控除前）}$$

（2）特例利用上の留意点

　イ．取得費に加算できるのは、譲渡益相当額までであり、この特例の適用を受けることにより譲渡所得金額を赤字(損失)にすることはできません。

　ロ．相続税の申告期限から3年以内の譲渡であれば、2回以上にわたってこの特例の適用を受けられますが、そのときに加算できる金額は、すでにこの特例の適用を受けて取得費に加算された金額を控除した残額となります。

　ハ．この特例の適用対象となる譲渡財産は、原則として相続税の課税価格の基礎に算入された財産で、課税価格に算入された相続開始前3年以内の贈与財産も含まれます。

相続財産の売却と税金

《 設　例 》

　甲さんは、令和元年10月に父死亡により財産を相続し、相続税を納付しました。相続財産のうちA土地（父は昭和30年取得、取得価額は不明）を令和2年9月に5,000万円で売却しました。この場合の所得税（復興特別措置税を含む）と住民税の税額はいくらですか。

　　　・相続財産　　A土地　相続税評価額　　4,000万円

　　　　　　　　　　B土地　相続税評価額　　3,000万円

　　　　　　　　　　その他財産(土地以外)　5,000万円

　　　・相続税額　　930万円

《 計　算 》

①取得費に加算される相続税額

　　930万円×4,000万円／12,000万円＝310万円

②課税長期譲渡所得金額

　　　　　　　　（概算取得費）

　　5,000万円－（5,000万円×5％＋310万円）＝4,440万円

③税額（一般の譲渡の場合）

　所得税　　（4,440万円×15.315％）＝679万円9,800円（百円未満切捨、以下同じ）

　住民税　　（4,440万円× 5％）　　＝222万円　合計税額　901万9,800円

参考：取得費加算の特例が受けられない場合の税額（一般の譲渡）

　所得税　　（5,000万円－5,000万円×5％）×15.315％＝727万4,600円

　住民税　　（5,000万円－5,000万円×5％）× 5％　＝237万5,000円

　　　　　　　　　　　　　　　　合計税額　　964万9,600円

26　相続対策

 スムーズな相続を行うためには、生前にどのような準備が必要ですか。

 相続対策としては、遺産の円滑な承継のための準備と、遺産に課税される相続税の納税のための準備の二つの準備が必要です。

《　解　説　》

（1）相続対策とは

　　財産のうち相続発生時点で残ったものは遺産として相続人等が承継する（引き継ぐ）ことになります。遺産は相続人に円滑に承継されることが望ましいですし、一方、多額の遺産の承継には、相続税が課税されます。このため、生前の相続対策の基本は、いかに遺産を円滑に承継するかという対策とその承継に際しての税負担を知ることの2点が主な内容になります。

対　　　策	対　策　の　内　容
イ．遺産の円滑な承継（引継）対策	円滑な分割対策
ロ．相続税対策	相続税の仮計算、納税資金対策等

（2）遺産の円滑な承継対策

①遺言書の作成

　　相続人間での遺産の分割方法についての争いを防ぐ1つの方法として遺言があります。遺言によって、遺産の分け方についての意思を明確に表明しておくことができます（p. 31, 33参照）。

②分割し易い形で財産を保有

　　自社株や貸宅地、貸家など分割しにくい財産が多いと、実際の遺産分割がスムースに進みません。

　　相続人が分割し易いように資産の保有形態の組み替えを検討することも一案でしょう。具体的には、次のようなことが考えられます。

イ．現預金や換金し易い上場株式を多く保有するなど分割し易い財産のウエイトを高め、分割しにくい財産のウエイトを低くすることを検討する。

ロ．大部分が分割しにくい財産の場合、特定の相続人に集中して相続させ、他の相続人は、生命保険の死亡保険金等を準備する。

ハ．貸宅地は、出来るだけ整理しておく。底地と借地権との交換、借地権の買戻し、底地の借地人への売却等を検討する。

ニ．借地権についても、貸宅地の場合と同様な方法で整理を検討する。

ホ．その他、分割しにくい財産についても、売却などの整理方法を検討する。

（3）相続税対策

①相続税の仮計算

　現時点で仮に相続が発生した場合に相続税の課税の有無を知っておくために、まず現時点での相続財産の把握と計算、予想される相続税額、そして相続税の納税資金の準備額の充足度等を把握することが必要です。税額算出方法については第2章　相続の税金（p.52）をご覧下さい。

②納税資金対策

　将来発生が予想される相続に伴う相続税の納税資金が十分に準備、確保できていない場合には、納税資金対策を講じる必要があります。

イ．資産活用による金融資産の増加

　資産活用によって金融資産の増加を図ることです。例えば、現在保有している不動産の有効活用を図ることや、資産構成を組替えて収入増を図ること、などが考えられます。

ロ．保有資産の売却

　所有している財産のうち低収益性のものや将来の値上がり等が期待できないもの、物納不適格財産等は、所有者にとっていわば不良資産ともいえます。これらを思いきって早期に処分し、現金化を検討することも一案です。

ハ．生命保険への加入

　納税資金の原資確保として生命保険への加入は一案です。課税関係については、p.206をご参照ください。

ニ．物納や延納の担保物の準備

　相続税の納期限または は納付すべき日までに金銭で一時に納付できない場合は、延納や物納をすることになります。この場合に延納では延納税額が100万円超、または は、延納期間が3年超の場合などは担保の提供が必要です。また、物納の場合も、物納適格財産でなくては物納できません。延納や物納を予定する場合は、これらの点について問題がないかどうかを充分に検討する必要があります（p.87，89，250，254参照）。

27　相続税の税務調査対策

 相続税の申告をすると、税務署の調査が行われることがあるとのことです。そのために、生前からどのようなことを準備しておいたらよいのでしょうか。

A 相続税の申告内容が適切かどうかが調査の主たる目的です。財産関係の資料等は、日頃からきちんと整備しておくことが大切です。

《 解 説 》

（1）相続税の税務調査の目的と実施

　相続税の申告をした後に、税務署の実地調査が行われることがあります。その調査の主たる目的は、申告内容が適正かどうかの確認にありますから、正しい申告をしている限り、別に恐れる必要はありません。そのために、普段から財産関係の資料等については、きちんと整備しておくことが大切です。

　しかし、相続税の申告をした場合に、すべて実地の調査が行われるわけではありません。例えば、相続財産が多額であるとき、相続開始前に土地その他の高額財産の売買を行っているとき、被相続人が高額所得者でありながら相続財産が過少と思われるとき、家族間で頻繁に財産の売買や贈与が行われているとき、その他申告内容が税務署内部での調査結果と著しく異なり、申告内容に疑問があるとき等に実地調査が行われることが多いようです。

　また、実地調査は、相続人が相続税の申告書を提出した後に税務署での内部調査を行い、その結果を検討してから実施されます。申告書を提出してから6ヶ月後から1年半後ぐらいの間に実施されることが多いようです。そして、通常の任意調査の場合、実地調査の予定日時があらかじめ相続人に連絡されます。

（2）実地調査の事前準備

　相続税の申告書の提出後は、いつ調査があっても対応できるように事前準備をしておくことが大切です。特に、次のことに留意しましょう。

① 　預金通帳や預金証書(家族のものを含む)、普段使用している印鑑、株券等の有価証券やその預り証、土地建物等の権利証、生命保険金の支払証明書、借入金の借用証書、葬式費用の領収書等の現物・書類をきちんと整理保管しておくこと

② 　相続開始前約3年以内の預貯金の多額な入出金について、できるだけその内容や明細を把握しておくこと

③　過去に土地等の売却や購入にともない多額の資金が動いたことがある場合は、その売却代金の使途や購入資金の調達方法等について把握しておくこと。またこれら売却代金が相続税の申告書に反映されているかについても確認しておくこと

④　銀行の貸金庫や自宅の金庫等の保管物について、説明できるようにしておくこと

⑤　家族名義預金は、実質所有者が誰なのかを説明できるようにしておくこと

⑥　過去に土地等の財産につき売却、購入、相続、贈与等があった場合は、これらの関係書類を整理保管しておくこと

⑦　相続税の申告内容について、説明できるようにしておくこと

（3）日頃から整備しておくべきこと

　　次に、自分に万一の事態が発生した場合に税務上の問題が発生しないようにするために、日頃からどのようなことに注意しておいたらよいでしょうか。

　　基本的には、前ページの（2）事前準備で述べたことを普段から実行することです。

①所有財産の一覧表の作成

　　まず、自分の所有財産をできるだけ詳細に書面等に明確にしておくことです。不動産ならその所在・面積・利用状況、上場株式ならその名義・銘柄・株数・利用している証券会社、預貯金ならその銀行名や名義・種類・金額等についてまとめておきましょう。

②証拠書類の整理・保管

　　土地等の売買や贈与等があったときは、その証拠書類はきちんと整理、保管しておくことが大切です。売買契約書、領収書、資金の流れを示す預金通帳等の書類を整理しておき、税務署からの照会や調査にすぐに対応できる様にしておくことが肝要です。

③家族名義預金の整理

　　家族名義預金は整理しておきましょう。妻や子などの家族名義の預金は、その名義人自身の収入が預け入れの源泉であったり、相続や贈与で取得したものを預け入れしたのであることが明確であれば、その名義人の預金といえます。しかし、これらの事実関係が不明確な場合は、その名義人の収入等の状況はどうか、預金の資金の出所はどこか、預金通帳・預金証書の保管者はだれか、どの印鑑を使用しているか、だれが銀行で手続きを行っているか等を総合的に検討して、真実の預金者を判断することになります。

　　家族名義預金は、税務調査でよく問題になる項目の１つです。家族名義だから被相続人の財産ではない、したがって相続税の申告の際にこれを除外してよい、

とは単純にいえません。

④贈与事実の明確化

　　前項の家族名義預金に関連して贈与事実を明確にしておくことが必要です。年間110万円以内(平成12年分以前は60万円以内)の贈与については、贈与税が課税されず、税務署への贈与税の申告も必要ありません。この贈与資金で妻等の家族名義預金を作成した場合には、それは家族(妻等)の預金です。しかし、この贈与事実が不明確で、妻に収入が無い場合には、単なる借名預金であると判断される可能性もあるでしょう。このような判定を受けないためには、次のようなことを実行するのも一案です。

　イ．その家族(妻等)に年間110万円以上の贈与を行って、贈与税の申告と納税を行うこと

　ロ．その預金の管理運用は、すべてその家族(妻等)自身が行うこと　　等

⑤預金通帳への記録

　　不動産の売却や購入、退職金の受給、その他の大口の資金は、銀行通帳を通すことです。現金による取引は、証拠が残らないために証明ができないという欠陥がありますが、この点で、最も信憑性が高く、説明しやすいのが預金通帳です。

⑥家族名義による不動産や株式等の取得等に注意

　　妻名義による不動産の取得や対価の支払いなしに親から子供への株式の名義変更があった場合などは、贈与があったものとして扱われる可能性があります。

　　しかし、この他人名義による財産取得や名義変更があっても、次のような場合には贈与はなかったとされます。

　イ．贈与契約が成立していない場合

　　次のいずれにも該当するときは、その財産に関する最初の贈与税の申告や決定等が行われる前に名義を本来の所有者に戻せば、贈与はなかったとして扱われます。

　　・財産の名義人自身が名義人になったことを知らなかったこと
　　・名義人がこれら財産を使用収益・管理運用していないこと

　ロ．過誤等による場合

　　他人名義による財産取得や名義変更が、錯誤に基づいていたり、軽率になされたものであることが確認できれば、本来の所有者に名義を戻すことにより、贈与がなかったものとされます。

⑦名義株の整理

　　設立が古い同族会社の場合、名義株が含まれていることもあるのではないでしょうか。現在では、会社の設立は株主1名でも可能ですが、かつては7人必要で

した。そのため、実際は社長1人が出資した場合でも、知人等に対し、形式的に株主を依頼していたケースもありました。名義株については、当事者が健在であるときは、あまり問題は発生しないでしょう。

　しかし、代が変わり、当時の事情を知らない人の時代になると、名義株主が真の株主であると主張する事態が発生することも懸念されます。

　名義株があって、しかも現時点で特に何も対策を講じていないという場合は、今後の問題発生の防止のために、次の事項を見直すことは大切でしょう。

イ．会社設立当時の出資払込金の資金の出所を調査して、真の株主を明確にしておく

ロ．名義株主から名義株主である旨の念書等を受入しておく

ハ．その発行会社の法人税申告書の「別表二　同族会社等の判定に関する明細書」の「判定基準となる株主等の株式数等の明細」欄に正当な株主名とその持株数を記載しておく

第6章

令和3年度税制改正の
大綱のポイント

　令和3年度の税制改正については「令和3年度税制改正の大綱（以下「大綱」）」が令和2年12月21日に閣議決定されています。その後は、例年1月に国税及び地方税の改正法案（以下「法案」）」が提出されて、国会審議の上、年度末の3月末までに法案が成立、施行というのが例年の流れです（大方の施行日は4月1日）。

　以下では、大綱のうち、本書に関連する資産課税（相続税、贈与税等）を中心とした改正のポイントを掲載しています。また、「第2章　相続の税金」「第3章　贈与の税金」「第5章　相続開始後の手続」の該当部分には注記のうえ、参照ページを記載しております。なお、法案が国会で成立しない場合は、施行されないことにはなりますので、ご留意ください。

1　国際金融都市に向けた税制上の措置（p.53参照）

　国内に短期的に居住する在留資格を有する者、国外に居住する外国人等が、相続開始の時又は贈与の時において国内に居住する在留資格を有する者から、相続若しくは遺贈又は贈与により取得する国外財産については、その被相続人や贈与者の居住期間にかかわらず（現行は「相続・贈与前15年以内の国内居住期間の合計が10年以下の者」）、相続税又は贈与税を課されないことになります。

2．非上場株式等に係る相続税の納税猶予の特例制度（p.91, 95参照）

　非上場株式等に係る相続税の特例制度（P94の特例措置）について、次の①又は②の場合には、後継者が被相続人の相続開始の直前において特例認定承継会社の役員でないときであっても、本制度（特例措置）の適用を受けることができることになります（①については、一般制度（P91の一般措置）も同様です）。

　①　被相続人が70 歳未満（現行：60歳未満）で死亡した場合
　②　後継者が中小企業における経営の承継の円滑化に関する法律施行規則の確認を受けた特例承継計画に特例後継者として記載されている者である場合

3　住宅取得等資金の贈与を受けた場合の贈与税の非課税措置（p.119参照）

　直系尊属から住宅取得等資金の贈与を受けた場合の贈与税の非課税措置について、次の措置が講じられることになります。

　①　令和3年4月1日から同年12月31日までの間の非課税限度額は、令和2年4月1日から令和3年3月31日までの間の非課税限度額と同額まで引き上げ（据え置き）になります。

住宅用家屋の新築等に係る契約締結日	消費税が10%の場合		左以外の場合	
	省エネ等住宅	その他住宅	省エネ等住宅	その他住宅
令和2.4.1～令和3.3.31	1,500万円	1,000万円	1,000万円	500万円
令和3.4.1～令和3.12.31	1,500万円 （改正前 1,200万円）	1,000万円 （改正前 700万円）	1,000万円 （改正前 800万円）	500万円 （改正前 300万円）

注：「省エネ等住宅」とは、省エネ等基準に適合する住宅用家屋であることにつき住宅性能証明書などを贈与税の申告書に添付して証明されたものをいいます。

② 対象となる住宅家屋の床面積の要件について

　受贈者が贈与を受けた年分の所得税に係る合計所得金額が1,000万円以下である場合に限り、床面積要件の下限が40㎡以上（現行：50㎡以上）に引き下げになります。この改正は、特定の贈与者から住宅取得等資金の贈与を受けた場合の相続時精算課税制度の特例についても、同様の扱いとなります。

注：この改正は、令和3年1月1日以後に贈与により取得する住宅取得等資金に係る贈与税について適用されることになります。

4　教育資金の一括贈与に係る贈与税の非課税措置（p.121, 123参照）

　直系尊属から教育資金の一括贈与を受けた場合の贈与税の非課税措置について、次の措置を講じた上で、その適用期限が令和5年3月31日まで（現行：令和3年3月31日まで）2年間延長になります。

① 信託等があった日から教育資金管理契約の終了の日までの間に贈与者が死亡した場合（その死亡の日において、受贈者が次のいずれかに該当する場合を除く）には、その死亡の日までの年数にかかわらず（現行：贈与者死亡前3年以内の贈与）、同日における管理残額を、受贈者が当該贈与者から相続等により取得したものとみなされて相続税の課税対象になります。

イ　23歳未満である場合

ロ　学校等に在学している場合

ハ　教育訓練給付金の支給対象となる教育訓練を受講している場合

② 上記①により相続等により取得したものとみなされる管理残額について、贈与者の子以外の直系卑属（孫やひ孫）に相続税が課される場合には、相続税額の2割加算の対象となります。

注：上記①②の改正は、令和3年4月1日以後の信託等により取得する信託受益権等について適用されることになります。

5　結婚・子育て資金の一括贈与に係る贈与税の非課税措置 （p. 124, 126参照）

　直系尊属から結婚・子育て資金の一括贈与を受けた場合の贈与税の非課税措置について、次の措置を講じた上で、その適用期限が<u>令和5年3月31日まで</u>（現行：令和3年3月31日まで）2年間延長になります。

　①　贈与者から相続等により取得したものとみなされる管理残額について、贈与者の子以外の直系卑属（孫やひ孫）に相続税が課される場合には、相続税額の<u>2割加算の対象</u>となります。

　　注：この改正は、令和3年4月1日以後の信託等により取得する信託受益権等について適用されることになります。

　②　受贈者の年齢要件の下限が<u>18歳以上</u>（現行：20歳以上）に引き下げされます。

　　注：この改正は、令和4年4月1日以後の信託等により取得する信託受益権等について適用されることになります。

6　登録免許税 （p. 259参照）

　相続に係る所有権の移転登記に対する登録免許税の免税措置について、適用対象となる登記の範囲に、表題部所有者の相続人が受ける土地の所有権の保存登記を加えた上で、その適用期限が<u>令和4年3月31日まで</u>（現行：令和3年3月31日まで）1年間延長になります。

7　不動産取得税 （p. 116参照）

　①　宅地評価土地の取得に係る不動産取得税の課税標準を価格の2分の1とする特例措置の適用期限が<u>令和6年3月31日まで</u>（現行：令和3年3月31日まで）3年間延長になります。

　②　住宅及び土地の取得に係る不動産取得税の標準税率（本則4％）を3％とする特例措置の適用期限が<u>令和6年3月31日まで</u>（現行：令和3年3月31日まで）3年間延長になります。

索　引

■執筆者略歴

岸本　定雄（きしもと　さだお）
　　　　アライブ税理士法人　代表社員

- ・職　　歴　　三和銀行（現三菱ＵＦＪ銀行）勤務を経て
　　　　　　　2004年3月までＵＦＪ総合研究所（現三菱ＵＦＪリサーチ＆コンサルティング）の嘱託相談員として勤務
- ・資　　格　　税理士　社会保険労務士
　　　　　　　1級ファイナンシャル・プランニング技能士
- ・著　　書　　『ＦＰ入門』（共同執筆　金融財政事情研究会）
　　　　　　　『銀行員の通信教育・税金基礎コース』（共同執筆　全国銀行協会）他

五訂版

相続・贈与の法律、税金、手続きのポイントQ＆A　　定価：2,200円（本体2,000円＋税10%）

令和3年2月　　第5刷発行

発行者

三菱UFJリサーチ＆コンサルティング株式会社

〒108-8501　東京都港区虎ノ門5丁目11番2号
オランダヒルズ森タワー

TEL（03）6733-1056　　URL：http://www.murc.jp

印刷　株式会社 カントー